図解入門ビジネス

Shuwasystem Business Guide Book How-nual

最新 SDGsの手法とツールがよ〜くわかる本

サステナブルなビジネスをするために

天沼 伸恵／
小野田 真二 編著

秀和システム

●注意

(1) 本書は著者が独自に調査した結果を出版したものです。本書の内容は国連から承認されておらず、国連およびその職員、加盟国、そのほかの特定の団体の考えを代表するものではありません。

(2) 本書は内容について万全を期して作成いたしましたが、万一、ご不審な点や誤り、記載漏れなどお気付きの点がありましたら、出版元まで書面にてご連絡ください。

(3) 本書の内容に関して運用した結果の影響については、上記(2)項にかかわらず責任を負いかねます。あらかじめご了承ください。

(4) 本書の全部または一部について、出版元から文書による承諾を得ずに複製することは禁じられています。

(5) 本書に記載されているホームページのアドレスなどは、予告なく変更されることがあります。

(6) 商標

本書に記載されている会社名、商品名などは一般に各社の商標または登録商標です。

(7) United Nations Sustainable Development Goals web site
(https://www.un.org/sustainabledevelopment/sustainable-development-goals/)

はじめに

2015年9月、国連で「我々の世界を変革する：持続可能な開発のための2030アジェンダ」(2030アジェンダ) が採択されました。これは数十年にもわたる国際的な議論をもとに、様々な関係者との協議を経て、国連加盟国が全会一致で成立させた世界共通のビジョンです。そしてこの中核を成すのが、「持続可能な開発目標」(SDGs：エス・ディー・ジーズ) です。SDGsの達成には、政府だけでなく、ビジネス界、市民社会などの積極的な貢献が必要とされています。

SDGsを含む2030アジェンダには、2030年の世界のありたい姿や守るべき原則が書かれているものの、それを実現していくための方法や具体的なステップは描かれていません。また、SDGsは幅広い環境・社会の課題を扱っているために、僅かな取り組みでも「SDGsに貢献している」と言うことも可能です。しかしそれではSDGsは達成できず、2030年のありたい姿を実現できないことは明白です。そこで本書では、主に企業の方向けに、SDGsに取り組むための方法や具体的なステップを説明することを試みました。

まず「第1部　知識編」では、各企業がSDGsを本質的に理解し、確固としたモチベーションをもって取り組めるよう、2030アジェンダとSDGsを背景や経緯を含めて解説したうえで、企業がSDGsに取り組むべき理由を提示します。そして「第2部　実践編」において、企業がSDGsに取り組むための具体的なステップの解説と、先進的な企業の取り組み事例を紹介します。本書が2030年にむけた社会の変革の一助となり、新型コロナウイルスによる世界の危機的状況からの「より良い復興」に貢献できればうれしく思います。

本書の執筆にあたっては、レビューを行い貴重なコメントをくださった川田俊介氏 (川田製作所代表取締役)、後藤敏彦氏 (グローバル・コンパクト・ネットワーク・ジャパン理事／認定NPO法人環境経営学会会長)、正畠宏一氏 (TCO2株式会社代表取締役)、渡辺美紀氏 (一般社団法人ザ・グローバル・アライアンス・フォー・サステイナブル・サプライチェーン　シニア・プロジェクト・オフィサー)、および松下和夫氏 (IGESシニアフェロー) と北村恵以子氏 (IGES出版コーディネーター) を含むIGESの同僚にこの場を借りて深く御礼申し上げます。そして、執筆を支えてくれた家族と友人に心からの謝意を表します。

編者

How-nual 図解入門

図解入門ビジネス 最新SDGsの手法とツールがよ～くわかる本

CONTENTS

はじめに ……………………………………………………3

第1部　知識編

第1章 SDGsとは

1-1　SDGsとは ……………………………………………8
1-2　SDGsができた背景にある地球と人類の危機 ………… 10
1-3　SDGsができた経緯と「持続可能な開発」という考え方　14
コラム　みんなの声を集めて作られたSDGs ……………… 17
1-4　おさえておくべきSDGsの特徴と本質 ………………… 18
1-5　SDGsの内容と構成 ………………………………… 24
1-6　実施、フォローアップ・レビューの仕組み ……………… 27
コラム　政府による自発的な発表に意味はあるの？ ………… 29

第2章 企業にとってなぜSDGsが重要なのか

2-1　持続可能な社会への移行と企業の役割 ………………… 32
コラム　消費者の立場から見つけるSDGs時代のビジネスのヒント　35
2-2　企業がSDGsに取り組むメリット ……………………… 36
コラム　企業による環境コストの内部化と情報開示が必要な理由　… 41
2-3　企業によるSDGsの取り組みを後押しする流れ ……… 43
コラム　持続可能な開発を目指す様々な取り組み：環境アセスメント　52
2-4　企業がSDGsに取り組む際の注意点 ………………… 54
コラム　SDGsの実践に備えて現状を把握しよう ……………56
コラム　ヨーロッパなどでSDGsへの取り組みが進む背景 ………… 57

第2部　実践編

第3章 企業がSDGsに取り組む際の考え方

3-1　SDGsに取り組む際の4つの視点と組織の構成要素…… 60
3-2　アウトサイド・インのアプローチとシステム思考……… 66
3-3　様々なSDGsのガイド …………………………………… 70

第4章 優先課題の決定と目標の設定

4-1　実践の前に ……………………………………………… 78
4-2　長期ビジョンの策定 …………………………………… 80
4-3　優先課題を決定する …………………………………… 83
4-4　目標の設定 ……………………………………………… 96
4-5　目標の設定に使えるKPIツール ……………………… 100
補足説明1　ライフサイクルアセスメント ………………… 105
補足説明2　Future-Fitビジネス・ベンチマーク ………… 112

第5章 統合と実践

5-1　持続可能性に関する目標を企業に定着させる ……… 118
5-2　すべての部門に持続可能性を統合する ……………… 120
5-3　組織運営を通じた実践 ………………………………… 126
5-4　企業活動を通じた実践 ………………………………… 128
5-5　パートナーシップを通じた実践 ……………………… 133

第6章 報告とコミュニケーション

6-1　報告・コミュニケーションの意義と対象 …………… 136
6-2　報告の手順と報告枠組みを見る視点 ………………… 141
コラム　情報開示におけるESGとSDGsのアプローチの違い …… 148
6-3　GRIスタンダードとSDGs報告 ……………………… 149
6-4　ESG金融向けの報告枠組み …………………………… 155
6-5　個別分野の報告枠組みなど …………………………… 163

第7章 SDGsへの先進的な取り組み事例

7-1　花王株式会社 …… 172
7-2　有限会社川田製作所 …… 176
7-3　コニカミノルタ株式会社 …… 180
7-4　株式会社太陽住建 …… 184
7-5　日本生命保険相互会社 …… 188
7-6　株式会社ハートフルタクシー …… 192
7-7　不二製油グループ本社株式会社 …… 196
7-8　株式会社ユーグレナ …… 200
7-9　Royal DSM …… 204
7-10　日本気候リーダーズ・パートナーシップ（JCLP）… 208
7-11　日本ーインド　技術マッチメイキング・プラットフォーム（JITMAP） …… 212

付録 …… 217
索引 …… 250

第1部　知識編

第1章

SDGsとは

2015年に国連で採択され、2016年から全世界で実施が始まったSDGsには2030年の世界のあるべき姿として、誰一人取り残さない持続可能な世界が描かれています。なぜ世界中でこのような青写真に向けて取り組むことになったのでしょうか？　本章ではSDGsが成立した経緯やSDGsの本質を理解するのに役立つ考え方を説明します。また、SDGsの内容、構造、仕組みについても説明します。

1-1 SDGsとは

SDGs(エス・ディー・ジーズ)とは、持続可能な世界を実現するために、2015年に国連で採択された2030年までの国際的な目標です。SDGsの達成に向けて、国だけでなく、企業や市民の行動も求められています。

SDGsと2030アジェンダ

SDGsとはSustainable Development Goalsの略で、日本語では持続可能な開発目標とも呼ばれます。SDGsは、私たちが直面している数多くの課題を解決し、持続可能で平和な世界を構築していくために作られました。

SDGsは2015年9月にニューヨークで開催された国連持続可能な開発サミットで正式に策定されました。このサミットの成果として全会一致で採択されたのが、「我々の世界を変革する：持続可能な開発のための2030アジェンダ」(2030アジェンダ*1) という35ページにわたる文書であり、その中核を成すのがSDGsです。

2030アジェンダは2030年の世界のあるべき姿として、持続可能で平和な世界を掲げています。そして、SDGsはその持続可能で平和な未来を実現するために、環境、経済、社会面において達成していくべき17の目標と、その目標を達成するために必要な169のターゲットから成り立っています*2。SDGsにおける17の目標はビジョンに近い内容であり、具体的な達成状況を問われるのがターゲットです。

SDGsを含む2030アジェンダは政府だけでなく、企業や学校、NGO、市民など皆で取り組むものです。実施期間は2016年1月から2030年までの15年間で、既に実施期間の3分の1が過ぎようとしています。

2019年に開催された国連SDGサミットでは、SDGs達成に向けた進捗状況が話し合われました。このサミットでは、SDGs達成に向けて進展はあるものの、「達成状況に偏りや遅れがあり、あるべき姿からは程遠い」ことが国連総会議長から指摘されました。そして、SDGsを達成するためには、取り組みを拡大・加速する必要があるとされ、2020〜2030年までをSDGs達成に向けた「行動の10年」とすることが決まりました。この10年間は、今後の世界を、2030アジェンダやSDGsが目指す持続可能で平和な世界にできるかどうかを決める重要な期間になる

*1 アジェンダとは行動計画という意味です。
*2 本書では、外務省による2030アジェンダの仮訳に合わせて、SDGsのGoalを「目標」、Targetを「ターゲット」と訳します。

といえます。

しかし、この重要な「行動の10年」の開始年にあたる2020年に、世界では新型コロナウイルス感染症（COVID-19）が急速に広がり、各国に深刻な影響を及ぼしています。国連事務総長のアントニオ・グテーレス氏は、「このウイルスによるかつてないほどの健康、経済、社会の危機が、人々の生命と生活を脅かしており、SDGsの達成をさらに困難なものにしている」と述べています＊3。

COVID-19の世界的大流行はすべての人や地域社会に影響を与えるものですが、先進国でも途上国でも最も弱い立場にある人々が、より深刻な影響を受けていることが明らかになってきました。また、COVID-19の背景には、人類の活動が野生生物の領域に近づきすぎたことと、急速に進むグローバル化による負の側面があることが指摘されています。グテーレス氏は、COVID-19を引き起こした原因とその不均一な影響こそSDGsが必要な理由であり、SDGsの実施が急がれると強調しています。この未曽有の危機からこれまでよりも良い社会へと復興していくうえで、SDGsの重要性はますます高まっているといえるでしょう。

まずは右のQRコードから2030アジェンダ（外務省仮訳）をぜひご覧ください。

図1　SDGsに掲げられている17の目標をわかりやすい言葉でまとめたロゴ

出典：国連広報センター

＊3　国際連合（2020）「The Sustainable Development Goals Report 2020」の序文より。

1-2
SDGsができた背景にある地球と人類の危機

そもそもなぜSDGsができたのでしょうか。SDGsができた背景には、気候変動、生物多様性の損失、貧困、飢餓、差別、格差拡大など、地球と人類の存続のために解決を急がなければならない多くの重要な問題があります。

暮らしや経済活動に深刻な悪影響を及ぼす環境問題

SDGsができた背景である現在の世界の状況を振り返ってみましょう。世界的には、人口増加や経済成長などに伴って、地球への負荷が増大しています。便利な暮らしを支えるために大量生産・大量消費・大量廃棄が進み、水・森林・化石燃料といった大量の自然資源が使われ、劣化・枯渇しています。このまま人口増加が進み、2050年に世界の人口が96億人に達した場合、現在のライフスタイルを続けるには地球3個分の自然資源が必要になるともいわれています[＊4]。また、こういった人間の活動を支えるために化石燃料を燃焼させてきた結果、二酸化炭素（CO_2）などの**温室効果ガス**の排出が増え、気候変動が進んでいます。

このように、地球に負荷がかかり続けた結果、環境問題がかつてない程に深刻になっています。**世界経済フォーラム**によると、今後10年間に発生する可能性が高いリスクのトップ5を環境に関するリスクが占めており、影響が大きいリスクのトップ5でも4つが環境関連のリスクとなっています。特に気候変動の緩和や適応への失敗は、発生可能性が二番目に高く、影響が一番大きい**グローバルリスク**要因となっています[＊5]（表1）。

「環境問題」の域を超えた影響で、人類の存続を脅かす気候変動

気候変動は人類の存続を左右する世界的な危機です。そのため、「気候危機」という言葉が使われ始めました。気候変動によって海面が上昇したり、異常気象が激化・頻繁化したりと、既に自然環境や私たちの生活に大きな負の影響が表れています。地球上のだれも気候危機の影響から逃れることはできませんが、気候変動の悪影響を最も強く受けるのは、島嶼国に住む人々や、立ち向かうための能力と手段が少な

＊4　**国際連合広報センターウェブページ**　持続可能な開発目標（SDGs）ー事実と数字（2018）
＊5　世界経済フォーラム（2020）「グローバルリスク報告書2020年版」

い貧困層、障がい者、高齢者、子どもなどの社会的弱者と呼ばれる人々です。

現在、地球の平均気温は産業革命以前と比べて1℃ほど上昇しています。このまま対策を取らなければ、早ければ2030年には地球の平均気温は1.5℃上昇し[*6]、今世紀末までには3.7〜4.8℃上昇すると予測されています[*7]。例えば、気温が4℃上昇すると、多くの種の絶滅、世界の食料危機、水を巡った紛争が起こる可能性があり、もはや後戻りできないほどの影響が予測されています[*7]。気候変動への対策として、世界の平均気温の上昇を産業革命以前と比べて2℃未満、できれば1.5℃未満に抑えることを目指す**パリ協定**が2015年に策定され、その実施が2020年に始まりました。この目標を達成するには、今世紀後半にCO_2排出量を世界で実質ゼロにしなければなりません（1.5℃未満の場合は2050年までに実質ゼロにすることが必要です）。

なお、日本の一人あたりのCO_2排出（9トン）はOECD諸国の平均（7.6トン）より多く、気候変動問題解決への積極的な取り組みが期待されます[*8]。

表1　発生の可能性が高いグローバルリスクと影響が大きいグローバルリスク

発生の可能性が高いリスクの上位10位	影響が大きいリスクの上位10位
1　異常気象	1　気候変動の緩和や適応への失敗
2　気候変動の緩和や適応への失敗	2　大量破壊兵器
3　自然災害	3　生物多様性の損失
4　生物多様性の損失	4　異常気象
5　人為的な環境災害	5　水危機
6　データの不正利用	6　重要情報インフラの故障
7　サイバー攻撃	7　自然災害
8　水危機	8　サイバー攻撃
9　グローバルガバナンスの失敗	9　人為的な環境災害
10　資産バブル	10　感染症の広がり

出典：世界経済フォーラム（2020）「グローバルリスク報告書2020年版」

＊6　IPCC（2018）「1.5℃特別報告書」
＊7　IPCC（2014）「第5次評価報告書」
＊8　資源エネルギー庁ウェブページ（2019）グラフで見る世界のエネルギーと「3E+S」環境への適合〜CO2排出量で比べてみる

生物多様性の損失

気候変動と並ぶほどの大きなリスクが生物多様性の損失です。現在の社会は「大量絶滅期」と呼ばれており、かつてないほどのスピードで種が絶滅しています。街や畑を作るための開発、気候変動による気温・海水温の上昇、有毒な化学物質の流出といった人間の活動が、この主な原因と考えられています。生物多様性が失われると、食料システムの崩壊やサプライチェーン全体の混乱など人類に重大な影響が及ぼされます。なぜなら私たちの生活は、生物の多様性に支えられた豊かな生態系から様々な恩恵を受けて成り立っているからです。生態系は食料、水、薬の原料を供給し、水を浄化し、洪水など自然災害を緩和し、人にとって有害な生物を抑制します。また、昆虫や鳥による受粉の媒介は、人の暮らしに必要な食料生産を助けます。例えば、世界の主要農作物の４分の３以上は、その収量や品質の面で多少なりとも動物による花粉媒介に依存している[＊9]といわれています。しかし、受粉をするハチは、農薬が原因でヨーロッパなどを中心に減少しているといわれています。こうした生物の減少は、多くの農家にとって死活問題になるだけでなく、食料危機につながりかねないと警鐘が鳴らされています。

深刻化する格差と貧困の問題

近年、世界的に貧困層と富裕層の**格差**がますます大きくなっています。2019年時点で10億ドル以上の資産を持つ2,153人の資産の合計は、世界人口の約６割にあたる46億人の資産の合計を超えました[＊10]。また、1日1ドル90セント未満で暮らす人は７億人ほどおり、清潔な水や十分な食料を得るといった基本的なニーズを満たすことさえできていません。社会における極度の格差は、暴力や戦争の引き金ともなりかねないリスク要因です。日本においても貧富の格差拡大は大きな問題になっています。

このような多くの深刻な課題を解決し、持続可能で平和な世界を築くために**2030アジェンダ**とSDGsは作られました。

＊9　IGES（2017）「IPBES花粉媒介者、花粉媒介及び食料生産に関するアセスメントレポート政策決定者向け要約（抄録）」

＊10　Oxfam International.（2020）Time to care: unpaid and underpaid care work and the global inequality crisis.

我々は、すべての人々のためによりよい未来を作る決意である。人間らしい尊厳を持ち、報われる生活を送り、潜在力を発揮するための機会が否定されている数百万という人々を含むすべての人々を対象とした決意である。我々は、貧困を終わらせることに成功する最初の世代になり得る。同様に、地球を救う機会を持つ最後の世代にもなるかも知れない。我々がこの目的に成功するのであれば2030年の世界はよりよい場所になるであろう＊11*。*

――2030アジェンダ第50段落より

図2　気候変動が要因の一つとされる激甚化した自然災害の例

台風の影響

山火事の拡大

図3　生態系によって人々にもたらされるサービス

ハチによる受粉の媒介

有害生物を生態系内で抑制

＊11　**外務省ウェブページ**　2030アジェンダ仮訳

1-3 SDGsができた経緯と「持続可能な開発」という考え方

SDGsは2030年に向けた世界共通のビジョンです。2015年に採択されたSDGsは数十年にもわたる国際的な議論をベースに、様々な関係者との協議を経て策定されました。

SDGsができた経緯

SDGsは主に、環境分野と国際開発（途上国における開発）分野という2つの分野における数十年にわたる国際的な議論や取り組みがベースとなって成立しました。

環境分野での議論の流れ

1950年代以降、先進国では工業化に伴う公害や資源の枯渇が問題に、途上国では人口爆発が問題になりました。1972年に出版された『**成長の限界**』[*12]では、このような問題が拡大し続ければ100年以内に地球上の成長は限界点に達するだろうという警鐘が科学者から発せられました。同年、国連で初めて環境問題が取り上げられましたが、当時の主要な考え方では、経済成長を通じた開発と環境保全は対立的な関係にあり、環境保全をするためには開発を、開発するためには環境を犠牲にしても仕方がないというものでした。しかし、1987年にこの対立を解消する考え方として、「将来の世代のニーズを満たしつつ、現在の世代のニーズも満足させるような開発」を意味する持続可能な開発という概念が提唱されました。これは、国連の「環境と開発に関する世界委員会」（ブルントラント委員会）が出した報告書「Our Common Future」（我ら共有の未来）の中で示された概念で、「**環境保全と開発を未来にわたって両立させていくために経済成長の質を変えることは可能である**」という考えに基づいています。その後、1992年にブラジルのリオデジャネイロで開催された「環境と開発に関する国連会議」（地球サミット）をはじめとして、様々な議論や、取り組みが重ねられましたが、持続可能な社会の実現には至りませんでした。そこで、地球サミットから20年後の2012年に開催された国連持続可能な開発会

＊12 Donella H. Meadows, Dennis L. Meadows, Jorgen Randers, and William W. Behrens III,（1972）The Limits to Growth［邦訳『成長の限界―ローマ・クラブ「人類の危機」レポート』］

議（リオ＋20）で、持続可能な開発に向けた取り組みをより強化していくための具体的な方法として、「我々の求める未来」という文書が採択され、SDGsを作ることが決定したのです。

国際開発（途上国における開発）分野での議論の流れ

もう一つの分野は**途上国の開発**です。植民地支配や戦争が終わった後、貧困など多くの課題を抱える途上国に対し、数十年にわたって先進国や国際機関から多様な介入・支援が行われてきました。2001年には、**ミレニアム開発目標**（MDGs：エム・ディー・ジーズ）という途上国の開発に関する目標が立てられました。これは貧困人口の割合を半減させることなどを含む8つの目標、21のターゲット、60の指標で構成され、2001年から2015年の期限で実施されました[＊13]。**MDGs**は、途上国が達成すべき目標で、環境に関する1つの目標以外はほとんど社会面に関する目標でした。MDGsの期限が近づく頃、2015年までに達成が困難な目標や新たな課題に継続的に取り組むために、次の世界共通の目標をMDGsの後継として作ることになりました。

これら二つの流れが合流した結果、MDGsの仕組みと経験を基盤に、環境、経済、社会の側面をバランス良く網羅したSDGsができたのです。

図4　SDGsの背景：2つの潮流

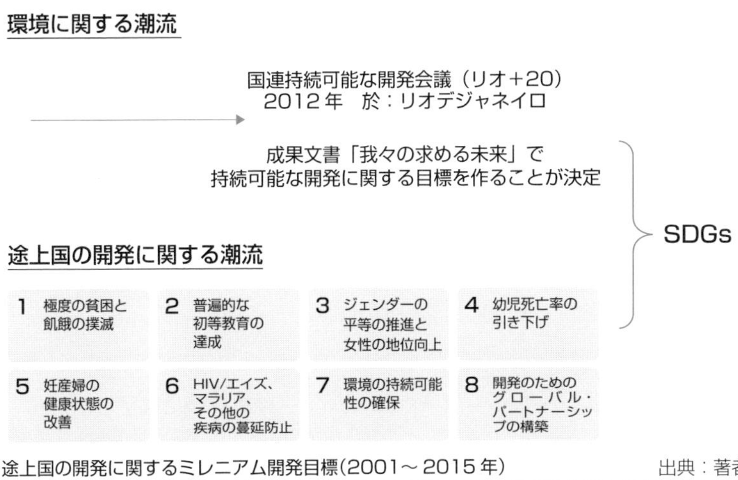

出典：著者作成

＊13　もともとは8つの目標、18のターゲット、48の指標で始まりましたが、2007年に21のターゲット、60の指標に増えました。

持続可能な開発のポイント

2030アジェンダやSDGsが目指す「**持続可能な開発**」という考え方のポイントは以下のとおりです。

- 「将来の世代のニーズを満たしつつ、現在の世代のニーズも満足させるような開発」と定義されます。
- 現在世代と将来世代という世代間の衡平性を強調しています。つまり、長期的視点が大事になります（例：将来世代が人間らしい生活をできるように、資源を枯渇させたり、生態系を壊したりしないようにしつつ、現在世代のニーズを満たさなければいけません）。
- 同時に世代内の衡平性も含む考え方です（例：現在世代のだれもが人間らしい生活ができるよう、貧困撲滅や格差解消を目指します）。
- 持続可能な開発には、環境、社会、経済という３側面があり、この３側面をバランスよく統合することが持続可能な開発を進めていく鍵です（例：経済活動が環境や社会に及ぼす影響も勘案して、経済活動を進めます）。

column

みんなの声を集めて作られたSDGs

主に途上国が達成すべき目標であったMDGsの策定プロセスには国連や一部の政府しか関与しませんでした。そのため、内容ややり方に途上国やNGOから批判があり、先進国では国際協力業界以外への浸透は低いまま終わりました。その反省を踏まえ、SDGsではビジネス界や市民の声など、多くの声を反映させる努力がなされました。例えば、ビジネス界の意見は、国連工業開発機関（UNIDO）と国連グローバル・コンパクト（UNGC）が中心となって複数の国で開催した協議を通じて集められました。また、市民の意見はオンラインや紙媒体でのアンケートや地域レベルでの協議を通じて、2030年の世界に向けた優先課題に関して意見が集められました。こうして集められた声は国連、各国政府やNGOを通じてSDGsの策定プロセスに送られました。市民の声を反映させるために行われたアンケート「My World」の質問がこちらです。ぜひご自身でも回答してみてはいかがでしょうか。

あなたとあなたの家族にとって、最も大事なことを以下から６つ選んでください。

・気候変動へのアクション
・差別や迫害からの自由
・電話、インターネットへのアクセス
・よりよい雇用の機会
・よりよい健康管理
・働くことのできない人々への支援
・森林、河川、海洋の保護
・清潔な水と衛生へのアクセス
・誠実で対応力のある政府
・男女平等
・よりよい運送と交通網
・安定したエネルギー
・犯罪や暴力からの保護
・安価で栄養のある食糧
・良い教育
・政治的自由
・その他（自由回答）

出典：My World. http://vote.myworld2015.org/（国連広報センターによる訳）

1-4 おさえておくべきSDGsの特徴と本質

SDGsに取り組むには、SDGsの特徴や理念、背景にある概念を理解することが不可欠です。

SDGsの特徴

前節で説明した流れを汲んで成立したSDGsは、MDGs時代の経験を踏まえて作られており、以下の特徴があります。

●全世界が取り組む「普遍的」な目標（あるべき姿・ありたい姿）

MDGsは先進国の支援により、途上国が実施すべき開発の目標でした。これに対してSDGsはすべての国が実施の対象とされています。SDGsが目指す持続可能な社会を達成するには、1-2節で説明した様々な課題に対処する必要があり、先進国、途上国それぞれが重点的に取り組むべき課題があるためです。また、途上国の森林伐採や貧困などの問題を解決するには先進国と途上国をつなぐ経済や貿易などのシステムを見直す必要もあるためです。

●課題の相互連関性を踏まえた「統合的」な目標とターゲット

MDGsでは、貧困と飢餓、初等教育、妊産婦の栄養といった課題ごとの目標とそれに直接的に関係するターゲットが設定されていたこともあり、多くの取り組みとその効果も各課題に限定的でした。しかし、SDGsでは各課題が互いに深く関わりあっているという理解のもと、複数の課題の同時解決を目指すこととなりました。そのため、目標やターゲットは課題の相互関係性を意識した統合的な設計になっています。例えば、目標5には女性と女児の**エンパワーメント**＊14が設けられていますが、目標6の水に関するターゲットにも女性と女児のニーズが明記されています。また、目標5のターゲットには、女性の経済的資源に対する権利や自然資源へのアクセスといった経済、環境課題も盛り込まれています。

＊14　エンパワーメントとは力をつけること。女性・女児のエンパワーメントはジェンダー平等達成に不可欠とされます。

●多様なステークホルダーがインプットし、行動する「参画型」

MDGsは国連と一部政府がトップダウンで決定しました。しかし、SDGsでは国連における策定の過程で、様々なステークホルダーから意見を集約するボトムアップのアプローチがとられました。また、MDGsの実施は主に政府に責任がありましたが、SDGsではすべてのステークホルダーが取り組む参画型の内容になっています。これはSDGsが政府の取り組みだけでは達成できないという共通の認識に基づいているためです。

表2　MDGsとSDGsの特徴

	MDGs	SDGs
策定プロセス	主に国際機関や各国政府が主導するトップダウンのアプローチ	国連で各国政府の意見を聞きつつ、企業や市民からも意見を幅広く集めるボトムアップのアプローチ
取り扱う課題	ほとんどが社会課題	環境、社会、経済課題をバランスよく網羅
取り組み方	課題間の関連はあまり意識されておらず、課題ごとの取り組みが主流	環境、社会、経済課題の関連性を意識し、同時解決を目指した統合的な取り組みの重要性が強調
実施対象となる国	先進国が支援し、途上国が実施	すべての国が実施
実施する主体	主に国が実施	すべてのステークホルダーが実施

出典：著者作成

SDGsの本質

次に、SDGsの内容を深く理解するために大事な6つのポイントを説明しましょう。これらのほとんどは2030アジェンダに含まれているため、2030アジェンダを読むとSDGsの本質がよりはっきり見えてきます。

●2030アジェンダの要素は5つのP

SDGsを中核に据える2030アジェンダは**People**（**人間**）、**Planet**（**地球**）、**Peace**（**平和**）、**Prosperity**（**繁栄**）という人類と地球にとって重要な要素に焦点を当てて、これらに関する課題に対して**Partnership**（**パートナーシップ**）を通じた行動を促しています。

●SDGsの理念「誰一人取り残さない」とその根底にある人権

SDGsは「**あらゆる形態の貧困をなくす**」といった野心的な目標を掲げ、この目標に向かうにあたり、「**誰一人取り残さない**」ことを強調しています。また、「すべての人が尊厳と平等の下に、そして健康な環境の下に、その持てる潜在能力を発揮することができることを確保する」と謳っています。これは、すべての人は人であるだけで尊い存在であり、貧困のような、人が尊厳をもって生きることを阻む問題を解決していこうという人権の考え方がSDGsの根底にあるためです。

●人類の活動の基盤である「地球の限界（プラネタリー・バウンダリー）」

持続可能な開発には環境、経済、社会の３つの側面がありますが、環境側面は経済と社会側面が成り立つ前提といえます。環境破壊が進み、資源が枯渇してしまっては、人類の経済、社会活動は成り立たないからです。

環境の健全性を理解するのに有益な概念が**プラネタリー・バウンダリー**（**Planetary boundaries**）です。この概念は地球の生物物理学的な限界を表すもので、地球は負荷がかかり過ぎると回復力を失い、大きく変動し、人類に望ましくない状態になる危険性があるという研究に基づいています。図４に示されているように、地球が健全な状態を保つのに重要な９つのプラネタリー・バウンダリーのうち、気候変動、生物多様性、地球規模の土地利用の変化、生物地球科学的循環（窒素と淡水域におけるリン）の４つは限界値を超えてしまい、すでに危険域に入っています＊15。このような結果をもたらした原因は人間の活動です。SDGsは地球に大きな負荷をかけてきたこれまでの社会や経済活動を変革する挑戦でもあるのです。

●持続可能な開発に必要な長期的視点、相互連関と根本原因の認識

持続可能な開発を進めるには、将来世代を視野にいれた**長期的な視点**が必要です。また、SDGsは持続可能な開発の３側面である環境、経済、社会を「バランスよく統合する」ことを目指しています。SDGsを効果的に実施するには、環境、経済、社会分野の課題がどのようにつながっていて、どこに同時解決の糸口があり、何が根本原因かといった本質を認識することが必要です。ヒト・モノ・カネの動きが技術の進歩によってますます活発になる現代、多くの問題は国境、分野、世代を越えて複雑に絡みあっており、解決策が新たな問題を生むこともあります。

＊15　Rockstrom et al,（2009）Planetary Boundaries: Exploring the safe Operating Space for Humanity

図5 プラネタリー・バウンダリー（2014年の更新） ＊16

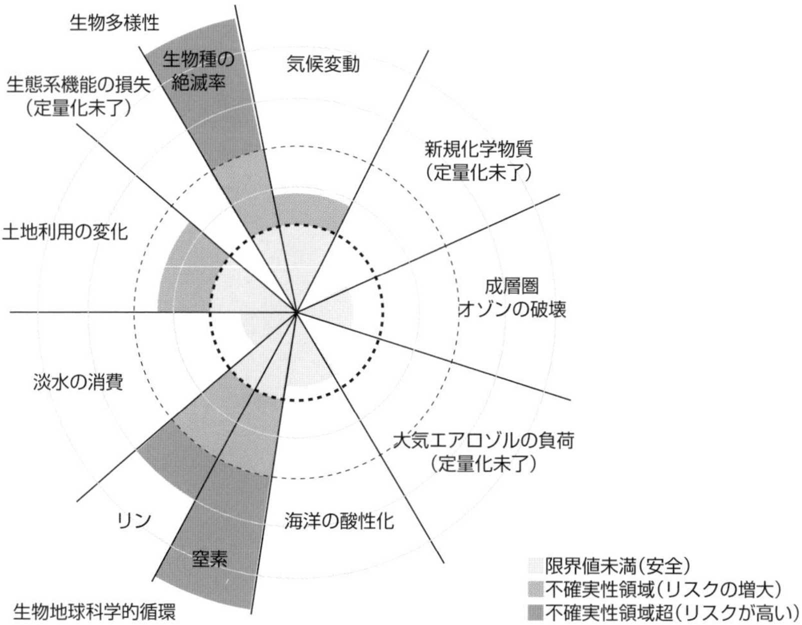

出典：J・ロックストローム、M・クルム（2015）『小さな地球の大きな世界』（日本語版、2018）

例えば、私たちの日々の暮らしに欠かせない洗剤から食品にいたるまで、幅広い製品・食品に使われている**パーム油**は、アブラヤシの木から取れます。途上国ではアブラヤシ農園を作るために、生物多様性が豊かで、二酸化炭素の吸収源でもある熱帯雨林が伐採・焼失されます。こうすることで、生物多様性が損なわれ、気候変動が進みます。熱帯雨林が焼かれたことで起こる大気汚染は国境や海を越え、隣国にまで及ぶこともあり、広範囲で健康被害をもたらします。アブラヤシ農園では、土地を追われた現地の人々が低賃金で働かされ、貧困から抜け出せずにいることも多くあります。農園では児童労働、無給労働、性差別や、有害物質使用下での労働も起こりえます。

＊16 太い点線の円内は「安全な機能空間」を表しています。この安全な機能空間の限界値を超えると、不確実性のある危険域に入ります。さらにこの科学的に不確実な範囲を超えると、不可逆的変化が起こる危険性の高いゾーンに入ります。

このように関連しあう複数の課題を同時に解決し、地球の未来と人々の尊厳を守るために作られた2030アジェンダとSDGsを達成するためには、長期的かつグローバルな視点を持って、課題の相互連関と根本原因を認識することが必要です。

図6　SDGsが解決を目指す複数課題の相互連関（パーム油を例に）

●持続可能な開発が指し示す新たな「豊かさ」

これまで国の豊かさは主に**国内総生産**（**GDP**）などの経済指標で測られてきました。しかし、経済的（物的）な豊かさのみに焦点をあてた指標は、私たちがSDGsで目指す持続可能な社会に適しているとはいえないでしょう。持続可能な社会における豊かさは経済だけでなく、環境、社会側面を含んだものであるべきだからです。持続可能な社会における豊かさを測る指標の開発は既に進んでいます。例えば、**新国富指標**と呼ばれる指標は**自然資本**（資源や自然を捉える）、**人的資本**（人の知識、才能、スキルなどを捉える）、**人工資本**（経済的な豊かさを捉える）などに着目して豊かさを測っています＊17。これは、企業がビジョンを定める時、会社の業績だけでなく従業員の暮らしの豊かさも含めることなどに通じる考え方です。

＊17　Managi and Kumar(ed.)(2018) Inclusive wealth report

●「変革（Transformation）」の必要性

持続可能な社会を構築するためには、持続不可能な結果をもたらしている仕組みや構造を覆し、持続可能な社会の構築に向けて大きなインパクトをもたらすような「**変革**」が早急に必要です。2030アジェンダのタイトル「我々の世界を変革する：持続可能な開発のための2030アジェンダ」に含まれているとおり、持続可能な社会の構築に向けた「変革」に資する取り組みこそが本質を捉えたSDGsの取り組みともいえるでしょう。

変革を実現するには、これまでの経済重視の価値観から脱却し、環境、経済、社会のバランスのよい関係性を追求することが必要です。また、これまで大きな格差や環境破壊などの持続不可能な結果を生み出してきた様々な世の中の仕組み（経済や貿易の制度など）を変えることが必要です。例えば、都市は地球の陸地面積の3%にすぎませんが、エネルギー消費の60～80%、炭素排出量の75%を占めています。また、世界にはすべての人の生存に必要な食糧の2倍の食糧があるにも関わらず、途上国を中心に世界人口の9人に1人（8億人以上）が栄養不良に陥っています。このような偏りをなくすことや環境にかける負荷の絶対量を減らすための仕組みを作ることは、SDGs達成の大きな原動力になるでしょう。こうした変革を起こすには、イノベーションやパートナーシップといったSDGsを実施するための手段が重要です。

SDGsの意義（ここまでのまとめ）

SDGsができたことで、持続可能な開発という概念は、多くの人々に知られ、皆が取り組む対象になりました。特に、政府が実施し、企業や人々が恩恵を受けるという構図ではなく、政府も企業も人々も、行動し、変革を起こす主体として位置づけられたことは大事な点です。そして、人権をSDGsの基盤に据えたことで、「誰一人取り残さない」ことが持続可能な社会のために行動し、変革を起こす際の要件になりました。これによって、人間の尊厳を社会に根付かせる機会となっていくことが望まれます。

1-5 SDGsの内容と構成

いよいよSDGsの中身を見ていきましょう。SDGsは17の目標と169のターゲットで構成されています。また、231の指標でターゲットの達成状況を測ります。

17の目標は「2030年にあるべき世界の姿」

17の目標のキャッチフレーズがSDGsのアイコンに記載されていますが、表3でより詳しく各目標を紹介していますので、確認してみてください。

この17の目標が描いているのは「2030年にあるべき世界の姿」です。目標1はMDGsでも最初に掲げられていた貧困問題を取り上げています（MDGsの目標1「極度の貧困と飢餓の撲滅」、ターゲット1-A「2015年までに1日1ドル未満で生活する人口の割合を1990年水準の半数に半減させる」）。これがSDGsでは、「あらゆる場所のあらゆる形態の貧困を終わらせる」と、MDGsよりさらに野心的な内容となっており、SDGs全体の野心度の高さを象徴しています。

目標17「持続可能な開発のための実施手段を強化し、グローバル・パートナーシップを活性化する」は、目標1から16を実施するための手段についての目標です。資金、技術、能力構築、貿易、体制面といったSDGsを実施するために強化する必要のある手段が挙げられています。SDGs実施の体制面については、さらに細かく、政策・制度的整合性、マルチステークホルダーパートナーシップ*18、データ・モニタリング・説明責任といった項目があります。

169のターゲットは「具体的な目標」

各目標の下には、具体的な目標として期限を明確にしたターゲットが設けられています。達成期限は多くの場合は2030年ですが、それよりも早く設定されている場合もあります。ターゲットの数は目標によって異なり、総数は169です。

各ターゲットには該当する目標番号の後に、数字（1、2、3など）もしくはアルファベット（a、b、cなど）がついていますが、アルファベットがついているターゲットは各目標に特化した実施手段です。

＊18　政府、民間企業、NGO間のパートナーシップなど複数の主体とのパートナーシップ

目標やターゲットには環境、経済、社会的側面が混ざっています。これは、環境課題の解決には社会的側面に配慮した経済的取り組みが必要、といったようにそれぞれが密接に関係しているからです。

また、ターゲットの中には先進国内または途上国内の問題と思われるものもあるかもしれません。しかし、途上国に多くみられる問題（例えば森林伐採や生態系の劣化など）でも、先進国の消費を支えるための輸出が原因となっていることも多く、安易に先進国向け、あるいは途上国向けなどとターゲットを分けることは避けた方が良いでしょう。

表3　17の目標

目標 1	【貧困】あらゆる場所のあらゆる形態の貧困を終わらせる
目標 2	【飢餓】飢餓を終わらせ、食料安全保障及び栄養改善を実現し、持続可能な農業を促進する
目標 3	【保健】あらゆる年齢のすべての人々の健康的な生活を確保し、福祉を促進する
目標 4	【教育】すべての人に包摂的かつ公正な質の高い教育を確保し、生涯学習の機会を促進する
目標 5	【ジェンダー】ジェンダー平等を達成し、すべての女性及び女児の能力強化を行う
目標 6	【水と衛生】すべての人々の水と衛生の利用可能性と持続可能な管理を確保する
目標 7	【エネルギー】すべての人々の、安価かつ信頼できる持続可能な現代的エネルギーへのアクセスを確保する
目標 8	【経済成長と雇用】包摂的かつ持続可能な経済成長及びすべての人々の完全かつ生産的な雇用と働きがいのある人間らしい雇用（ディーセント・ワーク）を促進する
目標 9	【インフラ、産業化、イノベーション】強靭（レジリエント）なインフラ構築、包摂的かつ持続可能な産業化の促進及びイノベーションの推進を図る
目標 10	【不平等】各国内及び各国間の不平等を是正する
目標 11	【持続可能な都市】包摂的で安全かつ強靭（レジリエント）で持続可能な都市及び人間居住を実現する
目標 12	【持続可能な生産と消費】持続可能な生産消費形態を確保する
目標 13	【気候変動】気候変動及びその影響を軽減するための緊急対策を講じる
目標 14	【海域の資源】持続可能な開発のために海洋・海洋資源を保全し、持続可能な形で利用する
目標 15	【陸域の資源】陸域生態系の保護、回復、持続可能な利用の推進、持続可能な森林の経営、砂漠化への対処、ならびに土地の劣化の阻止・回復及び生物多様性の損失を阻止する
目標 16	【平和】持続可能な開発のための平和で包摂的な社会を促進し、すべての人々に司法へのアクセスを提供し、あらゆるレベルにおいて効果的で説明責任のある包摂的な制度を構築する
目標 17	【実施手段】持続可能な開発のための実施手段を強化し、グローバル・パートナーシップを活性化する

231の指標でターゲットの達成状況を測る

SDGsの達成状況はターゲットの達成度合いによって測られます。そのため、各ターゲットには指標が設定されています。例として以下に目標7のターゲットの指標を紹介します（全指標は付録参照）。各ターゲットに一つ以上の指標が設けられています。全部で247の指標がありますが、重複を除くと231です＊19。

表4 目標7のターゲットと指標

ターゲット		指標	
7.1	2030年までに、安価かつ信頼できる現代的エネルギーサービスへの普遍的アクセスを確保する	7.1.1 7.1.2	電気を受電可能な人口比率 家屋の空気を汚さない燃料や技術に依存している人口比率
7.2	2030年までに、世界のエネルギーミックスにおける再生可能エネルギーの割合を大幅に拡大させる	7.2.1	最終エネルギー消費量に占める再生可能エネルギー比率
7.3	2030年までに、世界全体のエネルギー効率の改善率を倍増させる	7.3.1	エネルギー強度（GDP当たりの一次エネルギー）
7.a	2030年までに、再生可能エネルギー、エネルギー効率及び先進的かつ環境負荷の低い化石燃料技術などのクリーンエネルギーの研究及び技術へのアクセスを促進するための国際協力を強化し、エネルギー関連インフラとクリーンエネルギー技術への投資を促進する	7.a.1	クリーンなエネルギー研究及び開発と、ハイブリッドシステムに含まれる再生可能エネルギー生成への支援に関する発展途上国に対する国際金融フロー
7.b	2030年までに、各々の支援プログラムに沿って開発途上国、特に後発開発途上国及び小島嶼開発途上国、内陸開発途上国のすべての人々に現代的で持続可能なエネルギーサービスを供給できるよう、インフラ拡大と技術向上を行う	7.b.1	開発途上国における再生可能エネルギーの発電容量の導入量（一人当たりワット）

出典：総務省仮訳（2019年8月版）に、2020年3月までに国連経済社会局統計部門によりアップデートされたSDGs指標のIGES仮訳を追加して作成

＊19 指標の中にはまだ計算方法などが確立されておらず、現在改定作業が行われているものもあります。指標の数は2020年7月時点のものです。

1-6 実施、フォローアップ・レビューの仕組み

SDGsの実施を着実に進めるために、各国政府は取り組みの実施状況を定期的に評価、公表し、透明性を確保することで、説明責任を果たすことが求められています。そのための仕組みについて見ていきましょう。

SDGsの実施を促進・確認するための仕組み

SDGsを含む2030アジェンダは政府だけでなく、企業、学校、NGO、市民といった世界中の**すべてのステークホルダーによって実施**されています。

SDGsの実施には**法的拘束力**はなく、各国・各地域・各主体が**自主的に取り組む**ことが求められています。また、目標、ターゲット、指標はすべて世界レベルを対象としていますが、各国・各地域・各主体の多様な状況に合わせてアプローチ、ビジョン、モデルや手段が変わってくることを認識しています。

世界全体でSDGsの実施を進めるために、政治的リーダーシップ、指針、勧告を提供し、実施状況を確認する場が**持続可能な開発のためのハイレベル政治フォーラム（HLPF）**です。持続可能な開発に関する最大の会合で、各国政府代表のみならず、市民社会、ビジネス界、学術界などの代表も参加して、毎年ニューヨークの国連本部で開催されます[*20]。HLPFには、多角的に知見や経験を集約する仕組みとして準備会合があり、地域ごとや目標ごとに開催されています（例：持続可能な開発に関するアジア太平洋フォーラムなど）。また、HLPFに合わせて、自治体やビジネス界といったステークホルダーに特化した会議も開催されています（例：SDGビジネス・フォーラムなど）。

SDGsの取り組みの進捗を確認するプロセスを**フォローアップ・レビュー**と呼びます。これは主に各国政府の責任で行うこととされ、自国のSDGs達成状況を自発的にHLPFで発表します（自発的国家レビュー（Voluntary National Review: VNR）と呼ばれます）。また、HLPFでは国連がSDGsの目標ごとの達成状況を報告します。

＊20　加えて、各国の首脳級が集うHLPFも4年に1度開催されます。

各国政府以外によるフォローアップ・レビューの取り組み

国連の公式なプロセスには含まれていませんが、各国政府以外の主体もフォローアップ・レビューを実施しています。例えば、自治体がSDGsの戦略や目標を策定し、市民や企業と共に行動を起こすといった動きが出てきています。そして、実施状況を報告書にまとめ、HLPFで**自発的自治体レビュー**(Voluntary Local Review : **VLR**)を行っている都市も増えています(富山市、北九州市、北海道下川町、ニューヨーク、ブエノスアイレスなど＊21)。

さらに、企業の中にもSDGsに関する報告を行う努力がみられます。方法は、企業の統合報告書にSDGsを組み込んだり、SDGsに特化した報告書を作ったりと様々です。例えば、横浜市の中小企業である株式会社太陽住建は、横浜市の温暖化対策目標(太陽光発電設置目標)の12.15%を担うことを自社の目標とし、それに向けた取り組みや貢献をまとめた報告書をVNRに準じた形で作成し、公開しています。企業によるSDGsの取り組みの報告・コミュニケーションについては第6章で詳しく説明します。

このように、フォローアップ・レビューは国家だけでなく、多くのステークホルダーによって行われつつあります。

＊21 「VLRラボ」(https://iges.or.jp/en/projects/vlr) では世界の各自治体のSDGs達成に向けた自発的な活動ならびにレビュー状況を簡単に一覧できます(英語のみ)。

column

政府による自発的な発表に意味はあるの？

HLPFにおけるVNRセッションは、国の代表による発表と参加者との質疑応答で構成されており、1国につき1時間足らずで終わります。VNRは発表の内容について厳密な決まりがないため、政府がアピールしたい点が強調され、取り組みが遅れている分野については言及がない場合も多くあります。このような発表内容に対して、NGOなどが問題点を指摘するという光景がHLPFのVNRセッションではよく見られます。こうした政府以外の参加者からの指摘が、その国の取り組み状況の全体像を浮かび上がらせる役割を担っているともいえます。また、HLPFで自国の実施状況を世界に紹介することがモチベーションとなって、国内での取り組みが進む場合もみられます。

SDGsは、法的拘束力があるパリ協定などとは異なる自発的なアプローチをとっていますが、政府以外のステークホルダーの活躍によって、VNRは課題を抱えつつも意味のあるプロセスになっているといえるでしょう。

日本は2017年のHLPFにてVNRを実施し、以下の報告書を発表しました。

図7　日本政府による国連ハイレベル政治フォーラム報告書

MEMO

第2章

企業にとってなぜSDGsが重要なのか

第１章では、地球が危機的な状況にあり、人類が岐路に立たされていることを説明しました。個人として、「この状況をなんとかしたい」と思う方や、「事業を通じて何かできないだろうか」と思った方もいるかもしれません。一方で、「環境・社会問題の解決は、余力のある企業が取り組めばよいのでは」と思った方もいるかもしれません。

SDGsの採択により、世界は持続可能な社会の構築に向けて大きく動き出しました。本章では、この止まることのない持続可能な社会に向けた流れの中で、企業がSDGsに取り組むメリットと注意点について説明します。

2-1 持続可能な社会への移行と企業の役割

SDGsの採択は、世界がこれから持続可能な社会に移行するという方向性を表しています。持続可能な社会では、これまでコストであった「人」や「環境配慮」は投資の対象となり、限りある資源を循環させる生産・消費活動が求められます。

SDGsとは持続可能な社会を築いていくという世界の方向性

多くの市民や国家の声を集約してSDGsが策定され、すべての国とすべてのステークホルダーによって実施されることが国連で決まったということは、企業にとって何を意味しているのでしょうか。

SDGsを含む2030アジェンダは、前文で「我々は、世界を持続的かつ強靱（レジリエント）な道筋に移行させるために緊急に必要な、大胆かつ変革的な手段をとる」と謳っています。これが意味することは、「これからは全世界を挙げて、持続可能な社会へ移行していきます」という国際社会の決意です。では、現在の社会と比べて持続可能な社会とは、どのような特徴があるのでしょうか。

短期的な利益の追求から、長期的な利益の追求へ

人々の生活や企業の活動を脅かしている気候変動、格差拡大、海洋ごみなどの多くの問題の背景には、より安く便利なものを求める顧客のニーズと、それにこたえるための企業の経済合理性の追求があったといえます。これまで企業は、短期間に利益を生みだすことを最重要課題とすることが多く、人件費、環境対策、従業員の安全対策などはコストとみなしてきました。その結果、各社レベルでそれらのコストが削減され、環境汚染、温室効果ガスの排出、従業員の疲弊と貧困などの問題が生み出されました。また、自然環境から調達した資源の多くは、生産・消費の後、再利用されることなく廃棄されてきました。こうした問題が積み重なった結果、地球規模で資源枯渇、気候変動、格差拡大、ごみ問題などが起こり、それがしっぺ返しとなって、企業の経営環境を脅かしています。そして、企業は経営を改善するために、さらに安い労働力や資源を追い求め、より劣悪な労働環境・自然環境になっていく

という悪循環に陥ってきました（図1）。

図1　短期的に利益を生みだすための経済の悪循環

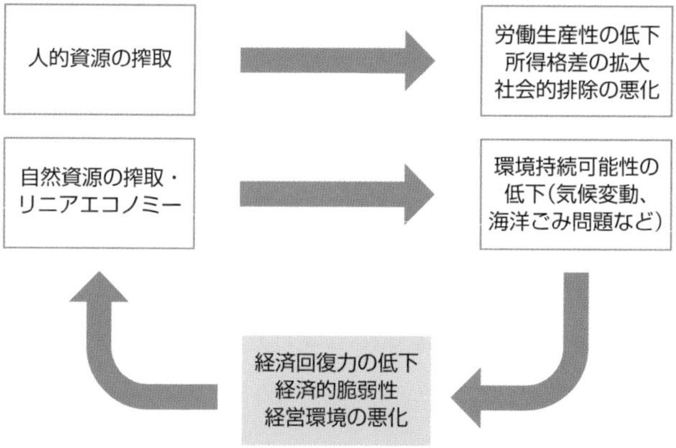

出典：Chung（2014）"NAMAs in the context of low carbon green growth in Asia-Pacific" をもとに著者作成

持続可能な社会では、上記のような短期的な利益のために、「人」と「環境」を搾取する構造から、長期的な視点で「人」と「環境」を大切にし、それらに投資していく構造への転換が求められます（図2）。また、資源を自然界から「**取って**」「**作って**」「**捨てる**」形から、「**借りて**」「**使って**」「**戻す**」方法に代わると考えられます。つまり、長期的視点で、環境や社会の持続可能性を確保した上で利益を追求することになるのです。

図2　長期的視点で利益を生みだすための経済の好循環

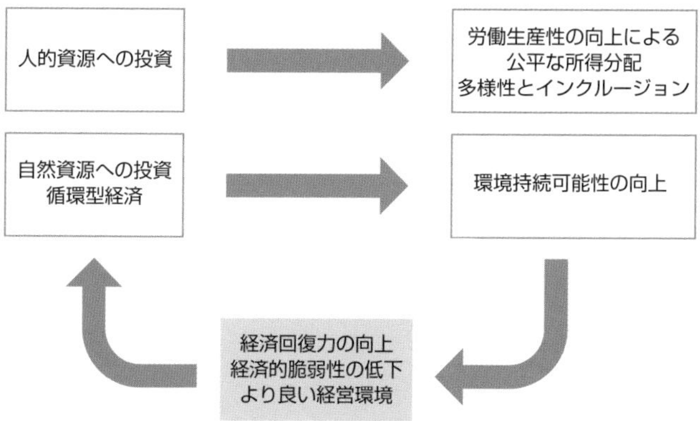

出典：Chung（2014）"NAMAs in the context of low carbon green growth in Asia-Pacific" をもとに著者作成

企業の取り組みなしに、持続可能な社会に移行することは不可能

SDGsが描く持続可能な社会に移行していくには、企業の取り組みが欠かせません。企業は様々な環境・社会課題を生み出した一因でもあるので、悪影響を小さくするための努力は当然必要とされるでしょう。同時に、企業には政府や市民社会など他の主体にはない優れた特性があり、持続可能な社会の実現のためには企業の力が必要不可欠なのです。例えば、企業が持つ技術、知識、ノウハウ、資金力、ネットワークなどは、まさにSDGsを達成するのに必要な手段です。また、企業には革新的な解決策をタイムリーに生み出す独創性、突破力、俊敏性があります。政府などに比べて、セクターや縦割りを越え、目的に向かって協働することに長けている場合もあります。こうした特性を環境・社会課題の解決に使っていくことは、企業が利益を生み出しながら、持続可能な社会を築き、地域コミュニティを活性化するという価値を創造することにつながります。また、それが、企業が安定的に事業を行っていく基盤を作ることにもつながります。

持続可能な社会の実現には、大企業だけではなく中小企業の力も必要です。中小企業は地域との結びつきが強い場合が多く、増加する空き家、人材・後継者不足など地域が抱える課題の影響を大きく受ける一方で、地域の人々や自治体などと協力して課題解決に貢献していくことができます。

SDGs策定時に国連事務総長を務めた潘基文（パン・ギムン）氏は、SDGs達成に向けた企業の役割に期待を寄せ、後述する**SDG Compass**の中で次のように述べています。

> *企業は、SDGsを達成する上で重要なパートナーである。企業は、それぞれの中核的な事業を通じてこれに貢献することができる。私たちは、すべての企業に対し、その業務が与える影響を評価し、意欲的な目標を設定し、その結果を透明な形で周知するよう要請する。*

column

消費者の立場から見つける SDGs時代のビジネスのヒント

私たちは、企業の経営者や従業員であるだけでなく、買い物をする消費者です。私たちは意識的であろうが無意識的であろうが、日々の仕事や消費行動を通じて、2030年やその先の地球の姿や社会を形成しています。SDGsが目指すより良い未来の形成に一人の消費者として貢献しようとするとき、新たなビジネスのヒントを得られることもあります。

現在プラスチック汚染が大きな問題となっていますが、消費者としてプラスチックごみをほとんど出さない生活をすることを想像してみましょう。マイボトルを持ち歩いても、中身がなくなった時に補充できる場所や施設がないため、結局ペットボトル飲料を買わざるを得ないこと。ストローは欲しくないと思っても、パック飲料にはストローが一緒についており、それも含めて買わねばならないこと。プラスチックが購入の目的ではなくても多くの店では、既にプラスチックに包装されて商品が売られていること。プラスチックはモノを安全・便利に届ける手段ではありますが、このように、プラスチックなしで購入するという選択肢自体がない場合が多いことがわかります。

また、強制労働に加担しない消費や環境になるべく負荷をかけない消費をしたいと思っても、商品やサービスが誰によって作られ、どれほどのエネルギーや水を使って生産されているかは、見た目で見分けることは難しく、また表示もされていないために、判断ができません。

日本では消費者の意識が低いことを理由に、持続可能な開発に良いビジネスはできないといわれることもありますが、消費者教育は可能です。例えば、ヨーロッパのあるバーガーショップでは、すべてのバーガーにCO_2排出量を表示するとともに、CO_2排出量の高いビーフバーガーの他に、排出量の低いベジタブルバーガーなどの商品を用意しています。こうして消費の環境負荷について理解を促し、行動の選択肢を与えることで、消費のシフトを起こしているのです。この他、消費者団体や教育現場と協働して、持続可能性に配慮した商品が正当に評価されるように働きかけることも可能でしょう。消費者として行動を起こすことで得られるビジネスのヒントは数多くあるのではないでしょうか。

2-2 企業がSDGsに取り組むメリット

企業がSDGsに取り組むことはリスク回避とビジネス機会創出につながります。それはまた、ビジネスを長期的に継続できる安定した社会を構築していけるという根本的なメリットにもつながります。

SDGsに取り組む6つのメリット

本節では、持続可能な社会の構築に向けた流れの中で、企業がSDGsに取り組む6つの一般的なメリットを説明します。個別企業においては、経営戦略の実現のために、SDGsを参考に**マテリアリティ**（**重要課題**）を特定し、それに重点的に取り組むことで大きなメリットが期待できます。個別企業における重要課題の特定については第４章以降で説明します。

①将来のビジネスチャンスの見極め

SDGsは世界が抱える課題をまとめたものであるため、ビジネス上のリスクを回避したり、機会を見つけるためのリストと捉えることができます。ビジネスと持続可能な開発委員会による報告書「Better business, better world」によると、SDGsの達成によって生まれる事業機会は、食料と農業、都市と都会のモビリティ、エネルギーと原材料、健康と福祉の４分野だけで年間12兆ドル以上です（図3）。ただし、この機会をつかむには「企業が市場シェアや株価を追求するのと同じくらい熱心に社会と環境の持続可能性を追求する必要がある」としています。

②企業の長期的存続に関わる価値の向上

SDGsを参考に自社にとってのリスクを的確に把握することで、企業は長期にわたって顧客に製品やサービスを供給できるようなビジョンを持ち、中・長期の企業価値を高めていくことができると考えられます。また、社員の仕事へのやりがいや使命感を引き出し、意識の高い人材を惹きつけることもできるでしょう。さらに、持続可能な社会に向けて政府が出している補助金を獲得しやすくなるなど、新たなビジネス機会の創出につながる可能性もあります。

図3　企業がSDGsを達成することで生まれる 年間12兆ドルの事業機会

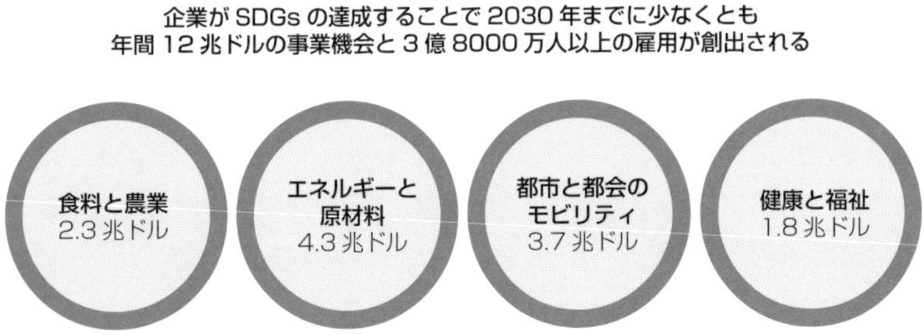

出典：Business & sustainable development commission (2017) "Better business, better world" をもとに著者作成

③新たな政策の先取りやルール形成

SDGsが指し示す方向に世界全体が向かえば、地球環境の持続可能性や格差是正を促進する制度が強化されるなど、ビジネスを行う上での環境やルールが変わっていくと考えられます。例えば、SDGsは、環境コストなどの外部性を内部化（41ページのコラム参照）していくという経済の方向性を示唆しています。この方向に向かって他社に先んじて行動する企業は、カーボンプライシングのように、環境コストを内部化する政策が施行された場合に、競争優位性が高くなります。

もし、企業が持続可能な社会構築に向けたルール形成に携わり、真に持続可能な取り組みを行う企業が報われる制度や構造を作ることができれば、社会的な価値を他のステークホルダーと共に創造しながら企業価値を向上させていくチャンスが大きくなるでしょう。ルールは一度形成されると変更が難しいため、先んじて動くことが重要です。すでに様々な分野で先進企業が持続可能な社会の構築を見据えて、他のステークホルダーと共にルール形成に乗り出しています（7-9節）。

適切なステークホルダーを巻き込まずにルールを形成することは大きなリスクを伴うため、注意が必要です。SDGsが「誰一人取り残さない」ことを目指す中、例えば大企業が政府と手を組んで自社のみに有利なルールや仕組みを形成した場合、法に触れなかったとしても、他社や顧客などからの信頼を失い、長期的なビジネス関係を維持できないかもしれません。また、労力をかけて形成したルールが広く使われない恐れもあります。持続可能な社会を目指すルール作りにおいて、SDGsが共存共栄を目指す枠組みであることは、忘れてはいけないポイントです。

④ステークホルダーとの関係性強化

SDGsは投資家や従業員、政府、消費者、市民団体といった企業を取り巻く様々なステークホルダーの期待や、政策の方向性を反映しています。SDGsを正しく理解・実践し、情報を開示する企業は、ステークホルダーとの関係性を強化でき、自社のみでは成しえない事業を行ったり、操業地域の住民から支持を得られたりします。近年、インターネットやSNSの普及に伴い、企業による国内外での人権侵害、租税回避、環境破壊などが世界にたちどころに知られるようになりました。SDGsを理解する人が増えれば、企業に向けられる目がこれまで以上に厳しくなるでしょう。SDGsの実践は、企業の**レピュテーションリスク**＊1の回避を含めたリスク管理にもつながるのです。

⑤長期的に事業を続けていくための基盤である社会と市場の安定を作る

①から④までのメリットは、企業が将来にわたって存在し、事業を続けてこそ発現します。しかし新型コロナウイルスの感染拡大などにみられるように、企業が安定して事業を継続するための環境・社会基盤は揺らぎつつあります。SDGsに取り組むことで安定的な社会や市場環境づくりに貢献し、企業が事業を継続していけるようにすることこそ、企業がSDGsに取り組む最も根本的なメリットといえます。また、腐敗や汚職がまかりとおっていては、企業間の健全な競争が不可能になります。市場の安定には、ルールに基づく競争、透明性のある金融システム、よくガバナンスされた組織などが必要です。

⑥共通言語の使用と目的の共有

SDGsは持続可能な社会に向かう世界で、企業を従業員、投資家、消費者、顧客、政府、市民団体などと結びつける共通言語といえます。SDGsを通じて、企業は様々なステークホルダーと持続可能な未来に向かうスタンスを話しあったり、どの課題に対してパートナーシップを組んで取り組めるか模索できます。また、SDGs

---

＊1 企業に対する悪い評価や評判が広まることによって被る経営リスクのことです。

の中で、企業は持続可能性に関する情報を報告することが奨励されています（ターゲット12.6）。SDGsはビジネス界共通の取り組みであり、かつ報告の枠組みでもあるといえるでしょう。

これら6つのメリットは、リスク回避、ビジネス機会の創出、ビジネスを続けるための環境整備に通じます。これらは企業の大きさに関わらず、すべての企業に共通するメリットですが、中小企業ならではのメリットもあります。

中小企業がSDGsに取り組むメリット

SDGsを達成し、持続可能な社会を作るには、世界的な取り組みや国を挙げた取組みも大切ですが、それと同じぐらい地域や市民レベルの活動が重要です。なぜなら、地域ごとに直面する課題や状況は異なり、ビジョン（どのような地域を目指すか）や解決策も異なるからです。

その中でも特に重要な役割を果たすのが中小企業です。日本では、中小企業が企業全体の99%を占め、従業者の70%が働いています。その多くは地域密着型で、経営者や従業員も、地域の中で仕事と生活を営んでいることが多いでしょう。そのため中小企業は地域の課題やニーズに敏感で、かつ、地域の事情にも精通しているぶん、ビジネスを通じて地域の課題を解決しやすいといえます。また、地域の課題を解決できると、そのメリットは経営者や従業員の暮らしにも良い影響があるといえます。例えば、日本の多くの地域が抱える空き家問題は、治安の悪化につながりかねない課題です。もし空き家をうまく活用できれば、ビジネスとして利益を得ながら、経営者や従業員が安心して住める安全な地域を作ることができます。また、こうして地域の中小企業が活性化することは、地域社会の活性化につながります。地域活性化は日本の課題でもあるため、政府が補助金を出して支援する場合もありますが、政府の補助金に長期にわたって頼ることは現実的ではありません。地域に根差した中小企業が地域の資源を活用し、地域の発展に貢献していくビジネスモデルを作ることが持続可能で活力のある地域づくりにつながります。

図4 中小企業の企業数、従業員数、付加価値額

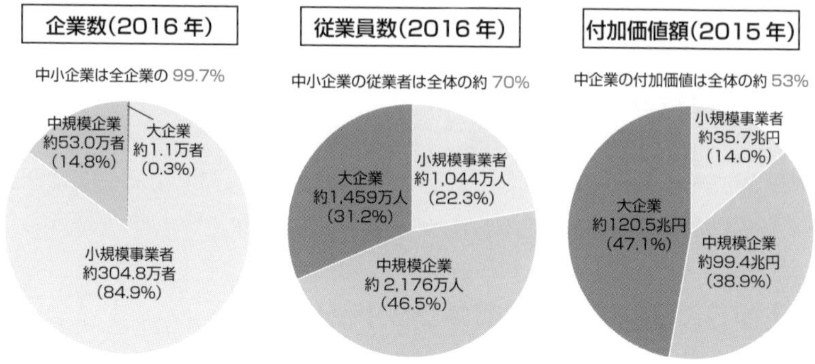

出典：中小企業庁（2019年）2019年版中小企業白書

中小企業の取り組みは地域に影響を与えるだけではありません。グローバル化が進む中、多くの中小企業が海外とのつながりを持っています。製品や原材料の輸出入、外国人の雇用だけでなく、情報漏洩や顧客管理に海外のルールが適用される事業・企業もあります。中小企業によるSDGsの取り組みは、取引関係などを通じて、国境を越えた影響を持ちえます。中小企業がSDGsに取り組むことは地域のみならず、グローバルレベルの持続可能な消費と生産にも貢献するのです。

中小企業への期待

中小企業には大きな期待が寄せられており、SDGsのなかで設立や成長が奨励されています。

SDG8（働きがい・経済成長）ターゲット8.3

生産活動や適切な雇用創出、起業、創造性およびイノベーションを支援する開発重視型の政策を促進するとともに、金融サービスへのアクセス改善などを通じて中小企業の設立や成長を奨励する。

column

企業による環境コストの内部化と情報開示が必要な理由

企業はなぜ持続可能な社会の構築に向けた取り組みや考え方といった情報を開示する必要があるのでしょうか。詳細は第6章で説明しますが、背景として、今後進むと考えられる**環境コスト**（環境負荷を低減させるための費用）の内部化が挙げられます。

企業がモノを作り、サービスを提供するときには、多くの場合、二酸化炭素や汚染物質の排出などによって地球に対してなんらかの負荷をかけています。しかし、これまで企業は環境に与える負荷のすべてを負担するわけではなく、また環境コストのすべてを顧客に提供するモノやサービスの値段に含めていたわけでもありませんでした。そのため、本来は地球にとって高コストなモノやサービスでも、顧客に対して低価格で提供していました。このように、企業と顧客という取引をする当事者以外（この場合は地球）に経済活動の費用や便益が及ぶことを外部性といいます。

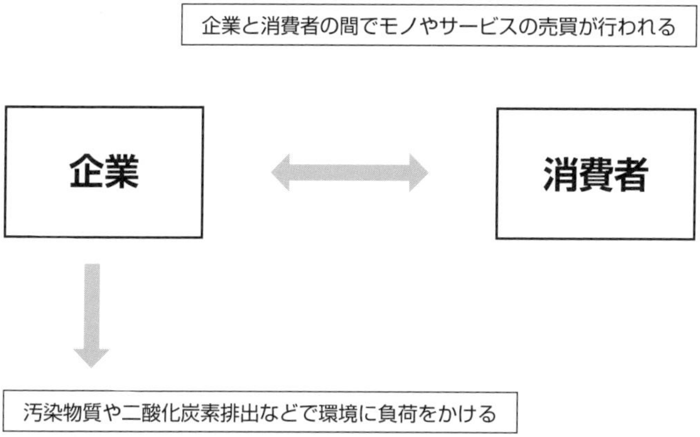
企業と消費者の間でモノやサービスの売買が行われる
企業
消費者
汚染物質や二酸化炭素排出などで環境に負荷をかける

取引当事者以外に経済活動の費用や便益が及ぶ＝外部性

近年、環境負荷に対する費用負担を市場メカニズムに組み込む「外部性の内部化」が企業に求められつつあります。

例えば、炭素に価格を付けることで、気候変動の原因となる二酸化炭素（CO_2）の排出量を削減する経済的インセンティブを創り出す仕組みを**カーボンプライシング**と呼びます。今後、外部性の内部化が企業に求められ、そのために企業が製品やサービスの価格を引き上げる場合、消費者や顧客に理解を求める上でも、情報開示が必要になるのです。

●負の外部性の例

工場からの排ガスによる大気汚染

肥料による土壌汚染や河川の汚染

産業廃棄物

騒音

魚の乱獲

メタンや二酸化炭素などの排出

2-3 企業によるSDGsの取り組みを後押しする流れ

企業を取り巻くステークホルダーは人権、衡平性、環境の持続可能性を求める方向に既に動き始めています。こうした流れが企業のSDGsの取り組みを後押ししています。

企業経営の持続可能性を重視するESG金融の広がり

近年、ESG投資、ESG金融という言葉を耳にする機会が増えているのではないでしょうか。**ESG**とは、**環境(Environment)**、**社会(Social)**、**ガバナンス(Governance)**からなる企業の非財務情報のことを指し、財務情報に加えて、ESGの要素も評価して投資を実施することを**ESG投資**と呼んでいます。また、融資を実施することを**ESG融資**、投資・融資と保険を含めて**ESG金融**と呼んでいます（図5）。

これまで企業を評価する際には、売上高や利益といった過去の業績や財務状況が重視されてきました。しかし、第1章で示されたように地球規模の環境問題や社会の問題が大きくなるにつれ、財務情報だけでは企業経営の持続可能性や長期的な収益性を評価するのは不十分と考えられるようになり、ESG情報開示・金融が発展してきた経緯があります。

図5 ESGに関する要素の例

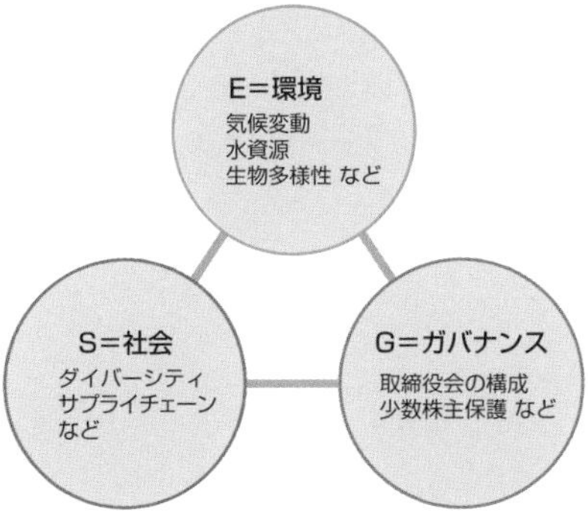

出典：GPIFウェブページ「ESG投資」をもとに著者作成

ESG金融はここ数年で大きく発展しています。例えば、世界のESG投資残高は、2016年に約22.9兆ドル（約2,500兆円）であったのが、2018年に約30.7兆ドル（約3,400兆円）と拡大しています。日本でも2016年に約56兆円だったのが、2018年に約232兆円まで拡大しており、徐々に世界との距離を縮めています。

国内でのESG投資の動きをけん引しているのが、**年金積立金管理運用独立行政法人（GPIF）**です。GPIFは年間の運用資産額が約160兆円にも上る、世界最大の公的年金機関です。そのGPIFが2015年に国連責任投資原則（PRI）に署名したのをきっかけに、国内でも運用機関のPRI署名数が大きく増加しました。2017～2018年にかけては、GPIFは企業が公開する情報をもとにESG要素を加味して銘柄を組み入れる株価指数を選定・公表し、その運用を開始しました。こうした動きが後押しになり、国内の運用機関もESG投資に真剣に取り組むようになるとともに、企業側でも高いESG評価を受けるための情報開示が行われるようになってきました。GPIFとしては、企業がSDGsの取り組みを通じて企業価値を持続的に向上させれば、GPIFの長期的な投資リターンの拡大につながることになるため、「ESG投資と、投資先企業のSDGsへの取り組みは、表裏の関係にある」と述べています（図6）。

上で述べたPRIは2006年に策定された国際的な原則ですが、それに続くものとして、2012年には持続可能な保険原則（PSI）、2019年には**責任銀行原則（PRB）**も策定されています（次ページの囲み記事を参照）。このようにESGは、投資だけでなく、金融界全体の共通理念になりつつあります。特に日本では間接金融が多いこともあり、地域金融機関が地域の持続可能性に関わる課題を掘り起こし、中小企業の事業構築に協力する事例が見られるようになってきました。今後もESG金融の拡大が予測されており、国内でも世界でも企業のSDGs取り組みの後押しになることが期待されます。

図6　ESG投資とSDGsの関係

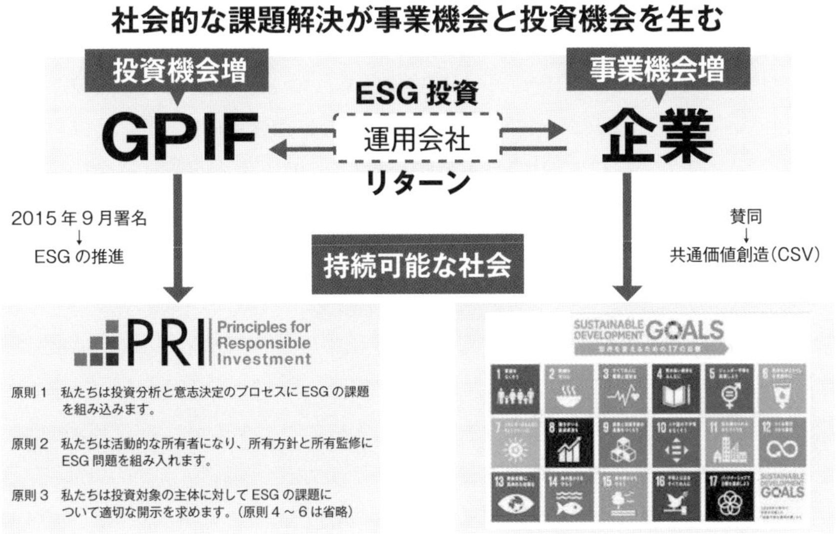

出典：GPIFウェブページ「ESG投資」

注目すべき責任銀行原則（PRB）

PRBでは署名する銀行に対して、自社の事業が環境や社会に与えるポジティブなインパクトを拡大し、ネガティブなインパクトを低減させるよう戦略・目標を設定し、その取り組みについての情報開示を要請しています。これは金融機関に対して、ESGの考慮から、SDGsやパリ協定への具体的な貢献を求めるステージに移ってきていることを示唆しています。2020年6月現在、日本では、みずほファイナンシャルグループ、三井住友トラスト・ホールディングス、三井住友フィナンシャルグループ、三菱UFJフィナンシャル・グループ、滋賀銀行の5機関がPRBに署名しています。

サプライチェーンを通じて大企業から中小企業へ広がる環境・人権配慮の強化

ビジネス界でSDGs実施に関する動きがますます活発になっている背景には、大企業をはじめ、多くの企業が**サプライチェーン**全体を通じて、環境や人権への配慮を強めていることが挙げられます。

原材料の調達からモノやサービスが顧客に届くまで、企業活動を通じて付加価値をつけていくバリューチェーンの中で、大きな要素と言えるのが、モノの供給のためのサプライチェーンです。サプライチェーンは多くの場合、複雑で、複数の企業が関わっていますが、近年、サプライチェーン上の他社で起こる様々な問題は、「社外の問題」では済まされなくなってきました。特に、サプライヤーにおける環境破壊(森林減少、生物多様性の損失、水の汚染など)、労働・人権問題(劣悪な環境での労働や人身売買など)、コミュニティへの悪影響(鉱山開発等に伴う住民の強制移住、鉱物資源をめぐる紛争など)といった課題は、メディアやNGOの報告などによって広く知られ、企業リスクに発展するようになりました[*2]。サプライヤーでの問題は、そこから製品を調達している企業において、顧客からの信頼や訴求力の失墜、ブランド価値の低下、投資評価の低下につながる可能性があります。自社がしっかり環境・人権配慮を行っていても、下請けやサプライヤーに環境・人権問題があれば、商品を購入する顧客にとっては、その商品は持続不可能な商品になります。環境破壊や人権侵害を行っている会社と取引をして利益を得ている会社もまた、環境破壊や人権侵害に加担しているとみなされます。さらに、サプライヤーで労働・人権問題によるストライキが発生したり、資源が枯渇したりすれば、調達物品の供給遅延・途絶などにつながる可能性もあります。問題を抱えるサプライヤー企業は取引先として選ばれなくなりつつあるともいえるでしょう。

各国政府や国際機関はサプライチェーンに関する法律やガイドラインを策定し、企業の社会的責任の対象を定義するなど、持続可能な調達を企業に要請しています。SDGsにもサプライチェーンに関する目標・ターゲットが複数含まれています(6.3、8.7、8.8、12、14、15など)。

では、こうした課題に対応するため、企業ではどのような取り組みが行われているのでしょうか。例えば、Appleは2018年に同社の施設を100%再生可能エネルギー由来の電力で賄えるようにしました。しかし、Appleの総合的なカーボンフッ

＊2　例えば、火事や建物崩壊の報道からバングラデシュの衣料産業に従事する人々が置かれている劣悪な労働環境が明らかになりました。また、日本に輸入されているパーム油は森林減少や生物多様性の損失などの環境問題のほか、農園での強制労働、児童労働、性差別など深刻な人権侵害が指摘されています。技能実習生として日本で働く外国人の人権侵害も報道されています。

トプリント（CO_2に換算した温室効果ガス排出量）の74%は製品の製造段階に起因するため、同社はサプライチェーンで使用する再生可能エネルギー量に関する目標を立てました。そして、サプライヤーにエネルギー効率向上と再生可能エネルギーへの電力源のシフトを求め、さらにそれを資金面でサポートしたところ、サプライヤーの電力源シフトについては2020年を期限とした目標を2019年前半に前倒しで達成したのです。同社はこの他にも人権・労働面におけるサプライヤー管理も行っており、積極的に情報開示をしています。国内でも、例えばイオンが「イオン持続可能な調達原則」を制定し、「2020年の調達目標」の達成や、食品廃棄物の削減を目指してサプライヤーと共に取り組みを始めています。また、SDGsや環境・人権に関する取り組みの有無がビジネスの可否に直結することもあることから、先進企業と取引する企業では特に取り組みが進んでいます。

　このように、各企業の環境・社会配慮の守備範囲は自社だけでなく、取引先や企業活動の上流である調達関係や下流である出荷以降まで広がってきています。

業界団体やイニシアティブによる取り組み

　業界団体としてSDGsの取り組みに関する方向性を打ち出しているところもあります。例えば、経団連は2017年にSociety 5.0の実現を通じたSDGsの達成を柱として、企業行動憲章を改定しました。企業行動憲章は、経団連の参加企業が企業倫理や社会的責任に十分配慮しつつ、それを越えて持続可能な社会の実現を牽引する役割を担うと謳っています。**日本青年会議所**は外務省との「**SDGs推進におけるタイアップ宣言**」を行い、中小企業や自治体におけるSDGs推進、次世代の子どもたちへのSDGs推進、SDGs達成に向けたプロジェクトの全国実施を柱に活動を始めました。また、「**SDGs推進宣言**」も行い、日本一のSDGs推進団体になることを目指しています。

　SDGsの中でも特定の課題に焦点を当てた野心的な取り組みも拡大しています。2019年1月に設立された**クリーン・オーシャン・マテリアル・アライアンス（CLOMA）**では、サプライチェーンの上流から下流まで350社・団体（2020年7月27日時点）が、海洋プラスチックごみの問題解決に向けて活動しています。

事業運営を100%再生可能エネルギーで調達することを掲げた国際イニシアティブ「**RE100**」に加盟する企業は世界的にも国内でも増えています。2020年7月時点で242社中35社は日本企業です。また、2030年までに事業運営に関係する車両を電気自動車に転換する国際イニシアティブ「**EV100**」に参加する日本企業も出てきました。

また、このようにSDGs実施に向けて動き始めた国内企業を支援するための窓口として、日本気候リーダーズ・パートナーシップ（JCLP：7-10節）などの企業団体が活動しています。**国連グローバル・コンパクト（UNGC）**の日本ネットワークである**グローバル・コンパクト・ネットワーク・ジャパン（GCNJ）**は、分科会を設置し、参加企業・団体が他社の実践や有識者から学び、SDGsの取り組みについて議論・情報交換できるようにしています。UNGC、GCNJ以外にも、持続可能な開発のための**世界経済人会議（WBCSD）**などの団体が、企業・団体が使えるツールを提供し、取組みを後押ししています。

図7　RE100参加企業の増加と再生可能エネルギー100%への進捗

> 100%再生可能電力に向けたRE100メンバー企業の発展

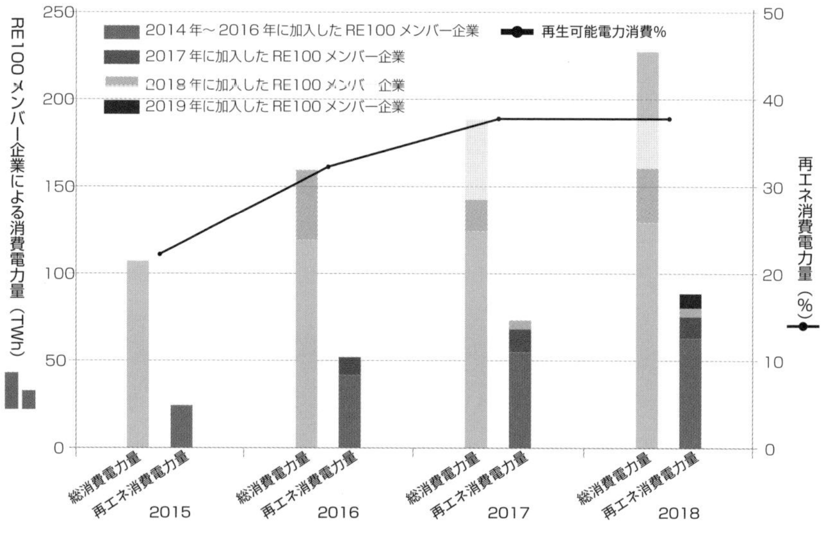

出典：The Climate Group（2019）RE100の2019年版年次報告書

図8　RE100参加企業が再生可能エネルギーに切り替える主な動機

- 顧客からの期待…………87%
- 長期リスクの管理………84%
- コスト削減………………80%
- 株主の要望………………76%

出典：The Climate Group（2019）RE100の2019年版年次報告書をもとに著者作成

企業の取り組みを後押しする政府

日本では、SDGsの取り組みを推進する体制として、全閣僚を構成員とするSDGs推進本部が設置されています（この本部の下に行政、民間セクター、NGO、国際機関、有識者といった幅広いステークホルダーによって構成されるSDGs推進円卓会議が設置されています）。2019年12月、SDGs推進本部は、SDGs推進のための具体的施策をとりまとめた「SDGsアクションプラン2020」を発表しました。この中でビジネス界には、①企業経営にSDGsを取り込み、ESG投資を後押しすること、②**Society 5.0**「**Connected Industries**＊3」を推進すること、③中小企業のSDGs取り組み強化のための関係団体・地域、金融機関との連携を強化することが期待されています。SDGs推進本部は、SDGs達成に向けて優れた取り組みを行う企業・団体を表彰する**ジャパンSDGsアワード**を2017年に創設し、毎年表彰式を開催しています。

環境省は民間企業がパリ協定に整合した意欲的な**温室効果ガス（GHG）**削減目標を立て、サプライチェーン全体で排出量を削減できるよう、企業への支援を行っています（SBT＊4目標設定支援事業、中小企業向けSBT・再エネ100%目標設定支援事業）。

さらに、政府は地方創生分野における日本の「SDGsモデル」構築に向けて、優れた取り組みを提案する自治体を「SDGs未来都市」として認定し、その中でも特に先導的な取り組みは「SDGsモデル事業」として、補助金を支給しています。選定基準には多様なステークホルダーとの連携が含まれており、将来的には補助金に頼らずに事業として自走できるものが望ましいことから、企業の活躍に期待が寄せられています。また、環境省は地域でSDGsを実施する概念として**地域循環共生圏**（図9）を提唱しており、既に実践している自治体では、地元企業と協働で、地域の環境、エネルギー課題を解決し、収益と雇用を生む仕組みづくりなどを進めています。

＊3　2017年3月、経済産業省が「人・モノ・技術・組織などがつながることによる新たな価値創出が、日本の産業の目指すべき姿である」として提唱した概念。現実社会で生み出されるリアルデータの共有・利活用、データ活用に向けた基礎整備、国際・ベンチャー・地域・中小企業への展開を横断的な政策としています。

＊4　Science-Based Targets。気候科学に基づいた削減目標を設定すること。

その他、政府は食品ロスの削減の推進に関する法律の施行（2019年10月1日）やレジ袋の有料化の開始（2020年7月1日）など、SDGs実施に資する法律・制度の整備を進めています。

図9　地域循環共生圏のイメージ

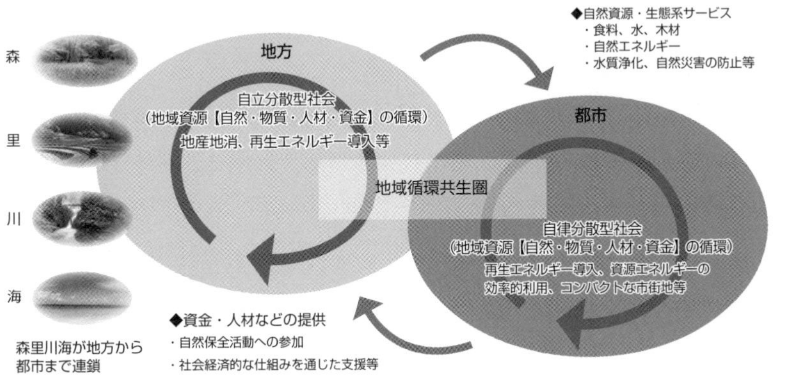

地域循環共生圏とは地域が自立し、支え合う関係づくり

出典：環境省　地域循環共生圏ウェブサイトをもとに作成

エシカルな価値観を消費行動に反映させるミレニアル世代とZ世代の台頭

現在、購買力で強い影響力を持つといわれ、世界の人口の半分を占める**ミレニアル世代**（1980年から1996年ごろまでに生まれた世代でデジタルネイティブといわれる）や、2030年に向けて購買力を増すと考えられる**Z世代**（1996年から2012年までに生まれた世代）は、環境・社会課題に強い関心を持っています。2019年の調査[＊5]では気候変動・環境保護・自然災害、所得の不均衡・富の分配、テロリズム、失業などが彼らの問題意識のトップを占めています。世界のミレニアル世代の42%は環境・社会に良い影響を与える企業との関係を始める・深めると回答し、38%は環境社会に悪い影響を与える企業との関係を止める・減らすと回答しています（日本ではそれぞれ38%と37%[＊6]）。特にこれから購買力が増すと考えられるZ世代においては、メディアでSDGsが取り上げられることが増え、学校教育を通じてSDGsを学ぶようになっていることから、SDGsへの認知度は年々高

＊5　デロイトトーマツコンサルティング合同会社（2019）「2019年デロイトミレニアル年次調査グローバル翻訳版」
＊6　同上

まっています[*7]。今後、購買力を持つ消費者が持続可能性に直結した価値観に基づいて消費活動を行うことで、社会全体の価値観を変え、持続可能性に積極的な企業を後押しすることになると考えられます。

近年のこうした流れを受けて、ビジネス界でも多国籍企業を含む多くの企業がSDGsの取り組みを始めています。しかし、2030年までにSDGsを達成するには、中小企業を含む、より多くの企業による積極的な取り組みが必要です。

日本におけるSDGsの達成状況

SDGsの進捗を測るための指標の中にはまだ開発段階のものも多く、正確な進捗状況を把握することは難しいのが現状です。しかし、入手可能なデータを基に、国ごとのおおよその進捗状況を発表している団体もあります。ベルテルスマン財団と持続可能な開発ソリューション・ネットワーク（SDSN）の調査では、日本は目標4「教育」や目標9「インフラ、産業化、イノベーション」においてすでに目標を達成しているとされます。一方で、目標5「ジェンダー」や環境分野の目標（目標13「気候変動」、14「海域の資源」、15「陸域の資源」）は達成からほど遠く、特に、目標5、13、14は進捗が停滞しているとされます。目標10「不平等の是正」においては、達成から遠い状況にある上、後退しているとされます 。この調査では、各目標につき具体的な複数項目の状況から傾向を捉えているため、日本の課題を大まかに把握し、何に重点的に取り組むかを考える上で参考になるでしょう。

目標	達成状況	傾向	目標	達成状況	傾向	目標	達成状況	傾向
1	○	↗	7	△	↗	13	▲	→
2	△	↗	8	○	↑	14	▲	→
3	○	↑	9	◎	↑	15	▲	↗
4	◎	↑	10	△	↓	16	◎	↑
5	▲	→	11	○	↑	17	▲	↗
6	○	↑	12	△	・			

達成済み：◎　達成に近い：○　達成から遠い：△　達成からほど遠い：▲
達成が見込まれる：↑　進捗がみられる：↗　停滞している：→　後退している：↓　情報不足：・

出典：ベルテルスマン財団、SDSN（2020）「Sustainable Development Report 2020」をもとに筆者作成

*7　朝日新聞2030SDGsで変えるウェブサイト（2020）「SDGs認知度調査第6回報告」

column

持続可能な開発を目指す様々な取り組み：環境アセスメント

SDGsが採択された2015年から遡ること約30年、国際協力分野では、1980年代から開発銀行や開発機関が主導し、政府による開発援助（ODA）事業における影響評価、いわゆる環境アセスメントが行われるようになっていました。**環境アセスメント**とは、事業が環境や社会に与える負の影響をより軽減するためのツールです。その目的は、持続可能な開発に資することであり、長期的には持続可能な社会の実現です。そして事業者と市民のコミュニケーションを促すツールでもあります。ここに環境アセスメントとSDGsに共通する「持続可能な開発」という理念を見ることができます。

環境アセスメントは、事業の環境影響を、特定・予測・評価するシステマティックな手続きであり、基本的に次の6つの段階を有しています。アセスメントの進め方を設計する①スクリーニングと②設計（スコーピング）、アセスメント文書を作成する③調査・予測、④環境保全対策検討、⑤審査、そして⑥事後対策です[＊8]。このプロセスにおいて、周辺住民や地方自治体を含む多様なステークホルダーの関与が発生します。日本の国内法では、環境アセスメントは事業単位で、また規模の大きな案件が中心であるため、実施数が少なく、その効果は限定的であるといわれています。一方、海外での開発援助に関しては、世界銀行をはじめ日本の国際協力機構（JICA）でも、環境社会配慮のガイドラインを定め、すべての事業がアセスメントの対象になり得るという考え方に基づき、環境影響のみならず、住民移転問題等社会影響や人権配慮も対象としています。また、事業単位ではなく、より上位の政策や計画等における意思決定段階での、いわゆる戦略的環境アセスメントが導入されています。これは今日SDGsで、経済、社会および環境の三つの側面を統合した形での達成を目指す取り組み[＊9]と通じます。開発と環境の両立のみならず、社会配慮を含めた複数の便益を得られるよう賢明に行っていく

＊8　**環境アセスメント学の基礎**　P.2
＊9　https://www.mofa.go.jp/mofaj/files/000101402.pdf

ことが目的です。その基本はコミュニケーションであり、そのための十分な情報公開と、公衆参加は必須とされており、SDGsの目標16で謳われている「あらゆるレベルにおいて、対応的、包摂的、参加型、および代表的な意思決定を確保」と認識を共有しています。

一方、環境アセスメントは、環境に配慮した事業を住民の理解を得ながら実現するためのツールであるものの、目的を理解せず手続きのみ実施した場合、事業は改善されず、住民の不信感も解消されず、時間と費用が無駄になります。日本には、事業実施ありきの「環境アワセメント」を行っているのではないかと揶揄された過去があります。中途半端であったり、まやかしの取り組みでは、本来目指すべき効果は得られず、無意味に終わります。チェック機能として、環境社会配慮を最初に取り入れた世界銀行には、異議申し立てのシステムがあり、今も年に数件の申し立てが挙がっています[*10]。トライ・アンド・エラーを繰り返しながら、環境や社会に配慮した事業実施に努めているのです。

このように、SDGsは何も新しいコンセプトではなく、少なくともこれまで数十年国内外で試行錯誤を重ね目指されてきた社会と開発の姿です。近年は民間セクターでも、投資活動において**赤道原則**[*11]や**社会的責任投資**(**SRI**)、ESG金融が重視されるなど、事業の融資や投資の健全化のために持続可能性を配慮することが主流となりつつあります。官民を問わず様々なレベルで、持続可能性に対する社会的責任を重視する姿勢は、今後ますます加速するでしょう。

参考文献：

環境省 「環境アセスメントのあらまし」(http://assess.env.go.jp/files/1_seido/pamph_j/panph_j.pdf)

環境アセスメント協会、『環境アセスメント学の基礎』(2013)

原科幸彦、『環境アセスメントとは何か』(2011)

JICA「環境社会配慮ガイドライン」(https://www.jica.go.jp/environment/guideline/pdf/guideline01

＊10 https://www.inspectionpanel.org/

＊11 金融業界が自主的に定めたガイドラインです。大規模プロジェクト融資の際、開発による環境負荷を回避・軽減するため、環境社会影響のリスクを評価・管理するものです。

2-4 企業がSDGsに取り組む際の注意点

SDGsの取り組みを後押しする流れは海外でも力強くなっています。SDGsに関する経営判断には、国内にとどまらない積極的な情報収集が必要です。また、SDGsの取り組みには賢いパートナー選びが重要です。

国外やNGOにも目を向けた積極的な情報収集とパートナー選び

日本企業の多くは日本政府の政策を経営の判断材料にしていますが、特に海外と関係をもつ企業は、日本の政府やメディアからの情報にとどまらない、積極的な情報収集が必要です。なぜなら、国内外で規制の厳しさや課題認識のレベルが異なることがあるからです。例えば、日本で**レジ袋**の有料化は2020年7月に全国で開始されましたが、海外では先進国だけでなく途上国でもそれ以前から有料化（ベトナム、ブラジルなど）や禁止（スリランカ、ケニアなど）といった厳しい制度が導入されています。レジ袋だけでなく、ヨーロッパの一部では使い捨てプラスチック製飲料カップへの課税（アイルランド）が始まったり、使用の禁止（EUにて2021年から施行）が決まっていたりします（表1）。

このように規制がより厳しい中でビジネスをする際、日本政府の動向のみを見ていると海外の企業が感じている危機感や機会を捉えることができず、判断を誤る可能性があります。そのため海外と関係を持つ企業は、関係を持っている国の政策やその分野での国際的な動向を知っておく必要があります。

国際的な動向を知る上で、NGOや研究機関が発信している情報は有益です。SDGsに関連する分野の国際会議に参加しているNGOや研究所は、それぞれの分野に特化した専門的知見があり、国内外の政府関係者や有識者とグローバル課題について議論を重ねています。そうした人々は課題の全体像を把握していることが多く、様々な分析に加え、課題解決に向けた提言も行っています。こうした団体から情報を得るだけでなく、パートナーシップを組み、共にSDGsに取り組むことは、課題解決をビジネスにしようとする企業にとって非常に有益といえるでしょう。

SDGsに関する情報収集とパートナー選びで特に重要なポイントは、各社の**マテリアリティ（重要課題）**です。例えば、森林破壊などが重要課題である企業は、その分野に関して知見や経験を持つパートナーを選ぶことが大事です。そして、そのパートナーシップをSDGsの文脈で説明し、情報開示していくことがSDGsの取り組みを社内外に正しく理解・評価してもらい、資金の流れに変えていくことにつながります。

表1　レジ袋への規制を導入した主な国（2018年時点）

規制内容	地域	国名
課税・有料化	アジア	ベトナム、中国、インドネシア、イスラエル
	アフリカ	ボツワナ、チュニジア、ジンバブエ
	オセアニア	フィジー
	中南米	コロンビア
	ヨーロッパ	ベルギー、ブルガリア、クロアチア、チェコ、デンマーク、エストニア、ギリシャ、ハンガリー、アイルランド、イタリア、ラトビア、リトアニア、マルタ、オランダ、ポルトガル、ルーマニア、スロバキア、キプロス
禁止令	アジア	バングラデシュ、ブータン、中国、インド、モンゴル、スリランカ、イスラエル
	アフリカ	ベニン、ブルキナファソ、カメルーン、カーボベルデ、コートジボワール、東アフリカ、エリトリア、エチオピア、ザンビア、ギニアビサウ、ケニア、マラウイ、モーリタニア、モーリシャス、モロッコ、モザンビーク、ニジェール、ルワンダ、セネガル、ソマリア、南アフリカ、チュニジア、ウガンダ、ジンバブエ、マリ、タンザニア
	オセアニア	パプアニューギニア、バヌアツ、マーシャル諸島、パラオ
	中南米	アンティグア・バーブーダ、コロンビア、ハイチ、パナマ、ベリーズ
	ヨーロッパ	イタリア、フランス

※北米カナダ・アメリカでは州や市レベルでの取り組み（カリフォルニア州における禁止令等）が進む
※規制に関する議会承認を含む
出典：国連環境計画（2018）"Single-use plastics: a roadmap for sustainability"をもとに著者作成

column

SDGsの実践に備えて現状を把握しよう

現在までに自社が行ってきた活動とSDGsの目標やターゲットを紐づけることで、どの程度SDGsの目標やターゲットに貢献できているか現状を把握しましょう。そのために、商品・サービス・投資が、バリューチェーンを通じて、どのSDGsの目標・ターゲットに関係しているか大まかに確認します。その際、付録の目標・ターゲット一つずつに関して、自社が事業やバリューチェーンを通じて与えている正と負の影響（好影響と悪影響）を書きこむことをお勧めします。

これまで自社が行ってきたことを従業員と共にSDGsの目標やターゲットに紐づけることは、従業員のSDGsへの理解を深めることに役立ちます。この作業によって日ごろの業務がどのように社会に役立っているかを確認できるため、従業員のモチベーションアップにもつながります。

すでに優先課題を決定し、KPI（重要業績評価指標）を設定してSDGsを実践している企業も、この作業を行うことで、優先課題以外の目標やターゲットへの自社の影響を振り返りきっかけになるでしょう。課題解決をビジネスの目的としていない企業の場合、負の影響を少なくすることでSDGsを実践することができます。また、SDGsが示唆するリスクに対処することで、事業の存続可能性を強化することができます。

表2　紐づけの例（配車サービスを行う会社の場合）

SDGsの目標・ターゲット	自社が与えている正と負の影響
目標3　あらゆる年齢のすべての人々の健康的な生活を確保し、福祉を促進する	（正）高齢者の外出を促進する配車サービスで健康寿命の延伸に貢献している
3.1　2030年までに世界の妊産婦の死亡率を出生10万人当たり70人未満に削減する	（正）陣痛が来た時に妊婦を病院に安全に送ることで死亡率低下に貢献している
3.3　2030年までにエイズ、結核、マラリアおよび顧みられない熱帯病といった伝染病を根絶するとともに肝炎、水系感染症およびその他の感染症に対処する	（正）デリバリーサービスを提供することで、新型コロナウイルスの感染拡大防止に貢献している
⋮	⋮
11.6　2030年までに、大気の質および一般ならびにその他の廃棄物の管理に特別な注意を払うことによるものを含め、都市の一人当たりの環境上の悪影響を軽減する	（負）サービス提供に使用する車両、事務所、職員の通勤から排気ガスが出ているほか、廃車も出る

column

ヨーロッパなどでSDGsへの取り組みが進む背景

ヨーロッパなどでは、SDGs以前から持続可能な社会に向けて積極的に取り組みを進めていた国が少なくありません。その理由は、少子高齢化や環境問題への対策、国としての生き残りをかけた国策など様々です。SDGsが策定されてからは、SDGsに対応した国としての野心的な目標やターゲットを掲げています。こうした国では、企業は国の目標やターゲット、厳しい規制を念頭に、自社の戦略や計画を立て、イノベーションをおこす努力をしています。また、持続可能な社会構築に貢献する優れた企業が勝っていける仕組みを作ろうと、NGOなどと協力して政府に働きかけている企業もあります。NGOは企業に対して批判的な場合も多いですが、現場で持続可能な社会づくりに取り組む立場から建設的なアドバイスを得ることで、企業は事前にリスク対応をしているのです。

こうした国々では、政治家が持続可能な社会について議論し、選挙でもそれが争点になる場合があります。消費者も持続可能な社会について考え、持続可能な社会に貢献する消費行動を取ることが多くあります。例えば、環境負荷が低い野菜（特にオーガニック野菜）を地元の農家から購入することで、持続可能な生産活動を応援したり、車ではなく自転車や電車で移動する選択をしています。

海外の政府、企業、消費者、NGOによる課題解決への先進的なアプローチや行動から私たちが学べることは多くあります。

MEMO

第2部　実践編

第3章

企業がSDGsに取り組む際の考え方

SDGsは企業経営にどのように関わってくるのでしょうか。また、SDGsに取り組む際に抑えておくべきポイントには、どのようなものがあるのでしょうか。この章では、企業が具体的行動をとる際の前提となる考え方を述べていきます。

3-1 SDGsに取り組む際の4つの視点と組織の構成要素

SDGsは経営のすべてに関わります。本節では、SDGsの取り組みに求められる4つの視点と、SDGsを経営に統合する際に考慮すべき組織の構成要素について、解説していきます[*1]。

SDGsに取り組む際に求められる4つの視点とは

SDGsはあらゆる人・組織に関わる目標といっても過言ではありません。企業との関連では、コンプライアンス、組織運営、企業活動という経営のすべてに関わるものと捉えることができます。

さらに第2章でみたとおり、ESG金融の拡大が続いていることもあり、資金調達の観点からもSDGsへの取り組み状況をますます積極的に開示・報告していくことが求められています。

図1　SDGsに取り組む際に求められる4つの視点

出典：著者作成

●コンプライアンス

各種の法律や国際規範・ルールは、社会がより公正で環境に優しくあるために定められています。企業がSDGsに取り組む際には、環境保全、人権尊重、雇用・労働、競争・貿易、税務などの、各国で定めている法律や国際規範・ルールが当然遵守されなければいけません。

もしSDGsへの貢献を謳う企業が、これらに反して人権侵害や各種の不正、環境問題などを引き起こせば、SDGsの衣をまとったうわべだけの企業（**SDGsウォッ**

＊1　本節は主にGCNJ・IGES（2018）「未来ににつなげるSDGsとビジネス」とGCNJ・IGES（2019）「主流化に向かうSDGsとビジネス」に依拠しています。

シュ企業）と批判を受けても致し方ないでしょう。

それのみならず、企業イメージを低下させ、ひいては甚大な経済的損失を被る可能性もあります。コンプライアンスはいわば、企業がSDGsに取り組む上での最低要件といえます。

●組織運営

組織運営には、事業所や工場での省エネ・省CO_2排出やリサイクルなどを進めるための環境面の取り組みと、多様な人材の確保、同一労働同一賃金、ジェンダー平等の推進、柔軟な働き方といった雇用・労働面の取り組みがあります。

環境面については、これまで日本企業は規模の大小を問わず様々な取り組みを進めてきたことでしょう。一方、雇用・労働面については、SDGsとの関連ではジェンダー平等（目標5）、働きがい（目標8）、不平等の是正（目標10）と特に関係します。企業がSDGsの精神に基づき、多様な人材を包摂（インクルージョン）することは、一面では、職場において従業員を「誰一人取り残さない」考え方を体現するものです。その点で、コロナ禍における従業員保護も非常に重要な取り組みといえます。また、従業員のやる気や生産性が向上し、個々の多様な能力が最大限に引き出されれば、イノベーションの創出にもつながります。そのためには、管理職層の能力向上も不可欠です。

SDGsの推進に不可欠なダイバーシティ経営

SDGsを中核とする2030アジェンダは「誰一人取り残さない」ことを理念に掲げています。その背景には、女性、子ども、障がい者、高齢者、性的マイノリティ、少数民族、移民などを中心に、開発の恩恵から取り残され、時には人権を侵害されてきた人々のことが念頭にあります。SDGsの基盤にはこうした多様な人々すべてに人権があり、それを守るという考え方が据えられています。

このような考え方と深く関係する経営方法に、**ダイバーシティ経営**があります。ダイバーシティ経営とは「多様な人材を活かし、その能力が最大限発揮できる機会を提供することで、イノベーションを生み出し、価値創造につなげている経営」のことをいいます[＊2]。ダイバーシティ経営を推進する上で多様な人材を包摂するには、差別や偏見をなくすための人権に対する正しい理解と実践が必要になります。人権の尊重に関する法令遵守や、自主的な取り組み（たとえばグローバル・コンパクト10原則や女性のエンパワーメント原則（WEPs）、国連ビジネスと人権に関する指導原則など）を進めることは、多様な人材を活かす土台ともなるでしょう。その上で、柔軟な働き方のための制度や成果重視の評価制度を設け、多様な能力を最大限に引き出すことで、社会課題解決のためのイノベーションを生み出し、競争優位を確保していく。つまり、ダイバーシティ経営は企業がSDGsを推進する上で不可欠な要素といえるのです。

図２　SDGsとダイバーシティ経営の関係図

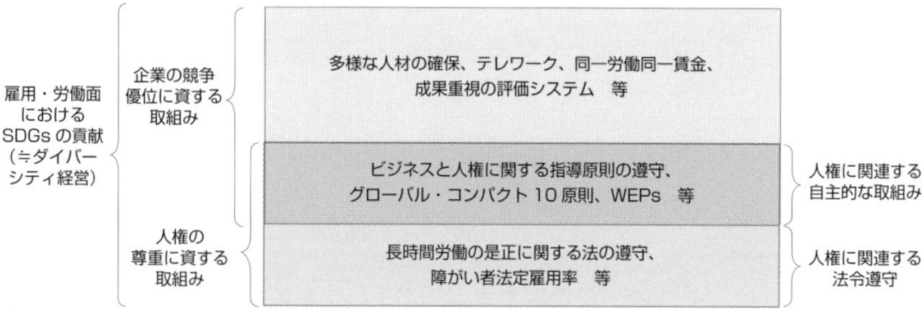

出典：GCNJ・IGES（2019）「主流化に向かうSDGsとビジネス」

●企業活動

SDGsの取り組みにおいて企業に最も期待されていることは、本業を通じたSDGsへの貢献でしょう。これは、経営にサステナビリティとSDGsの視点を取り込み、ビジネスの推進と社会課題解決の両立を図ることを意味します。

本業を通じたSDGsへの貢献には、①中核的事業を通じた貢献、②社会貢献性の強い事業／事業に関係する社会貢献、③市場環境の整備という３種の活動があります。

＊2　経済産業省（2015）「ダイバーシティ経営戦略４　Ⅱ．価値創造のためのダイバーシティ経営に向けて」
http://www.meti.go.jp/policy/economy/jinzai/diversity/kigyo100sen/entry/pdf/h27betten.pdf

①は、企業価値に直結する活動です。例えば、大手スーパーによるサプライヤーの人権侵害や環境破壊を防止するための取り組みや、ICT（情報通信技術）を活用した教育や金融へのアクセス改善などが該当します。②は、すぐに収益は出しづらいものの、将来的に本業で稼いでいくことにつなげる戦略的活動といえるものです。例えば、保険会社が途上国で（将来多くの保険商品を販売することを見据えて）貧困層向けの保険を販売することや、飲料メーカーが取水域の上流で森林保全活動をすることなどが該当します。また、①と②は、ビジネス機会の獲得・拡大と経営上のリスク対応という側面もあります。③については、SDGsに資する企業が勝ち残っていけるようにするために、ルールメイキングやイニシアチブへ参加する行為を指します。こうした関係性を示したのが図3になります。

企業活動にはこのような本業を通じたSDGsへの貢献に加えて、寄付やボランティアといった純粋な社会貢献もあります。それらは本業とは直結しないものの、地域の環境保全や社会的弱者支援のための重要な行為であるとともに、それに従事する社員の教育やネットワーク形成にもつながります。

図3　本業を通じたSDGsへの貢献の整理

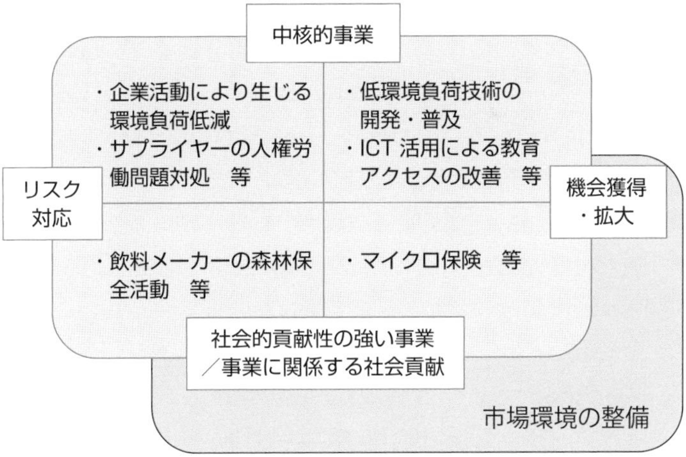

出典：GCNJ・IGES（2018）「未来につなげるSDGsとビジネス」

●**報告**

SDGsのターゲット12.6では、大企業や多国籍企業などの企業に対し、持続可能性に関する情報を定期報告に盛り込むことが奨励されています。

国連グローバル・コンパクト（**UNGC**）などが発行するガイドでは、持続可能性に関する報告は、投資家を含む外部のステークホルダーへの情報提供に加えて、SDGsへの貢献に関する社内のコミュニケーションと意思決定に大きな刺激となり、ビジネス戦略の構築やイノベーションを促進し、より良いパフォーマンスと価値創造へと導くと述べています＊3。

このような意義は、大企業にとどまるものではありません。中小企業がSDGsや持続可能性への取り組みを積極的に発信すれば、知名度や従業員および顧客の満足度の向上につながるでしょう。また、人権や環境に配慮した経営が行われていることが社会に広まれば、取引先として選ばれる可能性も高まります（逆に、人権や環境に配慮しない企業は、取引関係を解消される可能性が今後ますます高くなっていくでしょう）。

SDGsを経営に統合する際に考慮すべき組織の構成要素

コンプライアンス、組織運営、企業活動、報告という４つの視点を踏まえて、SDGs経営を実践するためには、組織の構成要素である、**Philosophy**（**理念**）、**Leadership**（**リーダーシップ**）、**Strategy**（**戦略**）、**Structure**（**体制**）、**System**（**制度**）、**People**（**従業員**）をしっかり意識し、それぞれの取り組みを進めることが重要です＊4（図4）。以下、個別に見ていきましょう。

まず、Philosophyとは、企業の存在意義そのものであり、企業理念や経営方針、ビジョン、ミッションなどが含まれ、他の５つの要素に影響を与える組織の根幹といえます。Leadershipは、経営トップのSDGsへの認識や意思、コミットメントを指します。Strategyとは、企業理念やビジョンに基づき、外部・内部環境などを検討分析し、事業目標を設定するとともに、その目標達成に向けた具体的な施策や計画を示すことです。Structureでは、組織の中でサステナビリティ戦略を検討・決定し、実績を管理する機能に着目します。Systemは、法令、社則や行動憲章など個人と組織に影響を及ぼす仕組みの他、報酬制度や人事制度などが該当します。Peopleは従業員のスキルや意識を表します。

＊3　UNGC・PRI・GRI(2018)「SDGsを企業報告に統合するための実践ガイド（日本語版、2019）」
＊4　Peter Doyle (1994) "Marketing Management and Strategy" から着想を得た。

これら**6つの要素**は、いずれも欠くことができず、Philosophyを中心として各要素が機械の歯車のように各々の機能を果たすことにより、実際の企業活動が社会の中で展開されているといえます。次章以降では、SDGsを経営に取り込み、根付かせていくために、これらの要素に対して取りうる方策を検討していきます。

図4　SDGsを経営に統合するための組織の構成要素

出典：GCNJ・IGES（2018）「未来につなげるSDGsとビジネス」

3-2 アウトサイド・インのアプローチとシステム思考

SDGsの実践には「環境・社会の課題」から目標などを設定するアウトサイド・インのアプローチが必要です。また、より本質的な課題解決をするためにシステム思考を用いることが期待されます。

「インサイド・アウト」と「アウトサイド・イン」のアプローチ

企業や自治体、政府がSDGsへの目標や取り組みを検討する際には、**SDG Compass**で示されている**インサイド・アウト**と**アウトサイド・イン**のアプローチの違いをしっかりと踏まえることが重要です（図5）。

ここでインサイド・アウトとは、過去のデータや現在の潮流、あるいは同業他社の達成度などから、自社の目標や取り組みを決定していくことを指します。もう一つのアウトサイド・インとは、SDGsが示している人権やプラネタリー・バウンダリーといった社会的および世界的なニーズを起点に、各企業が目標や取り組みを決定していくことを指します。特に、後者の視点で取り組みを進める際には、未来のあるべき姿や到達すべき高い目標から逆算して現在やるべきことを決定する**バックキャスティング**の手法を用いることが重要です。

内部中心的なインサイド・アウトのアプローチは、SDGsとこれまでの取り組みとの関連性を見出したり、いますぐ取り掛かれることを検討するには有用といえます。しかしながら、SDGsで解決が目指されている世界的な課題やニーズに十分に対処することはできません。一方でアウトサイド・インに基づく目標や取り組みを採用する場合、企業が現状でできることと求められる水準との間にギャップが生じることになります。ですが、そのギャップに取り組むことこそ、企業にとってはイノベーションや新たなビジネスチャンスの種を見つけることにつながると考えられます。

図5　インサイド・アウトとアウトサイド・インの視点

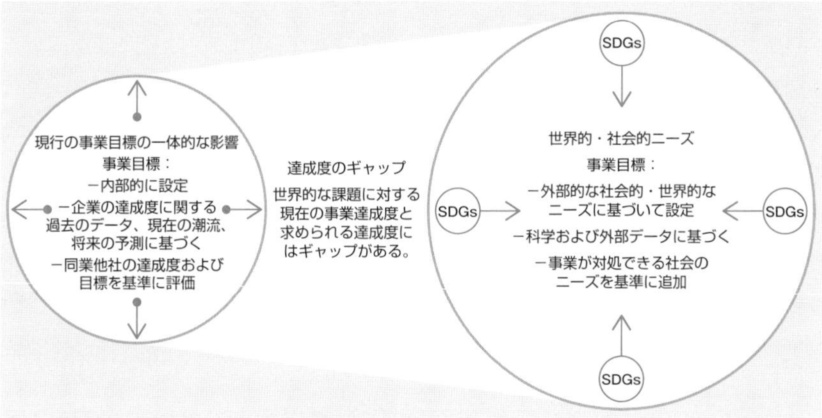
現行の事業目標の一体的な影響
事業目標：
ー内部的に設定
ー企業の達成度に関する
過去のデータ、現在の潮流、
将来の予測に基づく
ー同業他社の達成度および
目標を基準に評価
達成度のギャップ
世界的な課題に対する
現在の事業達成度と
求められる達成度に
はギャップがある。
SDGs
世界的・社会的ニーズ
事業目標：
ー外部的な社会的・世界的な
ニーズに基づいて設定
ー科学および外部データに基づく
ー事業が対処できる社会の
ニーズを基準に追加
SDGs
SDGs
SDGs

出典　GRI・UNGC・WBCSD（2015）「SDG Compass」（日本語版、2016）

システム思考によるアプローチ

SDGsで掲げられている目標は互いに関連しており、特にターゲットはそのつながりを意識した作りになっています。このようなSDGsの特性をより深く理解するのに役立ち、実践にも役立てるべき考え方がシステム思考です。**システム思考**とは、「目の前のことだけでなく、物事のつながりや全体像に着眼し、そのつながりから生じる長期的な影響をも視野に入れて考えるアプローチ[＊5]」です。SDGsは持続可能な未来に向けた問題解決を促していますが、物事のつながりを踏まえない解決策は新たな未来の問題を引き起こし、思わぬところへ悪影響を及ぼす可能性があります。システム思考はそれを防ぎ、長期的かつ全体的な課題解決に使えるアプローチです。

システム思考の基本的なフレームワークに氷山モデル（図6）があります。目の前の出来事がどのようなつながりによって引き起こされているかを理解し、より本質的な解決策を生み出す上で有益です。この図で海上に突き出ている部分が、目に見える課題（例えばコンプライアンスに反する行為）です。この課題に対処（例えば違反者を処分）するだけでは、また同じことが起こるかもしれません。システム思考では課題を根本的に解決するために、その課題を生み出しているパターンを、時間を

＊5　枝廣淳子・内藤耕（2007）『入門！システム思考』

さかのぼって考えます（例えば、コンプライアンスに反する行為が何と連動していて、いつ起きているか）。さらにそのパターンを作りだす構造と、その構造を作り出す意識・無意識の前提まで掘り下げて問題の解決策を見出します。こうすることで、表層的な対処療法ではなく、課題を生む原因となっている**問題構造**（制度やインセンティブの構造）や**意識**（企業文化や風土など）を変える本質的で効果的な課題解決が可能になります。

全体としての視点から問題を捉えるシステム思考は、問題を細かく精密に捉えようとする分析的思考と相互補完の関係にあります。分析的思考に基づいて学問やビジネスが高度化されている現在、幅広い分野の知識を持つ人々と共にシステム思考で考えることが課題の根本的な解決に効果的といえます。

図6 氷山モデル

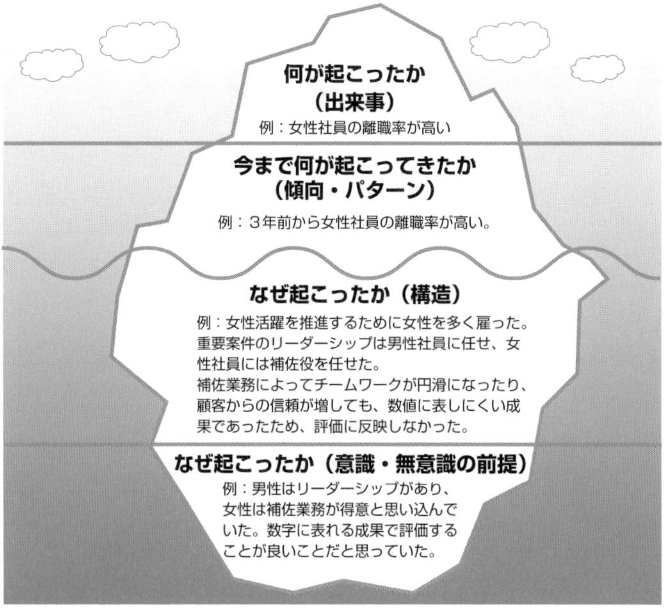

何が起こったか
（出来事）
例：女性社員の離職率が高い
今まで何が起こってきたか
（傾向・パターン）
例：３年前から女性社員の離職率が高い。
なぜ起こったか（構造）
例：女性活躍を推進するために女性を多く雇った。
重要案件のリーダーシップは男性社員に任せ、女性社員には補佐役を任せた。
補佐業務によってチームワークが円滑になったり、顧客からの信頼が増しても、数値に表しにくい成果であったため、評価に反映しなかった。
なぜ起こったか（意識・無意識の前提）
例：男性はリーダーシップがあり、女性は補佐業務が得意と思い込んでいた。数字に表れる成果で評価することが良いことだと思っていた。

出典：著者作成

気をつけるべきSDGsウォッシュ

SDGsは企業経営のすべてに関わるが故に、最近では安易にSDGsへの貢献をアピールしようとする動きも見られます。それはSDGsの達成を遠ざけるばかりか、長期的な企業価値を下げることにつながりかねない危険性をはらんでいます。

第1節で**SDGsウォッシュ**について述べましたが、ここでその意味について少し考えてみたいと思います。

電通が作成した「**SDGsコミュニケーションガイド**」によると、SDGsウォッシュは、英語で「ごまかし」や「粉飾」を表す「**ホワイトウォッシュ**」と「SDGs」を組み合わせた造語で、実態以上に「社会のため」あるいは「社会課題とのかかわり」を連想させるコミュニケーションを指すとしています。よくありがちなのは、既存の取り組みをアピールするためにSDGsを利用しようとすることで、これはSDGsウォッシュに陥りやすい発想といえるでしょう。

それ以外にも、一方でSDGsに貢献する取り組みをしながら、もう一方でSDGsと反する取り組みを行うことも、SDGsウォッシュと呼べるでしょう。例えば、気候変動問題に一生懸命に取り組んでいる企業が、納税や不正、強制労働などを行っていたり、所属する業界団体でSDGsに反する政治活動などを行っていたりする場合です。

いずれにせよ、SDGsが何のために構築されたのかという本質を理解することが、SDGsウォッシュを避ける第一歩といえるでしょう。

図7　SDGsコミュニケーションガイド

出典：株式会社電通

3-3 様々なSDGsのガイド

企業がSDGsに取り組むためのガイドは、国内外の様々な機関から発行されています。ここでは日本語で読むことができ、かつ参考にしていただけると良いと思われるガイドを紹介していきます。

本書を作成するにあたり参考にしているガイドなど

本書の第4章以降は、これまでにも何度か名前がでてきている**SDG Compass**のステップに沿った内容となっています。ただしSDG CompassはSDGsの策定直後に発表されたこともあり、十分に具体的ではない箇所も一部あります。この点を踏まえ、第4章以降ではSDG Compassに加えて、以下で示すガイドや、筆者らがこれまでの調査・研究で得てきた知見も活用しながら記載しています。

● SDGsの取り組みを考える際の導入的ガイド「SDG Compass」

国連グローバル・コンパクト（UNGC）は、世界最大の企業ネットワークであり、企業によるSDGs推進の主導的役割を果たしてきました。そのUNGCが、**GRI**（**Global Reporting Initiative**）と「**持続可能な開発のための世界経済人会議**」（**WBCSD**）と共同で作成したのが、SDG Compassです。

図8 SDG Compass

SDG Compassは、企業がSDGsの取り組みを考える際の導入的ガイドで、「各企業の事業にSDGsがもたらす影響を解説するとともに、持続可能性を企業の戦略の中心に据えるためのツールと知識を提供するもの」です。具体的には、①SDGsの理解、②優先課題の決定、③目標の設定、④経営へ反映、⑤報告とコミュニケーションという5つのステップに沿って解説しています。

SDG Compassは、日本のみならず世界中の企業関係者に参考にされているガイドですので、まだ読んだことのない方は、一読されることを強くお勧めします。

図9　SDG Compassの5ステップ

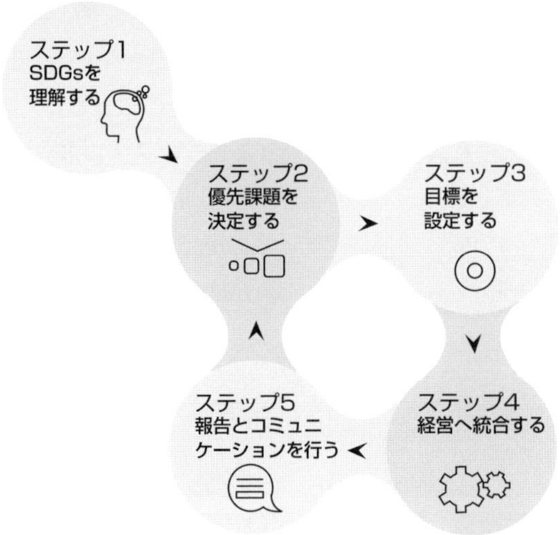

出典：GRI・UNGC・WBCSD（2015）「SDG Compass」（日本語版、2016）

● SDGsの実践と報告に役立つ「SDGsに関するビジネス・レポーティング」シリーズ

UNGCは、SDG Compass以外にも様々なガイドを出しています。その一つがGRIなどと共同で作成した「**SDGsに関するビジネス・レポーティング**」シリーズです。

このシリーズには3つのガイドがあり、その中の『**SDGsを企業報告に統合するための実践ガイド**』(以下、実践ガイド)は、SDG Compassを基礎としており、既存の事業をSDGsでタグ付けまで行った段階で停滞している企業に対して、さらなる取り組みのためのヒントを与えてくれる内容となっています。

具体的には、①各企業が優先的に取り組むSDGsターゲットを特定するための方法、②事業目標を設定し、開示事項を選択し、パフォーマンスを分析するための方法、③パフォーマンスを報告し改善するためのヒントについて、解説が行われています。本書では特に第4章と第6章で参考にしています。

同じシリーズの『**ゴールとターゲットの分析**』では、企業がすでに使用しているGRIなどの指標を169のターゲットごとに整理しているため、開示項目を選定する際に大いに役立つでしょう。また、ターゲットごとに活動のヒントとなるビジネス・アクションも示されています。本書では特に第4章と第6章で参考にしています。

さらに『**イン・フォーカス:SDGsに関するビジネス・レポーティングにおける投資家ニーズへの対応**』(以下、イン・フォーカス)は、投資家とのコミュニケーションに特化して、SDGsの取り組みに関する情報開示のあり方を解説しています。企業の中でESG対応を担当する方には、必須の資料であり、本書では特に第6章で参考にしています。

図10 「SDGsに関するビジネスレポーティング」シリーズ

実践ガイド

ゴールとターゲットの分析

イン・フォーカス

● SDGs・ESGの取り組みに使えるKPIツール「Future-Fitビジネス・ベンチマーク」

『Future-Fitビジネス・ベンチマーク』は、Future-Fit財団により開発された無料のKPIツールです。このツールは地球や人類に悪影響を及ぼさないために取り組むべき行動として23の損益分岐ゴールと、地球や人類にポジティブな影響を与える行動として24のポジティブな取り組みを提示しています。

これらのゴールと取り組みには目標達成率を計算するための方法も確立されており、企業はサステナビリティが実現した姿を到達目標にして、そこに向けて自社の活動がどこまで進捗しているのかを示すことができます。

Future-Fitビジネス・ベンチマークは、国際NGO「The Natural Step」の持続可能性4原則8項目に基づき開発され、SDG Compassの中では、SBTイニシアチブとともに、アウトサイド・インにより野心的な目標を設定するためのツールとして紹介されています。本書では特に第4章で参考にしています。

● 地球環境戦略研究機関（IGES）のSDGs関連レポート

筆者らが所属する**IGES**では、SDGs関連の様々なレポートを発行しています。企業向けには、**グローバル・コンパクト・ネットワーク・ジャパン（GCNJ）**とともに、GCNJ会員企業・団体を対象とするアンケートとヒアリング調査の結果をまとめたレポート「SDGsとビジネス」シリーズを毎年発行しています（本業を通じたSDGsの貢献のあり方（2018年3月発行）、雇用・労働面におけるSDGsの取り組み（2019年2月発行）、SDGsの実践におけるESG対応（2020年3月発行）について、これまで考察してきました）。

また、7-4節で紹介する株式会社太陽住建のSDGsレポートの作成支援も行いました。中小企業が本業でSDGsに取り組むに至ったプロセスが記載されており、多くのヒントを得られることでしょう。

これらのレポートは、特に第3章～第5章で参照しています。

図11　企業がSDGsに取り組む際のガイド①

Future-Fitビジネス・ベンチマーク

「SDGsとビジネス」シリーズ

太陽住建　SDGsレポート

上記以外で参考になるガイドなど

上記で示した以外にも、政府や経済団体からSDGsに取り組むにあたって参考となるガイドが発行されています。

また、本書はあらゆる業種および規模の企業に勤める方々に参考にしていただくことを意図しており、特定の業種あるいはテーマの取り組みについては深く紹介できていないため、その参考となるガイドを紹介します。

●経済産業省と環境省によるSDGsのガイド

経済産業省は、2018年11月に「SDGs経営／ESG投資研究会」を立ち上げ、6回にわたる議論を経て「**SDGs経営ガイド**」を発行しています。同ガイドは2部構成となっており、「Part1.SDGs-価値の源泉」においてSDGsに関する現状認識を多様な観点から示した上で、「Part2.SDGs経営の実践」において、企業が「SDGs経営」を実践する際に有用な視点を整理しています。

一方、環境省では、職員数や活動の範囲が中小規模の企業・事業者を主な対象とした「**持続可能な開発目標（SDGｓ）活用ガイド**」を発行しています（2020年3月に第2版発行）。本編と資料編に分かれており、本編では、SDGsに取り組むための具体的な方法を、資料編では、活用しやすいツールや参考情報、取組事例などをまとめています。

●中小企業にも参考になる経団連「企業行動憲章　実行の手引き（第7版）」

民間団体などからも企業がSDGsに取り組む際に参考となるガイドが多く出ています。その代表ともいえるのが、経団連の「**企業行動憲章　実行の手引き（第7版）**」です。経団連は2017年11月に、Society 5.0の実現を通じたSDGsの達成を柱として、企業行動憲章を改定しました。本憲章では「企業倫理や社会的責任には十分配慮しつつ、それらを超えて持続可能な社会の実現を牽引する役割を担うことを明示」しており、その実践のために実行の手引きも見直されたのです。

この手引きでは、「持続可能な経済成長と社会的課題の解決」、「人権の尊重」、「働き方の改革、職場環境の充実」、「環境問題への取り組み」といった憲章で示される10の各原則について、背景となる社会状況、基本的心構え・姿勢、具体的アクション・プランの例、参考情報を記載しています。経団連の加盟企業のみならず、SDGsへの取り組みを考えている中小企業にとっても学びの多いガイドといえるでしょう。

図12　企業がSDGsに取り組む際のガイド②

SDGs経営ガイド　　SDGs活用ガイド　　企業行動憲章実行の手引き

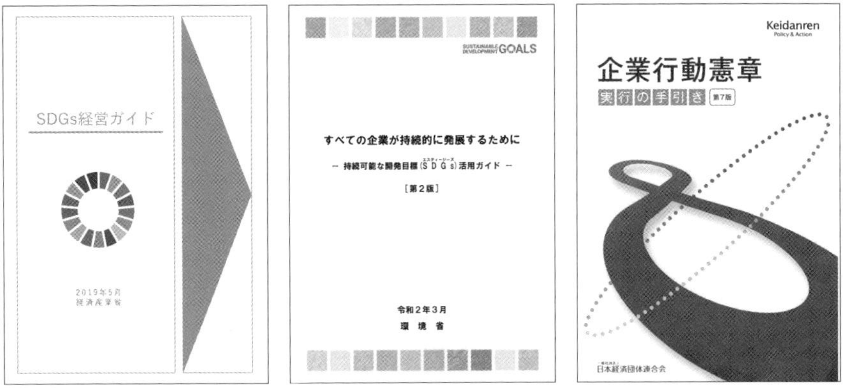

●産業別に優良事例が学べる「産業別SDG手引き」シリーズ

産業分野別のガイドとしては、UNGCがKPMGと共に作成した「**SDG Industry Matrix（産業別SDG手引き）**」があります。この手引きには、「食品・飲料・消費財」、「製造業」、「気候変動対策」、「金融サービス」、「エネルギー・天然資源・化学産業」、「ヘルスケア・ライフサイエンス」、「運輸・輸送機器」の7種類が発行されています。各手引きでは、各企業が参加可能な原則、イニシアチブ、パートナーシップ（認証制度、基準を含む）や、SDGsの目標ごとの共有価値創出の機会と企業の優良事例などが記載されており、国際的な先進企業の取り組みやイニシアチブを学ぶ上で参考になります。

図13　産業別SDGs手引きシリーズ

● **SDGs関連の個別トピックの取り組み方を説明する「CEOガイド」シリーズ**

WBCSDは持続可能な開発を実現するために、200以上のグローバル企業のCEOが主導する組織です。WBCSDが発行する「**CEOガイド**」シリーズは、SDGsそのものと、気候変動や**サーキュラーエコノミー**（**循環経済**）、人権といったSDGsと関連の深い個別のトピックを扱っています。

各シリーズは、当該テーマがもたらすビジネスへの影響、リスクと機会、とりうるアクションなどについてコンパクトに解説しており、経営者のみならず担当者目線でも使いやすいものとなっています（一部シリーズは英語のみ）。

図14　「CEOガイド」シリーズ

第4章

優先課題の決定と目標の設定

SDGsは広く多様な課題を扱っていますが、そのすべてが等しくどの企業にも重要というわけではありません。なぜなら、業界・企業ごとに規模、体力、文化、強み、弱みの他、環境や社会に与える影響、与えられる影響などが大きく異なるからです。そのため、企業の数だけSDGsの実践方法や取り組みがあってよいのです。限られた時間、労力、資金などを使って効果的にSDGsを実践し、成果を出すためには、どの課題に集中的に取り組むか考えることが重要です。これは裏を返せば、何に取り組まないかを決める作業でもあります。そこで本章では、前半で優先課題を決定する上での重要なポイント、考え方、ステップを紹介します。その後、特定した優先課題を実践につなげるにために、本書の後半で、目標を設定するためのステップとツールについて説明します。

4-1 実践の前に

SDGsを実践する前に、自社の実践体制を振り返ってみましょう。本業を通じたSDGsの取り組みには、経営トップのコミットメントとリーダーシップがあること、また、それらを実践につなげる体制が整っていることが重要です。

実践の体制を振り返る

SDGsの実践方法や取り組みには無限の答えがあります。企業によってSDGsの取り組みが違えば、取り組みを進めるための体制や仕組みも異なるでしょう。しかし、SDGsの取り組みを推進するには、トップがSDGsとその重要性を理解し、実践の指揮をとることが非常に重要です。SDGsの本質的な取り組みは経営の根幹に関わるからです。SDGsに先進的な多くの企業で、経営部門がSDGsの取り組みを推進しているのはこのためです。

しかし、SDGsの実践に関してトップのコミットメントが得られないなどの理由で、CSR部門などの担当者がSDGsの取り組みを推進する場合もあるでしょう。その場合は、その部門で小さくても具体的な成果を上げ、社内で認めてもらい、信頼を得た上で、少しずつ大きなことに着手するアプローチを取るべきでしょう。その際、注意が必要なのは、経営に深く関係すること（例えば優先課題の特定など）を、トップ、関連部署、ステークホルダー抜きで行うことは、逆にリスクになる可能性が高いということです。表層的な取り組みは投資家やNGOに見抜かれてしまうからです。

SDGsの取り組みを推進するために既存の体制を変えることが難しい企業の中には、新しく別組織を設立し、そこで本格的にSDGsを実践し、成果や効果を実証してから組織の本体に導入しようとしている企業もあります。自社の状況に応じて、柔軟に推進していくことが望ましいでしょう。

本章で紹介する内容と使い方

SDGsの実践に向けた最初のステップは優先課題を決定し、目標を設定することです。本章の前半では、まず、SDG Compassが提唱する方法を基に「SDGsを企業報告に統合するための実践ガイド」の情報も用いながら、優先課題決定のステップを説明します。ただし、このステップには、企業が「将来のありたい姿」から逆算して、今後のビジネスを考えるという第３章で説明したバックキャスティングの考え方が欠けていることから、それを補うステップ（長期ビジョンの策定）を含めて説明します。本章の後半では、SDG Compassが提唱する目標設定のステップを紹介します。そして、SDG Compassで、「アウトサイド・イン」のアプローチを推進する目標設定の取り組みの一例として言及されている**Future-Fitビジネス・ベンチマーク**について詳細に紹介します。これは業界や規模を問わず企業がSDGsの取り組みの進捗を測るために使える**KPI**（重要業績評価指標）**ツール**であり、目標設定のツールとして使えます。それだけでなく、優先課題の決定や効果的な報告とコミュニケーションといったSDGsの実践のすべてのステップにも利用できるツールです。Future-Fitビジネス・ベンチマークは持続可能性の原則に基づいて、SDGsのように「持続可能なあるべき未来」をKPIの根拠として描いています。そのため、Future-Fitビジネス・ベンチマークをSDGsの代わりとして、またはSDGsの目標やターゲットを補強する材料として使うことも可能です。本書では、Future-Fitビジネス・ベンチマークをSDG Compassの提示するステップを補強するツールとして利用することを提案します。

表１　SDG Compassと本書が提案する実践方法の違い

SDG Compass の提示するステップ	本書の提案するステップ
1. SDGsを理解する	1. SDGsを理解する（第1章、第2章、第3章）
2. 優先課題の特定	2. 現状把握する（56ページ 実践に備えてやってみよう）
3. 目標の設定	3. 長期ビジョンの策定（4-2節）
4. 経営に統合	4. 優先課題の特定（4-3節）
5. 報告とコミュニケーション	5. 目標の設定（4-4節、4-5節）
	6. 経営への統合と実践（第5章）
	7. 報告とコミュニケーション（第6章）

4-2 長期ビジョンの策定

優先課題を決定するための最初のステップは長期ビジョンを立てることです。持続可能な未来の社会に必要とされ、勝ち残っていける自社の未来像を描き、そこからの逆算で、今後、重点的に取り組んでいくべき課題をあぶりだします。

長期的にどのような会社になり、何を達成したいか考える

企業として長く存続したいなら、世界が望む持続可能な未来の社会に必要とされ、勝ち残っていける会社である必要があります。長期ビジョンは、そのための自社の未来像です。その未来像から短期・中期・長期の目標や戦略に落とし込む逆算の考え方で、今後の行動を決めることができます。また、自社が目指す姿を発表することで、社内外に広く理解を広げることができます。

長期ビジョン策定は第3章で説明した組織の構成要素のうち、Philosophy（理念）にあたります。すでに長期ビジョンや長期戦略がある企業はそれを確認するとよいでしょう。それらがない企業は、まず自社のミッションや創業の精神に立ち返り、何のためのビジネスか、自社の社会的存在意義を確認するとよいでしょう。ここでのポイントは、ビジネスのためのビジネスにならないようにすることです。もし、現在掲げるミッションに社会的存在意義が示されていない場合、それを再検討するとよいでしょう。with コロナの時代に生き残る企業は、企業の存在そのものが地域の発展や地球の持続可能性に資するようでなければなりません。もちろん、企業にとってSDGsが提起している課題を解決することがすべてではないでしょう。しかし、SDGsが提起している課題の悪影響を拡大させるような企業経営では、企業の存続可能性は低いといえます。ESG金融では、まさに企業の存続可能性が投融資などの判断材料になります。そのため、長期ビジョンには経営に関するビジョンのみならず、社会や環境にどのように貢献していくのかが含まれているべきです。

ビジョンは企業として**ありたい姿**です。長期ビジョンに何年後のありたい姿を描くのかは、各社によって異なるでしょう（通常、10年以上先を長期ビジョンの時間軸として設定します）。SDGsと同じ2030年のありたい自社の姿を描く企業もあれば、気候変動対策のマイルストーンといえる2050年のありたい姿を描く企業も

あります。何年後のありたい姿を描くのかは、この後のステップで特定する自社の優先課題にもよるでしょう。

長期ビジョン策定のポイントは、現在の状況をベースに数十年後に会社が「どうなっているか」と考えるのではなく、現状は度外視して長期的視点で「目指したい姿、ありたい姿」を考えることです。そして、長期ビジョンの達成をイメージしやすいように、長期ビジョンに関して具体的なゴールを設定することが望ましいでしょう（次ページ　長期ビジョンの例を参照）。

長期ビジョンの策定には**シナリオ分析**の活用を検討してもよいでしょう。シナリオ分析は長期的で不確実性の高い課題に対応した戦略を作り、内外との対話を行う上で有益です。第６章で説明する**TCFD**（**気候変動関連財務情報開示タスクフォース**）は大企業に対し、気候変動関連の情報開示を求めており、特にこれに対応する企業はシナリオ分析を行うことが推奨されています。

長期ビジョンを策定した後は、現状からどのように長期ビジョンを実現できるか方策を練り、短期・中期・長期の戦略を策定します。この際、何に注力すべきかを明確にする必要があるため、次節の優先課題の特定が必要になってくるのです。

図１　将来のありたい姿から逆算して優先課題を決定する

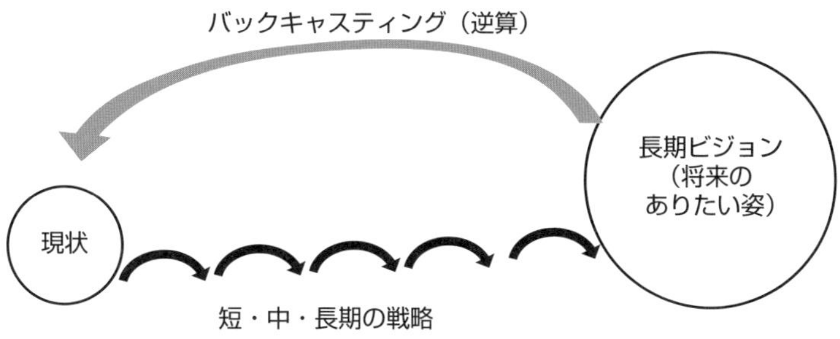

出典：著者作成

長期ビジョンの例

●ユニリーバの長期ビジョンの例

ユニリーバは環境負荷を半減し、社会に貢献しながらビジネスを2倍にすることをビジョンとして掲げています。そして、ビジョンを実現し、成長するための事業戦略であるユニリーバ・サステナブル・リビング・プランには、「すこやかな暮らし」「環境負荷の削減」「経済発展」の3つの分野で、9つのコミットメントと50以上の数値目標を設けています。

●丸井グループの長期ビジョンの例

丸井は「すべての人が「しあわせ」を感じられるインクルーシブで豊かな社会を共に創る」というミッションを実現するための道筋としてビジョン2050を策定し、「ビジネスを通じてあらゆる二項対立を乗り越える世界を創る」ことを掲げています。男性と女性、大人と子ども、健常者と障がい者、富裕層と低所得者層、現世代と将来世代といった二項対立を乗り越えていく鍵として、「インクルージョン（包摂）」を重視しています。また、同社グループを取り巻くステークホルダーの重なり合う利益（しあわせ）を調和・拡大していくことが、真の企業価値であると考えており、環境への配慮、社会的課題の解決、ガバナンスへの取り組みと、ビジネスが一体となった未来志向の経営「共創サステナビリティ経営」を推進しています。

4-3 優先課題を特定する

長期ビジョンを実現するには、短期・中期・長期の経営戦略や計画を策定し、実行していく必要があります。経営戦略や計画を実行する上で大事なことは、優先的に取り組むべき課題を特定し、そこに経営資源を重点的に投入することです[*1]。

優先課題を特定する手順

長期ビジョンを実現するには、短期・中期・長期の経営戦略や計画を策定・実行することで、現状をビジョンに近づけていく必要があります。その際、優先的に取り組むべき課題を把握し、そこに経営資源を集中的に投入することが重要です。すべてに取り組もうとすると重要な課題に対して十分な資源が投入できず、効果的に成果が得られないからです。

本節では、どの課題に優先的に取り組むべきかを見極めるために、最初に**バリューチェーン**を通じて自社が著しい影響を及ぼしている領域を特定します。次にその中から特に重要な影響を抽出し、SDGsの目標・ターゲットに結び付けます。最後に、経営の観点なども踏まえて、優先的に取り組む課題を決定します。

バリューチェーンをマッピングし、正と負の影響領域を特定する

優先課題を特定する際、まずは自社の事業だけでなく、バリューチェーン全体を考慮する必要があります。企業が経済、環境、社会に与える著しい影響は企業の活動範囲の上流または下流にある可能性があり、良い影響（正の影響）を強化し、悪い影響（負の影響）を最小化することで、事業機会を拡大し、リスクを抑えることができるためです。

最初に、自社の現在と今後の事業・バリューチェーンに焦点を当て、正と負の影響を与えている（または、与える可能性のある）領域を**マッピング**（**関連付け**）していきます。

企業レベルでマッピングを行うことで、企業としての優先課題の特定につながりますが、必要に応じて、製品レベル、事業所レベル、地域レベルでマッピングしてもよいでしょう。

＊1　本節は主にSDG Compassに基づいています。

バリューチェーン上にはまず、人、環境、ガバナンスに関するリスクをマッピングします。マッピングする際、以下の点に配慮します＊2。

・負の影響が起こり得る可能性や、どれだけ簡単に負の影響を抑えられるかは度外視してマッピングします。
・バリューチェーン上の労働者、従業員、顧客など、人に関するリスクをマッピングします。特に人権に関するリスクは優先課題になる可能性が高いため、もれなく記載します。環境に関するリスクは資源効率、温室効果ガスの排出、廃棄物などを含みます。また、ガバナンスには、コンプライアンスの他、リスクマネジメント体制、企業の統治体制などを含みます。

次に、バリューチェーン上に有益な製品、サービス、投資を通じて自社が貢献している領域をマッピングします。マッピングする際、以下の点に配慮します。

・自社の技術や能力を活用している（また、活用する予定の）領域をマッピングします。
・上記で特定した領域以外に、自社の技術や能力を活用して新たに価値を創造できそうな領域を見つけます。その際、最も差別されている人々や貧しい人々のニーズをくみ取れるか考えます。
・正の影響があると思われる製品・サービス・投資が負の影響を与えていないか考え、負の影響もマッピングします。

マッピングができたら、各影響がSDGsのどの目標・ターゲットに関連しているか（**1次的効果**）、またその目標・ターゲットが他のどの目標・ターゲットに関連しているか（**2次的効果**）記入していきます（表2参照）。こうすることで、自社が与えている正と負の影響がどの程度の波及効果や相乗効果があるかについて理解が深まります。

＊2　このページはSDGsを企業報告に統合するための実践ガイドを基にしています。

表2　バリューチェーンマッピングの例（アパレル会社の場合）

自社が与えている正と負の影響	バリューチェーン	SDGs の目標・ターゲット（1 次的効果）	SDGs の目標・ターゲット（2 次的効果）
（負）綿の生産に使われる農薬や肥料による土壌劣化、水質汚染、労働者の健康問題、児童労働	原材料	15.3　土地劣化に加担しない世界の達成に尽力 6.3　水質の改善 8.8　労働者の権利を保護、安全・安心な労働環境 8.7　強制労働の根絶、児童労働撲滅	3.9　有害化学物質並びに大気、水質、土壌の汚染による死亡及び疾病件数の大幅減少 1　貧困撲滅 3　健康的な生活、福祉の促進 8　人間らしい雇用の促進
（負）染色段階における水質汚染、劣悪な労働環境での縫製作業	サプライヤー	6.3　水質の改善 8.8　労働者の権利を保護、安全・安心な労働環境	
（負）交通事故の発生、物流車両による二酸化炭素排出・大気汚染、エネルギー消費	調達物流	3.6　道路交通事故による死傷者の半減 13.　気候変動およびその影響を軽減 11.6　大気質や廃棄物の管理に注意を払い、都市の環境上の悪影響を軽減	8.8　労働者の権利を保護、安全・安心な労働環境 3.9　有害化学物質並びに大気、水質、土壌の汚染による死亡及び疾病件数の大幅減少 7.2　再生可能エネルギーの割合の拡大
（正）同一労働同一賃金で、すべての従業員に生活賃金を支給している （正）産前産後休暇、育児休暇等を取得できる風土を醸成している	操業	8.5　働きがいのある人間らしい仕事、同一労働同一賃金の達成 1　貧困撲滅	5.4　無報酬の育児・介護や家事労働を認識・評価 5.5　あらゆるレベルの意思決定において女性の参画と平等なリーダーシップの機会を確保
（正）適切な情報開示を行っている （正）プラスチックのレジ袋廃止	販売	12.6　企業に対し、持続可能な取り組みを導入し、関連情報を定期報告に盛り込むよう奨励 11.6　大気質や廃棄物の管理に注意を払い、都市の環境上の悪影響を軽減	12　持続可能な生産消費形態を確保 14.1　海洋汚染の防止と大幅削減
（負）洗濯によって衣料品からマイクロプラスチックが流出	製品の使用	14.1　海洋汚染の防止と大幅削減 11.6　大気質や廃棄物の管理に注意を払い、都市の環境上の悪影響を軽減	12　持続可能な生産消費形態を確保
（正）中古衣料品をリサイクルできる機会を設けている	製品の廃棄	12　持続可能な生産消費形態を確保	11.6　大気質や廃棄物の管理に注意を払い、都市の環境上の悪影響を軽減

出典：著者作成

マッピングに際しては、業界の特性を理解し、業界として期待されている役割、批判にさらされている分野などは特に注意深く検討することが重要です。例えば、鉄鋼業界であれば、インフラ整備において貢献が期待される一方、温室効果ガス排出量が多いことから気候変動対策に関して批判が集まりやすいといえます。アパレル業界であれば、製品が途上国で生産されることが多いことから、サプライチェーン上の労働者の人権や労働環境、原料の栽培過程における土壌汚染や製造過程での水質汚染などに特に注意を払う必要があります。また、製品の廃棄が業界全体の問題として注目されていることもあり、持続可能な消費と生産の分野で貢献が期待されます。さらに、どの業界であっても、AIなどを利用することを検討している場合は、AIの利用によるイノベーションや課題解決が期待される一方、失業や格差の拡大に注意が必要でしょう。

こうした重大な影響をもれなくマッピングするために、産業別SDGs手引きや**SASBマテリアリティマップ**（図2）などを利用するとよいでしょう。

また、業界の特性以外に、自社のこれまでの課題を振り返り、正と負の影響をマッピングすることが重要です。特に以下の点を考慮するとよいでしょう。

・どの国で操業しているか。取引先はどこの国か。それらの国での操業は児童労働、強制労働、環境汚染などについて批判がされていないか。
・投資家から最近新たな質問をされていないか。それは何か。なぜか。
・NGOから批判されたことはあるか。それは何か。なぜか。

自社の課題を振り返る際、Future-Fitビジネス・ベンチマーク（4-5節）、ISO 26000、国連グローバル・コンパクトの10原則や、GRIスタンダード、SASBスタンダード＊3といった国際的な枠組みや動向を参考にして自社にとって特に重要な課題を抽出し、正と負の影響をマッピングすると良いでしょう。

正と負の影響をマッピングする際には、社内外のステークホルダーの意見を幅広く積極的に取り入れるとよいでしょう。特に、事業やバリューチェーンを通じて負の影響を強く受けるステークホルダーの関与は重要です。その視点や関心事を把握することで、影響をより的確に評価することができるためです。ステークホルダーの関与は優先課題の特定だけでなく、SDGsの実践にかかるすべての過程において重要です。そのため、本節の最後で詳しく説明します。

＊3　GRIスタンダードとSASBスタンダードについては第6章の説明を参照してください。

図2　SASBマテリアリティマップ®

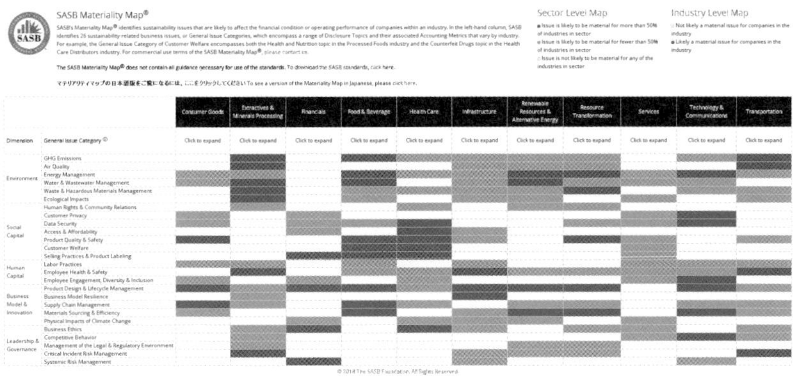

出典：SASBウェブサイト SASBマテリアリティマップ（https://materiality.sasb.org/）
※日本語版（https://materiality.sasb.org/resources/SASB_Materiality_Map_Sectors_Japanese.pdf）

自社用の拡大版SDGsを策定する

SDGsの目標とターゲットを一つずつ読んでいくと、途上国を想定したターゲットが多く、日本や地域の課題（過疎化や空き家に関する問題など）が含まれていないことに気づくでしょう。また、動物の権利や企業の租税回避防止のように地球規模の課題であっても、含まれていない課題もあることに気づくかもしれません。SDGsの実践は、SDGsの目標やターゲットに掲げられている具体的な課題への取り組みに限りません。2030アジェンダが謳う「誰一人取り残さない」持続可能な未来を実現するのに必要な課題解決に資する取り組みもSDGsの実践であるといえます。そのため、SDGsに含まれていないものの、自社に関係の深い地域・国の特有の持続可能性に関する課題に取り組むこともSDGsの実践といえます。

本節のここまでのプロセスを経て特定した自社にとっての重要課題や自社が取り組むべき（取り組んでいる）課題で、SDGsに含まれていない課題があれば、それらをSDGsに統合し、自社用の「拡大版SDGs」を作成し、今後の取り組みに活用すると良いでしょう。

バリューチェーンにおける環境と社会への影響を把握する「ライフサイクルアセスメント」

上記以外にもバリューチェーンマッピングをするためのツールはたくさんあります。多くの企業が採用しているツールの一つに**ライフサイクルアセスメント（LCA）**があります。近年の企業活動はグローバル化が進み、サプライチェーンも複雑なものとなっています。そのため、企業活動による環境や社会への影響は、自社の工場や拠点における直接的な影響だけでなく、原材料の調達や販売した製品・サービスの使用・廃棄段階における間接的な影響も大きくなっています。こうした自社のバリューチェーンにおける製品・サービスとSDGsの関係をより定量的に把握するためのツールとしてLCAが役立ちます。

LCAは、製品やサービスの原料調達、製造、組立、流通から廃棄までのライフサイクル（製品・サービスの一生）を通した環境・社会影響を把握するための手法です。その対象は、製品やサービスを、人の一生に例え、「ゆりかごから墓場まで」という表現が使われることもあります（図3）。当初、LCAは個別の製品やサービスによる環境影響を把握するための手法として活用されてきましたが、近年では組織（企業）の活動全般を対象とする方法も一般的となってきています（図4）。

図3　製品のライフサイクル（ゆりかごから墓場まで）

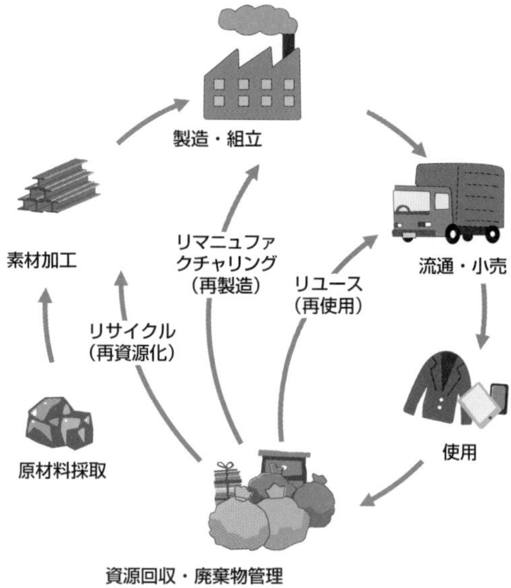

出典：著者作成

自社活動による環境影響を「ライフサイクル」で把握する「スコープ3」

第３章のシステム思考で説明しましたが、表面的に見えている影響だけでなく、自社活動がバリューチェーンを通してどのような影響をもたらしているかの全体像を把握し、最も優先度の高いところから対策をしていくことが必要です。

企業活動は、自社工場や拠点におけるエネルギーの使用や排水・排ガスなどによる直接的な影響だけではなく、原材料調達や販売した製品の使用・廃棄段階においてSDGsに関連する様々な間接的な影響をもたらしています。自社の製品の製造から廃棄までの影響を把握するLCAは、ISO（JIS Q）14040と14044として規格化され、数多くの企業により実践されています。

世界資源研究所（WRI）と持続可能な開発のための世界経済人会議（WBCSD）などが主導する温室効果ガス（GHG）の測定・管理・削減のための国際的な基準「GHGプロトコル」には、企業活動の「上流」における影響と「下流」における影響も含めてGHG排出量を把握するためのガイドラインがあります。このガイドラインでは、自社の工場や所有する自動車などの使用を通じた直接的なCO_2などの温室効果ガスの排出を**スコープ１**と呼びます。これに対し、自社が購入する電気や熱を供給する段階で生じるCO_2などの排出は**スコープ２**と呼ばれています。さらに、自社が調達する様々な製品・サービスの製造段階、原材料や製品の輸送、販売・リースした製品の使用段階におけるエネルギー使用や廃棄物の処理、フランチャイズや投資を通した影響などを含めた自社活動によるライフサイクルでの影響全般を**スコープ３**と呼び、これらを把握する方法が解説されています。近年では、4-4節で説明するSBTにおいても、スコープ３を用いた自社活動全体の目標を宣言する企業も増えています。LCAについてのより詳しい説明は、章末の補足資料１を参照してください。

図4 「スコープ3」までを含めたサプライチェーンGHG排出量の対象範囲

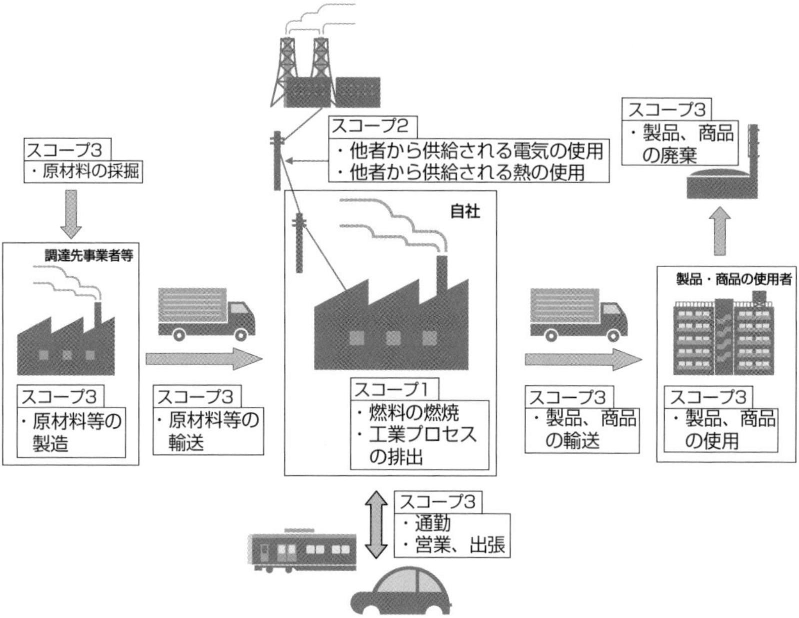

出典：環境省・経済産業省「サプライチェーンを通した温室効果ガス排出量算定に関する基本ガイドライン（Ver.2.3）」

取り組むべき負の影響の優先順位付け

　ここまで、バリューチェーンにおける正と負の影響を関連付け、その大きさを把握する方法を説明しました。次に、その作業で把握した負の影響を、深刻度と発生可能性の観点からグラフに落とし込み、優先順位付けします。

　図5をご覧ください。最も深刻で可能性の高い影響（①）は最も優先すべきです。また、発生可能性が低くても深刻度が高い影響（②）も優先する必要があります。経営の観点からは、優先的に取り組まないことが経営に対してどの程度のリスクを及ぼすか、取り組む際にどの程度の資源が必要かといったことを考える必要があります。発生可能性が低くても深刻度が高い負の影響（②）は、それが発生した場合に、事業が立ち行かなくなるほど大きな影響が出ると考えられるため優先すべきです。例えば原子力に関する事故が起こると、長期間にわたって深刻な環境汚染や地域住

民への健康被害が発生するため、事業の継続自体が危ぶまれることになります。

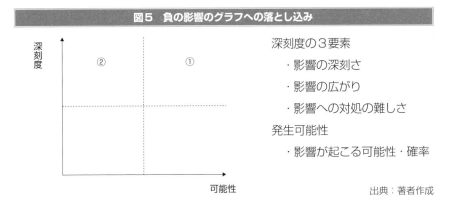

図5　負の影響のグラフへの落とし込み

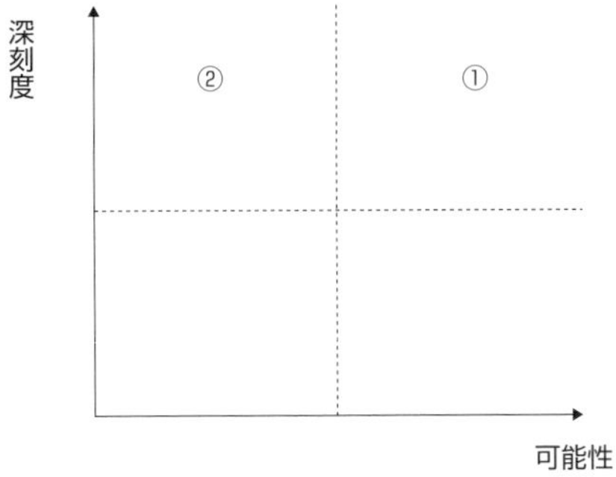

深刻度の３要素
・影響の深刻さ
・影響の広がり
・影響への対処の難しさ
発生可能性
・影響が起こる可能性・確率

出典：著者作成

負の影響として優先順位をつけたこれらの課題が関連しているSDGsの目標とターゲットを確認します。SDGsの目標・ターゲットは相互に関連しているため、関連付けられる目標・ターゲットは一つとは限りません。これらが一つ目の優先的なターゲット群です。

取り組むべき正の影響の優先順位付け

マッピング作業で把握した正の影響を社会にもたらす便益と事業にもたらす便益の観点からグラフに落とし込みます。社会にも事業にも多くの便益をもたらす影響（図６の★の部分）を優先課題とします。

社会にもたらす便益は解決しようとしている社会課題がもたらしている被害額で測ることもできますが、財務的に図ることが困難な場合もあります。その場合、考慮すべき点として以下が挙げられます。

・該当するSDGsの目標やターゲットの進捗が遅れている地域で、正の影響を拡大すると社会にもたらす便益は大きくなる。
・より根本的な課題の解決策の方が社会にもたらす便益は大きくなる（例：ごみのリサイクルよりもごみを発生させないこと。根本的な課題の特定には第３章で説明したシステム思考を使うことが有益）。

図6　正の影響のグラフへの落とし込み

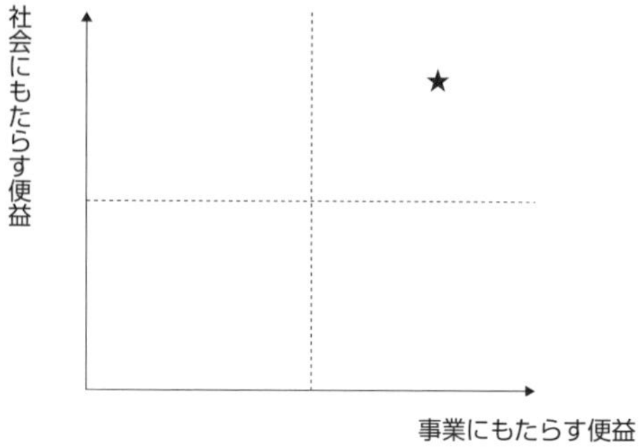

出典：著者作成

また、事業にもたらす便益については、以下を考慮します。

・新しい製品・サービス・投資を検討する際、負の影響を下げる措置を講じる。
・新しい製品・サービス・投資を検討する際、相対的費用と事業機会を考慮する。

上記のステップで特定した優先課題が関連しているSDGsの目標とターゲットを確認します。SDGsの目標・ターゲットは相互に関連しているため、関連付けられる目標・ターゲットは一つとは限りません。これらが二つ目の優先的なターゲット群です。

優先課題の決定

優先的な二つのターゲット群（正と負の影響）の中から優先課題を決定します。このプロセスは主観的な判断が伴います。考慮すべき点は、ステークホルダーにとってどれほど重要な課題か、正と負の影響の規模・強度・可能性、資源効率化などによる競争力強化の機会、新しい規制、標準化、需要超過、サプライチェーンの途絶、ステークホルダーからの圧力、市場力学の経時的変化、負の影響が企業にとってコストやリスクになる可能性、正の影響により事業が成長する可能性、利益を得る機会などを含みます。

ここでのポイントは、SDGsに貢献できていれば経営にもよいと考えるのではなく、環境・社会の持続可能性と事業の両方に大きな好影響を及ぼすことができ、優先的に取り組むことで長期ビジョン実現に大きく前進できる課題を選ぶことです。

優先課題決定とその後のプロセスへのステークホルダーの関与

企業がSDGsを実践する際、特に優先的に取り組む課題を決定する際には、企業の内外のステークホルダーの関与を得ること（**エンゲージメント**）が重要です。ステークホルダーとは企業と何らかの利害関係を有するか、企業の事業に関心がある人々で、株主、債権者、投資家、従業員、労働組合、取引先、消費者、地域社会、NPO、政府などが含まれます。社内のステークホルダー（従業員など）が優先課題決定に関わり、納得することで、その後の各部署での具体的な取り組みを進めやすくなります。また、社外のステークホルダー（投資家、取引先、消費者、地域社会など）の関与によって、ステークホルダーの課題、利害、関心、期待を企業が理解できれば、自社が社会や環境に与える影響を多角的に把握することができ、リスクを減らし、事業機会を増やすことにつながります。ステークホルダーと良好な関係を築くことができれば、企業は事業を円滑に進めやすくなります。特に、企業の活動によって悪影響を受けるステークホルダーのエンゲージメントは、事業やバリューチェーンがステークホルダーに及ぼす影響を把握し、自社の事情を優先して偏りがちな視点を補正する上でも重要です。

ステークホルダーの関与は、優先課題決定だけでなく、取り組みの実施、その効果測定と結果の報告など、SDGsの実践のプロセス全体を通じて重要です。なぜなら、ステークホルダーの視点や力を生かすことで企業のSDGsの取り組みを改善させられるからです。

では、どのステークホルダーの関与は、どのように（**エンゲージメント手法**）、どの程度（**エンゲージメントのレベル**）得ることがが望ましいのでしょうか。多くのステークホルダーの中でどのステークホルダーの関与を得るのかを決める方法の一つにステークホルダーの自社への依存度と影響度をプロットし、影響度・依存度共に高いステークホルダー（株主、従業員、サプライヤーなど）を選ぶ方法があります（図7）。

エンゲージメントは直接ステークホルダー（消費者や従業員など）と、または代表者（労働組合のリーダーなど）を通じて行うことができます。もし時間、資金、言語などの制約によってステークホルダーを直接、または代表者を通じて関与させられない場合は、ステークホルダーの視点、関心事、懸念事項などの知識を持ち、ステークホルダーの考えを企業に示せる代理ステークホルダー（NGO、専門家など）の関与を得ることも考えましょう。

図7 ステークホルダーの影響度・依存度

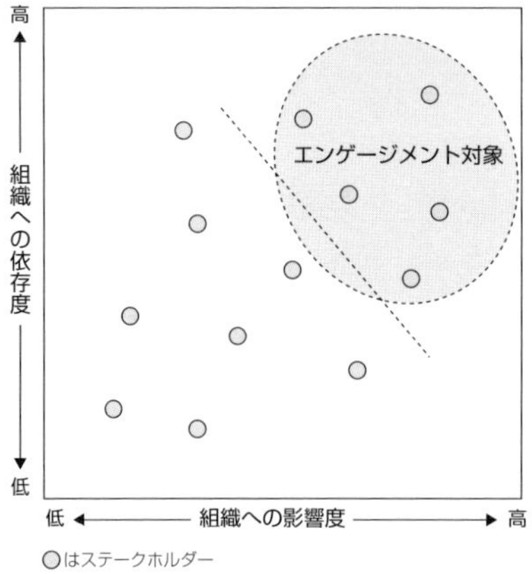

出典：環境省（2020年更新）「環境報告のための解説書　環境報告ガイドライン2018年版対応詳細解説」

選択すべきエンゲージメント手法やレベルは、ステークホルダーに求めるインプット、そのインプットをどの程度自社の意思決定に反映させられるかなどによります。エンゲージメントを開始する前に社内で目的（専門家の知見を得ること、消費者の嗜好を理解することなど）を明確にすることが必要です。

表3はエンゲージメントのレベルと各レベルに適したエンゲージメント手法の例です。下に行くほどエンゲージメントのレベルは高くなり、ステークホルダーとの関係も長期的なものになります。エンゲージメントのレベルと手法は目的に応じて決めましょう。例えば、優先課題がインドネシアにおける森林伐採である場合、現地にどのような環境社会的影響があるか理解するため（目的）に、現地で活動する日本のNGOや有識者などへのヒアリング（手法）を通じて、意見を「諮問」（レベル）することができます。また、森林伐採による現地の人々や環境への影響を改善するとともに、企業と現地の人々との関係性を改善するため（目的）に、現地の人々や

NGOと「協力」（レベル）して森林管理プロジェクトを実施（手法）することもできます。

表3　主なエンゲージメントのレベルと各レベルに適した手法の例

ステークホルダーエンゲージメントのレベル	手法
【通知】事業者から特定のステークホルダーに向けて、一方的に情報発信する	会社案内、パンフレット、ウェブサイト、スピーチなど
【諮問】ステークホルダーへ意見を諮問する/プロジェクトや計画について、ステークホルダーからの情報提供やフィードバックを求める	調査活動、マーケティング目的による消費者グループの抽出（フォーカスグループ）、各種ワークショップなど
【交渉】特定の問題についてステークホルダーと交渉する	労働組合を通じた労使の団体交渉など
【巻き込み】事業者とステークホルダーが独立して行動しながらも、相互に相手を理解しようと努める	マルチステークホルダー・フォーラム、ステークホルダーによるアドバイザリー委員会、ダイアログなど
【協力】ステークホルダーと協働して意思決定やプロジェクトに取り組む	共同プロジェクト、合弁事業、パートナーシップなど
【権限付与】特定課題に関する意思決定権限をステークホルダーに付与する	ステークホルダーを社外取締役に選任することなど

出典：環境省（2020年更新）「環境報告のための解説書　環境報告ガイドライン2018年版対応詳細解説」を基に作成

4-4 目標の設定

優先課題を特定した後は、優先課題に取り組む上での目標を設定します[*4]。

目標・戦略の範囲を設定

4-3節で、事業とバリューチェーン全体を見渡して、自社と社会にとって重要、かつ、優先的に取り組むべき課題の特定方法を見てきました。ここからは自社の長期ビジョンに近づくための目標をこれらの優先課題すべてに対して設定します。目標を設定し、社内で共有することで、優先課題を共有し、各部署における目標に落とし込むことができます。また、このプロセスに社内の関係部門が深く関与し、事業の状況と優先課題を照らし合わせて議論できれば、現実的かつ意欲的な目標を立てやすくなるでしょう。さらに、目標を社外と共有することで、バリューチェーン全体を向上させる機会にもなります。

目標を設定するとき、短期と中・長期では意味合いが異なります。特に長期の目標はあるべき姿・ありたい姿を目指す大まかなものであり、一定期間ごとに見直す前提で作るべきです。日本企業に根強い「必達目標」「必至戦略」とは異なることを認識しましょう。その上で、目標を立てる際は、以下の点を考慮します。

・主要な社内外のステークホルダーと協議の上、具体的、計測可能、達成可能且つ期限付きの目標を立てる（短期目標の場合）。
・負の影響を及ぼす優先課題に関して目標・戦略を立てる時は、負の影響を最小化することだけでなく、どうすれば負の影響を正の影響や事業機会に変換できるか考える。
・正の影響を及ぼす優先課題に関して目標・戦略を立てる時は、どうすれば複数の課題を同時解決し、正の影響を拡大できるか考えると同時に、この解決策が負の影響を拡大しないように注意する。
・正の影響をどれほど大きくしても、負の影響が相殺されるわけではないため、正の影響を強化する際には負の影響（特に人権への影響）を拡大しないよう注意する。

＊4　本節はSDG Compassに基づいています。

例えば、温室効果ガス排出量の削減が優先課題である場合、2050年までに排出量を実質ゼロにすることを掲げ、省エネや再エネへの切り替えを通じて負の影響を最小化します。この取り組みで得られた温室効果ガス排出量削減のノウハウを他社へのサービスに生かすことで事業機会を生み、他社の温室効果ガス排出削減に貢献できます。しかし、これによって違法な長時間労働などが起こらないようにもしなければなりません。

KPIとは

立てた目標・戦略に対して、進捗を促進し、モニタリングし、公表するためには**KPI（重要業績評価指標）**が必要です。ビジネスの最終目的を定量的に図る指標は**KGI（重要目標達成指標）**といわれますが、KPIは最終目的（ゴール）を達成するための中間目標（過程）の達成を図る指標です。そのため、KPIはKGIを分解して戦略的に定めます。中間目標は一層ではないことが多いので、KPIは複数のレベルに立てることができます。

SDGsの取り組みを進める企業の中には、Dow Jones Sustainability Index（ダウジョーンズ・サステナビリティ・インデックス）の評価、環境・社会影響に関して高い評価を得た自社の製品群の売上高、温室効果ガス排出量などをKPIとしている企業があります。このようなKPIは、持続可能性に関する取り組み全体について総合評価するのに有益ですが、同時に、こうしたKPIを裏付けする細かいKPIも必要です。例えば、温室効果ガス排出量の削減に対する行動計画を立て、その行動の進捗の達成を図るためのKPIを立てるなどです。

KPIの決定

KPIを立てるときは、これまでのステップで認識した自社の社会や環境への影響やガバナンスを改善するために、どういう指標と目標値を立てて行動していけばよいか考えます。KPIは自社で設定しても良いですし、既存のKPIから選んでも良いでしょう。大事な点は、各優先課題について、企業が与えている影響を最もよく示す指標を使うということです。各SDGsのターゲットに対応する事業指標は「ゴールとターゲットの分析＊5」の他、目的に応じて**SASBスタンダード**（投資家対応に有益）に載っているものを参照するとよいでしょう。KPIを決定する際は、企業の活動

＊5 国連グローバル・コンパクト、グローバル・レポーティング・イニシアティブ、PwC（2017）「ゴールとターゲットの分析」（日本語版、2018）

の影響や結果に直接対応していて、なるべく一般的に使われている指標を選びましょう。それが難しい場合は、影響の代替指標とみなせるKPIを選ぶことで他社と比較しやすくなります。指標の例は、7-9節のRoyal DSMも参考になります。

ベースラインを設定し、目標タイプを選択する

次に各目標のKPIについて**ベースライン**（**基準値**）を設定します。いつの時点、またはいつの期間のデータを基準とするのかを考えます。設定する目標のタイプは、絶対目標と相対目標があります。

絶対目標は、2020年から2030年までに温室効果ガス排出量を50%削減するというように総量をみる目標ですが、相対目標は、生産物の一単位（例：車1台）に対する温室効果ガス排出量を2020年から2030年までに50%削減するというように、原単位あたりの目標です。

意欲度を設定する

意欲的な目標を設定することは、自社のイノベーションや創造性を促進するだけでなく、宣伝効果や、同業他社に働きかける効果もあります。意欲度は、目標達成の時間軸を長くとることで大きなメッセージを打ち出すことができる一方、時間軸が長くなれば説明責任が曖昧になるため、長期的な目標を打ち出す際は、短期・中期的な目標も併せて設定するとよいでしょう。

意欲度を設定する際、これまでは自社の過去の業績、今後の動向、同業他社の目標などを基準に設定するのが一般的でしたが、これではSDGsが提起している課題に十分対処することは不可能です。そのため、多くの先進企業が目標設定において、**アウトサイド・イン**のアプローチ（第3章参照）を採用して意欲度を設定しています。

アウトサイド・インのアプローチを推進する取り組みの一つに気候変動分野における「SBT（科学的根拠に基づき必要となるCO_2排出量削減を求める国際イニシアチブ」があります。世界の気温の上昇を1.5度以下に抑えるため、企業が科学的根拠に基づいて目標を立てられるよう、ツールと方法論を開発しています。また、Future-Fitビジネス・ベンチマークは、社会科学と自然科学に基づいた絶対的KPIを定めています。これは環境分野のみならず持続可能な社会構築に関わるすべての

分野を網羅するツールであり、すべての業界・規模の企業が使えるため、次節以降で詳しく説明します。

また、意欲的な目標を設定する際、国や自治体が掲げるSDGs関連の重要項目を確認し、その目標に貢献する形で自社の意欲度を設定するのもよいでしょう。

意欲的な目標の例

●太陽住建の例

太陽光発電施工事業を行う太陽住建は、地元自治体である横浜市がゼロカーボン（脱炭素）を目指して掲げた再生エネルギー発電量目標の12.15%を自社の太陽光発電パネルで発電することを2030年までの目標としています（詳細は7-4節 太陽住建「地元自治体の温暖化対策目標への貢献を明示」を参照）。

●ダイキン工業の例

ダイキン工業はパリ協定に賛同し、2050年に向けて温室効果ガス排出実質ゼロをめざす「環境ビジョン2050」を策定しました。SBTに取り組むことを宣言しています。

SDGsへのコミットメントを公表する

設定した目標を公開することは効果的な情報発信の手段であると同時に、従業員や取引先の意欲を引き出すことにもなるでしょう。また、外部のステークホルダーとの対話を強化する基盤にもなります。一方、公開した目標を期限内に達成できなかった場合、批判の対象となる可能性もあるため、情報は定期的に発信し、取り組みの内容、達成状況、課題などについて透明性を確保することが大事です。

4-5 目標の設定に使えるKPIツール

本節では、意欲的な目標を設定するのに使えるKPIツール「Future-Fitビジネス・ベンチマーク」を紹介します。このツールの詳細については補足説明2もご参照ください。

アウトサイド・インのアプローチを推進する目標設定の必要性

前節では目標設定について説明しましたが、前節で提案した目標設定方法では「何を根拠に、どの程度の意欲度で目標を設定するのが妥当なのかわからない」、「各社が全く異なるKPIを選んだ場合、同業他社とSDGsの取り組みの達成度合いを比べにくい」といった悩みが出てくるかもしれません。

こうした問題やニーズにこたえるツールが、アウトサイド・インのアプローチを推進する取り組みである**Future-Fitビジネス・ベンチマーク**[*6]です。

Future-Fitビジネス・ベンチマークはSDGsやESGの取り組みの進捗を測るKPIツールです。そのため、優先課題を決定した後、KPIとして目標設定に使うことができます。その基盤には、SDGsのように持続可能な世界を目指したゴールがあるため、Future-Fitビジネス・ベンチマークを優先課題の決定やレポーティングに使用することも可能です。本書ではSDG Compassを基にSDGsの実践方法を説明していますが、Future-Fitビジネス・ベンチマークをSDG Compassを補完するツールとして使用することをお勧めします。

Future-Fit ビジネス・ベンチマークとは

Future-Fit（フューチャー・フィット）とは、「未来に適合した」という意味です。「持続可能な未来に適合した」とも言い換えられるでしょう。Future-Fitビジネス・ベンチマークは自然科学と社会科学に基づいて、「未来のあるべき持続可能な社会」において「あるべき企業の姿」から**逆算（バックキャスティング）**して、各企業が今すぐ使える絶対的な目標群を定めています。Future-Fitビジネス・ベンチマークは、地球と人類の持続可能性に必要とされる各企業の行動を科学で導き出したKPIツールであり、これが、現在のベスト・プラクティスや他社との比較に主眼を置いた他

＊6 **COPYRIGHT Future-Fit Foundation** https://futurefitbusiness.org/
Creative Commons Attribution-ShareAlike 4.0 International License.
https://creativecommons.org/licenses/by-sa/4.0/

のKPIツールと大きく違う点です。

Future-Fitビジネス・ベンチマークは、あらゆる産業の企業が一様に使えるKPIツールです。そのため、自社の評価データを公開することで、社会的・環境的コミットメントとその進捗状況を企業間で比較することができます。

Future-Fitビジネス・ベンチマークの考え方と指標

Future-Fitビジネス・ベンチマークでは、目指すべき未来像を実現するために、まず、各企業の存在が人類や地球に悪影響を及ぼさないことが必要であると考えます。そのために業種や製品に関わらずすべての企業が最低限「取り組むべき行動」として、23の**損益分岐ゴール**（Break-Even Goals：表4参照）を設置しています。ここでいう「損益分岐」とは経済的なものではなく、企業の社会的および環境的パフォーマンスの閾値です。また、「取り組むべき行動」の他、「取り組める行動」として24の**ポジティブな取り組み**（Positive Pursuits：表5参照）を提示しています。これは、他社が損益分岐ゴールを達成するのを支援することも含みます。なお、ポジティブな影響と悪影響が相殺されることはほとんどないとされるため、ポジティブな取り組みだけに取り組むことは奨励されていません。したがって、企業はまず損益分岐ゴールの23項目に優先して取り組むことが求められます。

算出方法

損益分岐ゴールは、各ゴールに、一つまたは複数の指標があり、達成度をパーセンテージで算出できます。例えば、損益分岐ゴール1の「エネルギーが再生可能資源に由来している」は一つの指標でなりたっており、「報告期間の総エネルギー消費量」のうち、「再生可能資源に由来するエネルギー消費量」をパーセンテージで算出します。

$$\text{損益分岐ゴール1の達成度} = \frac{\text{再生可能資源に由来するエネルギー消費量}}{\text{報告期間の総エネルギー消費量}} \times 100$$

指標の計算方法は損益分岐ゴール・アクション・ガイドとポジティブな取り組みのためのガイドを参照してください。これらのガイドには各ゴールについて、どのように事業、調達活動、製品などを改善していったらよいかといったガイダンスも含まれています。本節で参照してきた**メソドロジー・ガイド**には、Future-Fitビジネス・ベンチマークの科学的基盤や概念などが書かれています。そして、実践ガイドには、このツールを実践する際に役立つ詳細な情報が載っています。

Future-Fitビジネス・ベンチマーク メソドロジー・ガイド

日本語版URL　https://www.bcon.jp/news/future-fit_guidedl/

英語版URL　https://futurefitbusiness.org/resources/

図8　Future-Fitビジネス・ベンチマークで参考になる文書

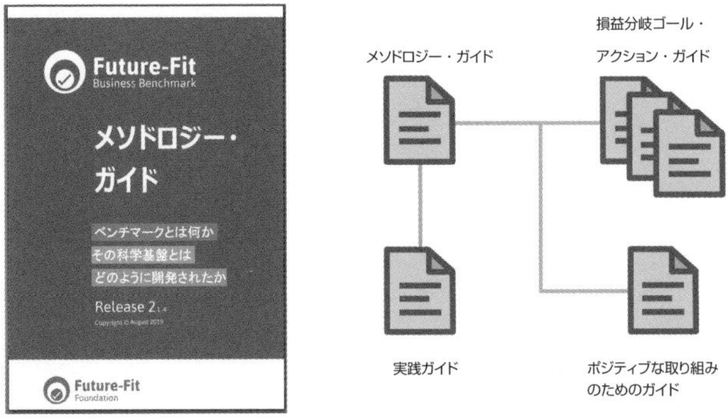

出典：Future-Fit Foundation（2020）「Future-Fitビジネス・ベンチマーク　メソドロジーガイド Release 2.2」

表4　損益分岐ゴール

Future-Fit な社会では	ビジネスはこれらの損益分岐ゴールを達成する必要がある	該当する SDGs
エネルギーは再生可能で、 すべての人が利用できる	エネルギーが再生可能資源に由来している	1 2 3 4 5 6 **7** 8 SDG 9 10 11 12 **13** 14 15 16 17
水は責任をもって取水され、 すべての人が利用できる	環境に責任を持ち、社会的に公正な方法で 水を利用する	1 2 3 4 5 **6** 7 8 SDG 9 10 11 **12** 13 **14** **15** 16 17
天然資源はきちんと管理され、 コミュニティ、動物、生態系を守る	生態系、人、動物のウェルフェアが 尊重されるように天然資源を管理している	**1** **2** 3 4 5 6 7 **8** SDG 9 10 11 **12** 13 **14** **15** 16 17
環境が汚染されることはない	事業活動による排出物が人や環境に害を与えない	1 2 **3** 4 5 **6** 7 8 SDG 9 10 **11** **12** 13 **14** **15** 16 17
	事業活動が温室効果ガスを排出しない	1 2 3 4 5 6 7 8 SDG 9 10 11 12 **13** 14 15 16 17
	製品が温室効果ガスを排出しない	1 2 3 4 5 6 7 8 SDG 9 10 11 12 **13** 14 15 16 17
	製品が人や環境に害を与えない	1 2 **3** 4 5 **6** 7 8 SDG 9 10 **11** **12** 13 **14** 15 16 17
廃棄物は存在しない	事業活動による廃棄物が根絶されている	1 2 3 4 5 6 7 8 SDG 9 10 **11** **12** 13 **14** 15 16 17
	製品を別用途に再利用できる	1 2 3 4 5 6 7 8 SDG 9 10 **11** **12** 13 **14** 15 16 17
人類という物理的存在は生態系と コミュニティの健全性を守る	事業活動が生態系やコミュニティを侵害しない	**1** 2 3 4 5 **6** 7 8 SDG 9 10 **11** 12 **13** **14** **15** 16 17
人々には充実した人生を 送る力と機会がある	コミュニティの健全性を守る	1 2 3 4 5 6 7 8 SDG 9 10 **11** 12 13 14 15 **16** 17
	働く人々の健康を守る	1 **2** **3** 4 **5** **6** 7 **8** SDG 9 10 11 12 13 14 15 16 17
	働く人々に最低限の生活賃金を支給する	**1** **2** **3** 4 5 **6** 7 **8** SDG 9 **10** **11** 12 13 14 15 16 17
	働く人々の労働条件が公正である	1 2 3 4 **5** 6 7 **8** SDG 9 10 11 12 13 14 15 16 17
	働く人々が差別されていない	1 2 3 4 **5** 6 7 8 SDG 9 **10** 11 12 13 14 15 16 17
	働く人々の懸念が積極的に受け付けられ、公平に判断され、透明性のある形で対処されている	1 2 3 4 **5** 6 7 8 SDG 9 **10** 11 12 13 14 15 **16** 17
	製品のプロモーションは正直であり、倫理的であり、責任ある使用を促進している	1 2 3 4 5 6 7 8 SDG 9 10 11 **12** 13 14 15 16 17
	製品の懸念が積極的に受け付けられ、公平に判断され、透明性のある形で対処されている	1 2 3 4 5 6 7 8 SDG 9 10 11 **12** 13 14 15 **16** 17
社会規範、グローバル・ガバナンス、 経済成長は Future-Fitness の 追求を促進する	調達は Future-Fitness の追求を守る	**1** **2** **3** **4** **5** **6** **7** **8** SDG **9** **10** **11** **12** **13** **14** **15** **16** **17**
	金融資産は Future-Fitness の追求を守る	**1** **2** **3** **4** **5** **6** **7** **8** SDG **9** **10** **11** **12** **13** **14** **15** **16** **17**
	ロビー活動や企業の影響力は Future-Fitness の追求を守る	1 2 3 4 5 6 7 8 SDG 9 10 11 12 13 14 15 **16** 17
	正しいときに、正しい場所へ、正しい税金を納めている	1 2 3 4 5 6 7 8 SDG **9** 10 11 12 13 14 15 16 17
	ビジネスが倫理的に遂行されている	1 2 3 4 5 6 7 8 SDG 9 10 11 12 13 14 15 **16** 17

出典：Future-Fit Foundation（2020）「Future-Fitビジネス・ベンチマーク　メソドロジーガイド Release 2.2」

表5　ポジティブな取り組み

Future-Fit な社会では	ビジネスはこれらのポジティブな取り組みを実行できる	該当する SDGs
エネルギーは再生可能で、すべての人が利用できる	他者が再生不可能なエネルギーに依存するのをやめる	1 2 3 4 5 6 **7** 8 SDG 9 10 11 12 13 14 15 16 17
	エネルギーを利用できる人が増える	1 2 3 4 5 6 **7** 8 SDG **9** 10 11 12 13 14 15 16 17
水は責任をもって取水され、すべての人が利用できる	他者が水ストレスに加担するのをやめる	1 2 3 4 5 **6** 7 **8** SDG **9** 10 11 **12** 13 14 15 16 17
	きれいな水を利用できる人が増える	1 2 3 4 5 **6** 7 8 SDG **9** 10 11 12 13 14 15 16 17
天然資源はきちんと管理され、コミュニティ、動物、生態系を守る	他者が管理のずさんな天然資源に依存するのをやめる	1 **2** 3 4 5 6 7 **8** SDG **9** 10 11 **12** 13 **14** **15** 16 17
環境が汚染されることはない	他者の排出する温室効果ガスが減る	1 2 3 4 5 6 7 8 SDG 9 10 11 12 **13** 14 15 16 17
	温室効果ガスが大気中から取り除かれる	1 2 3 4 5 6 7 8 SDG 9 10 11 12 **13** 14 15 16 17
	他者の排出する有害物質が減る	1 2 **3** 4 5 **6** 7 8 SDG 9 10 **11** **12** 13 **14** **15** 16 17
	有害排出物が環境から取り除かれる	1 2 **3** 4 5 **6** 7 8 SDG 9 10 **11** 12 13 **14** **15** 16 17
廃棄物は存在しない	他者のつくり出す廃棄物が減る	1 2 3 4 5 6 7 **8** SDG 9 10 **11** **12** 13 **14** 15 16 17
	廃棄物が回収され、別用途に再利用されるようになる	1 2 3 4 5 6 7 **8** SDG 9 10 **11** 12 13 **14** 15 16 17
人類という物理的存在は生態系とコミュニティの健全性を守る	他者による生態系の破壊が減る	1 **2** 3 4 5 **6** 7 8 SDG 9 10 **11** 12 **13** **14** **15** 16 17
	生態系が回復する	1 **2** 3 4 5 **6** 7 8 SDG 9 10 **11** 12 **13** **14** **15** 16 17
	他者による社会的／文化的価値のあるエリアの劣化が抑えられる	1 **2** 3 4 5 6 7 8 SDG 9 10 **11** 12 13 14 **15** 16 17
	社会的／文化的価値のあるエリアが回復する	1 2 3 4 5 6 7 8 SDG 9 10 **11** 12 13 14 **15** 16 17
人々には充実した人生を送る力と機会がある	より多くの人々が健康で、心身に害を受けない	1 **2** **3** 4 **5** **6** 7 **8** SDG 9 10 **11** 12 13 14 15 **16** 17
	人々の能力が向上する	**1** **2** **3** **4** **5** 6 7 **8** SDG **9** **10** **11** **12** **13** 14 15 16 17
	経済的なチャンスをつかめる人が増える	**1** **2** 3 4 **5** 6 7 **8** SDG **9** 10 11 12 13 **14** **15** 16 17
	個人の自由が保障されている人が増える	1 2 **3** **4** **5** 6 7 **8** SDG 9 **10** 11 12 13 14 15 **16** 17
	社会の結束が強まる	1 2 3 4 5 6 7 8 SDG **9** **10** **11** 12 13 14 15 **16** 17
社会規範、グローバル・ガバナンス、経済成長は Future-Fitness の追求を促進する	Future-Fitness の追求においてインフラが強化される	**1** **2** **3** **4** **5** **6** **7** **8** SDG **9** **10** **11** **12** **13** **14** **15** **16** **17**
	Future-Fitness の追求においてガバナンスが強化される	**1** **2** **3** **4** **5** **6** **7** **8** SDG **9** **10** **11** **12** **13** **14** **15** **16** **17**
	Future-Fitness の追求において市場のメカニズムが強化される	**1** **2** **3** **4** **5** **6** **7** **8** SDG **9** **10** **11** **12** **13** **14** **15** **16** **17**
	社会規範が次第に Future-Fitness の追求を支えるようになる	**1** **2** **3** **4** **5** **6** **7** **8** SDG **9** **10** **11** **12** **13** **14** **15** **16** **17**

出典：Future-Fit Foundation（2020）「Future-Fitビジネス・ベンチマーク　メソドロジーガイド Release 2.2」

補足説明 1
ライフサイクルアセスメント

ライフサイクルアセスメントでSDGsに関わる環境と社会への影響を算定する

ライフサイクルアセスメント（**LCA**）では、自社の企業活動や製品・サービスを通した温室効果ガス、水質汚染、土地利用、生物多様性などの環境影響や、廃棄物の発生量や資源消費などの資源利用の状況などを算定することができます。また、近年は**ソーシャルLCA**という手法の登場により、人権や児童労働などの社会的な影響を評価することもできるようになりました。

つまり、4-3節でマッピングした「自社が与えている正と負の影響」をより定量的に把握し、優先順位の特定や目標設定へ向けた根拠を示すことができるのです。例えば、自社の製品1台を販売することにより、その原料調達・製造から使用・廃棄段階までを含めて生じる温室効果ガスの排出量（CO_2kg）や廃棄物の発生重量（kg）を示すことができます。また、組織のLCAを用いれば、製造・調達・本社機能をも含む1年間の自社活動全体から生じる温室効果ガスなどを把握することもできます。

そして、これらを自社の従来製品や製品群の間で比較したり、4-4節で説明した将来的なビジョンや目標値と比べたりすることで、新たな製品・サービスや自社全体のオペレーションの改善の進捗を把握することができます。自社の活動や製品による正と負の両方の影響を評価することで、特定のSDGs目標に対して有効な製品や施策であっても、他のSDGsに対してリスクがある場合などの重要なトレードオフを把握することにもつながります。

環境影響をわかりやすくコミュニケーションする「フットプリント」とは？

4-3節でご紹介したスコープ3の考え方で算定したライフサイクル全体を通した環境影響は、人間の活動が地球に影響を及ぼす足跡をイメージして**フットプリント**（**足跡**）と呼ばれます。GHGプロトコルの対象となる温室効果ガスに関しては**カーボンフットプリント**が用いられます。それ以外にも、世界各地で生産された農産物の用水、製造工程で使用される地下水などのサプライチェーンで消費された水の量を示す**ウォーターフットプリント**や、人間活動による環境影響を、CO_2を吸収するために必要な森林や農業・漁業・建設などに使われる陸地と水域の面積で表した**エコロジカルフットプリント**などがあります。SDGsでも「12.つくる責任つかう責任」の中で、人間活動がライフサイクル全体で採取・消費する金属・鉱物・化石燃料・バイオマス資源などの総重量を表す**マテリアルフットプリント**を削減することがターゲットとして掲げられています。

フットプリントは、自社の製品や自社活動による環境影響の大きさやその改善度合いを消費者やステークホルダーにコミュニケーションするために役立つツールです。フットプリントの活用例としては、次のような取り組みがあります。

・気候変動などの多様な環境影響を示すラベル制度
（日本の「エコリーフ環境ラベルプログラム」https://ecoleaf-label.jp/）
・製品の環境性能を認証する制度への組み込み
（電子・電気製品の「EPEAT認証」https://epeat.net/）
（建物の「LEED認証」https://www.gbj.or.jp/leed/ratingsysytems/）
・カーボンフットプリントを製品ラベルで示す制度
（英国の「Carbon Trust」https://www.carbontrust.com/what-we-do/assurance-and-certification/product-carbon-footprint-certification-and-labelling）
・印刷物の製造から廃棄までのフットプリントを実質的にゼロにする取り組み

（日本WPAのカーボン・オフセット https://www.waterless.jp/personal/personal_co/）

・購入時にカーボンフットプリントを知らせるクレジットカード

（スウェーデンの「Doconomy」https://doconomy.com/en/black）

表6　ライフサイクルアセスメントで把握できる環境・社会影響領域とSDGs

環境・社会影響領域 ＼ SDGs		1. 貧困をなくそう	2. 飢餓をゼロに	3. すべての人に健康と福祉を	4. 質の高い教育をみんなに	5. ジェンダー平等を実現しよう	6. 安全な水とトイレを世界中に	7. エネルギーをみんなにそしてクリーンに	8. 働きがいも経済成長も	9. 産業と技術革新の基盤をつくろう	10. 人や国の不平等をなくそう	11. 住み続けられるまちづくりを	12. つくる責任つかう責任	13. 気候変動に具体的な対策を	14. 海の豊かさを守ろう	15. 陸の豊かさも守ろう	16. 平和と公正をすべての人に
環境影響	都市域大気汚染			●								●					
	室内空気質汚染			●													
	有害化学物質			●			●						●				
	騒音			●													
	オゾン層破壊			●											●	●	
	地球温暖化			●				●				●		●	●	●	
	光化学オキシダント			●								●				●	
	生態毒性														●	●	
	酸性化											●			●	●	
	富栄養化			●			●								●		
	廃棄物											●	●				
	土地利用		●													●	
	鉱物資源消費									●			●				
	化石燃料消費							●		●			●	●			
	森林資源消費									●			●			●	
社会影響	労働する権利と適切な労働	●							●								
	人権		●	●		●					●						
	健康と安全			●					●								
	ガバナンス										●						●
	コミュニティ		●	●	●		●										

注：SDG17「パートナーシップで目標を達成しよう」は、具体的な環境社会影響ではなく他のすべての目標を達成するための横断的な位置付けのため、本表には含めていません。

出典：国連 持続可能な開発のための2030アジェンダ、Life-cycle Impact Assessment Method based on Endpoint Modeling (LIME)、Social Hotspot Database (SHDB)資料を基に作成

表6にまとめたとおり、LCAでは、「12.つくる責任つかう責任」「13.気候変動に具体的な対策を」「14.海の豊かさを守ろう」「15.陸の豊かさも守ろう」をはじめとして、各SDGsに対応した代表的な環境影響を定量的に把握することができます。また、ソーシャルLCAを活用すれば、「3.すべての人に健康と福祉を」「5.ジェンダー平等を実現しよう」「8.働きがいも経済成長も」などのSDGsに関する自社活動の社会影響のホットスポット（大きなリスクがありそうな箇所）を把握し、サプライチェーンを通した改善に向けた詳細な調査や改善活動へつなげることもできます。

SDGsに関連する社会的な影響を算定するソーシャルLCAとは

4-3節で説明したように、自社活動を通したSDGsへの影響は温室効果ガス排出などの環境面のみならず、労働者の権利、ジェンダー配慮、安全衛生などの社会的な側面にも及びます。すべてのステークホルダーがSDGsに取り組むこれからの時代では、各企業がバリューチェーンにおいて社会面の影響を考慮することの重要性はこれまでになく増しているといえます。

社会面のSDGsへの影響をチェックリストのような形で定性的に把握し、改善することも重要です。同時に、社会課題や調達先が多岐にわたる中で、どの製品や調達先にリスクがあるかの重要度を把握し、優先順位を特定するためには、これらを定量的に算定することも有効です。しかし、自社の工場や拠点の情報ならまだしも、輸入品のサプライチェーンの上流まで遡るとなると、調達先が情報開示に応じてくれるかもわからず、こうした作業は容易ではありません。これを支援するのが**ソーシャルLCA**です。

例えば、「ソーシャルホットスポットデータベース（SHDB）」では、国際的なサプライチェーンにおける産業セクター別の社会影響項目のリスクがデータベース化されており、世界各国で調達する様々な製品・サービスの調達価格（1ドル）あたりの社会影響項目へのリスク値を算定することができます（表7）。この方法では、自社がある国で調達した中間材料について、それを製造するために第3国から輸入された原材料も含むサプライチェーン全体の社会影響を含めることができます。こうしたツールを活用すれば、より効率的に自社のバリューチェーンとSDGsとの関係を把握し、優先順位の決定に役立てることができます。

ソーシャルLCAは、社会影響という定量化しにくいリスクを算定し、グローバルなサプライチェーンにおける自社活動の社会影響項目へのリスクを試算する便利なツールですが、計算できるのは国別・産業別の大まかなリスクまでとなります。ソーシャルLCAはまだ発展途上の試みですので、これからもより使いやすく、SDGsの実践に役立つツールとしての発展が望まれるところです。

表7　Social Hotspots Database（SHDB）で算定できる社会影響項目

対象領域とSDGs	具体的な項目
労働する権利と適正な労働（SDG1,8）	労働組合と結社の自由、児童労働、強制労働、過度な労働時間、賃金査定、貧困、移民労働者、失業、労働法
人権（SDG2,3,5,10）	先住権、高い競合、男女平等、人間の健康問題
健康と安全（SDG3,8）	怪我や死亡者、有害物質および危険
ガバナンス（SDG16）	法律制度、汚職
コミュニティ（SDG2,3,4,6）	病院のベッド、飲み水、衛生、非就学児、大規模農場と小規模農家

出所：TCO2社ホームページを基に作成

LCAの具体的な実施方法については、多くの書籍やポータルサイトがあり、関連団体による定期的なセミナーなども開催されています。LCAを実践するための具体的なガイドライン、データベース、ソフトウェアなどは110〜111ページの参考資料をご覧ください。また、自社内で算定作業のすべてを行うことができなくとも、数多くのコンサルティング企業などがLCAの実施を支援していますので、コンタクトされてみてはいかがでしょうか。

ライフサイクルアセスメントを実践するための参考資料

環境省・経済産業省「グリーン・バリューチェーンプラットフォーム」では、自組織のサプライチェーンにおける温室効果ガス排出量の算定のために無料で活用できるデータベースや事例などがまとめられています。また、ライフサイクルアセスメントの考え方の活用例として、Royal DSM社の事例（7-9節）の「サステナビリティに関する指標の設定」を参照してください。

●書籍

- 稲葉敦 編著・監修『改訂版 演習で学ぶLCA －ライフサイクル思考から、LCAの実務まで－』株式会社シーエーティ, 2018.
- 伊坪徳宏, 田原聖隆, 成田暢彦『LCAシリーズ　LCA概論』社団法人 産業環境管理協会, 2007.
- 稲葉敦 監修『LCAシリーズ　LCAの実務』社団法人 産業環境管理協会, 2005.

●LCA関連団体・ポータルサイト

- 環境省・経済産業省「グリーン・バリューチェーンプラットフォーム」算定ツール https://www.env.go.jp/earth/ondanka/supply_chain/gvc/estimate_tool.html
- LCA日本フォーラム https://lca-forum.org/
- 日本LCA学会　https://www.ilcaj.org/
- 一般社団法人 サステナブル経営推進機構　https://sumpo.or.jp/
- 一般社団法人 日本LCA推進機構　https://lcaf.or.jp/
- 一般社団法人 エコ食品健究会（LCA実践塾）　https://waterfootprint-academy.jimdofree.com/

●ガイドライン

・環境省・経済産業省「サプライチェーンを通じた温室効果ガス排出量算定に関する基本ガイドライン」https://www.env.go.jp/earth/ondanka/supply_chain/gvc/files/tools/GuideLine_ver2.3.pdf
・GHGプロトコル「温室効果ガス(GHG)プロトコル～事業者の排出量算定及び報告に関する標準～」(環境省 仮訳)https://www.env.go.jp/council/06earth/y061-11/ref04.pdf
・JIS Q 14044:2010「環境マネジメント―ライフサイクルアセスメント―要求事項及び指針」https://webdesk.jsa.or.jp/books/W11M0090/index/?bunsyo_id=JIS+Q+14044%3A2010

●データベース・ソフトウェア

・産業技術総合研究所「インベントリデータベースIDEA」http://www.idea-lca.jp/ja/index.html(対象：温室効果ガス，オゾン層破壊，水資源，土地利用等の環境影響・資源利用，日本・海外12か国，有料)
・国立環境研究所「産業連関表による環境負荷原単位データブック(3EID)」https://www.cger.nies.go.jp/publications/report/d031/jpn/index_j.htm (対象：温室効果ガス，日本，無料)
・東京都市大学「環境フットプリント原単位データベース」http://www.comm.tcu.ac.jp/itsubo-lab/research/database/index.html(対象：水資源，化学物質，土地利用，鉱物資源等の環境影響・資源利用，日本，無料)
・ソーシャルホットスポットデータベース(SHDB) http://www.socialhotspot.org/ (対象：社会影響，世界各国，有料)
・MiLCA https://www.milca-milca.net/(LCAソフト：日本語・英語，有料)
・SimaPro http://tco2.com/s/simapro (LCAソフト：日本語・英語，有料)
・Gabi http://www.spherasolutions.co.jp/gabi(LCAソフト・データベース：日本語・英語，有料)
・Open LCA http://www.openlca.org(LCAソフト：英語，無料)

補足説明2
Future-Fitビジネス・ベンチマーク

Future-Fitビジネス・ベンチマークの成り立ち

Future-Fitビジネス・ベンチマークはイギリスに拠点をおくFuture-Fit財団が開発しました。個別企業レベルで実践できるようにするため、科学者、企業、投資家などと何年もの議論を経て開発し、企業や投資会社からのフィードバックを受けて改良を重ねてきました（最新版はリリース2.2）。海外では、2035年から40年までにカーボンゼロを目指す海運会社Maerskの他、The Body ShopやNovo Nordisk、投資会社のHermesなどSDGs・ESG先進企業がこのツールを利用して、地球と人類の持続可能性を追求する取り組みを進めています。

このツールの基盤となったのは**国際NGO**であるThe Natural Stepが提唱する４つの持続可能性原則です。４つの持続可能性原則とは、①自然の中で地殻から掘り出した物質の濃度が増え続けない、②自然の中で人間社会が作り出した物質の濃度が増え続けない、③自然が物理的な方法で劣化しない、④人々が自らの基本的

図9　持続可能性４原則８項目

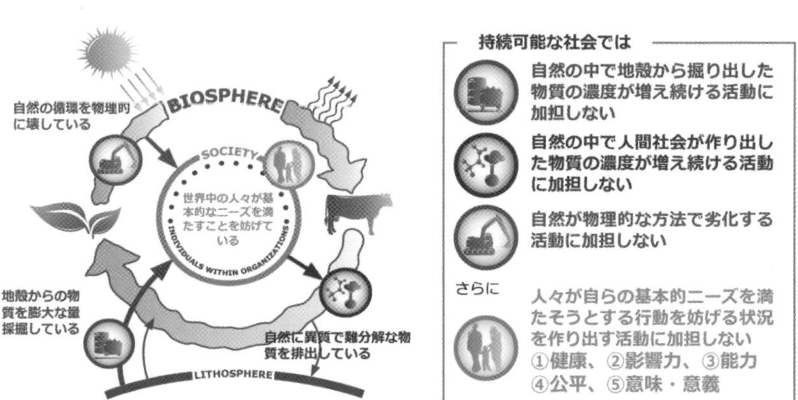
自然の循環を物理的に壊している
BIOSPHERE
SOCIETY
世界中の人々が基本的なニーズを満たすことを妨げている
INDIVIDUALS WITHIN ORGANIZATIONS
地殻からの物質を膨大な量採掘している
自然に異質で難分解な物質を排出している
LITHOSPHERE
持続可能な社会では
自然の中で地殻から掘り出した物質の濃度が増え続ける活動に加担しない
自然の中で人間社会が作り出した物質の濃度が増え続ける活動に加担しない
自然が物理的な方法で劣化する活動に加担しない
さらに
人々が自らの基本的ニーズを満たそうとする行動を妨げる状況を作り出す活動に加担しない
①健康、②影響力、③能力
④公平、⑤意味・意義

出典：株式会社ビジネスコンサルタント NSC定期勉強会発表資料（2019年11月）
COPYRIGHT The Natural Step

ニーズを満たそうとする行動を妨げる状況を作りだしてはならない（具体的には健康・影響力・能力・公平・意味/意義）です＊7。

Future-Fitビジネス・ベンチマークは、この持続可能性4原則に基づいて、Future-Fitな（未来のあるべき持続可能な）社会の8つの特性を図10のとおり提示しています。そして、この特性から、企業が使える指標を導きだしています。

図10　Future-Fitな社会の8つの特性

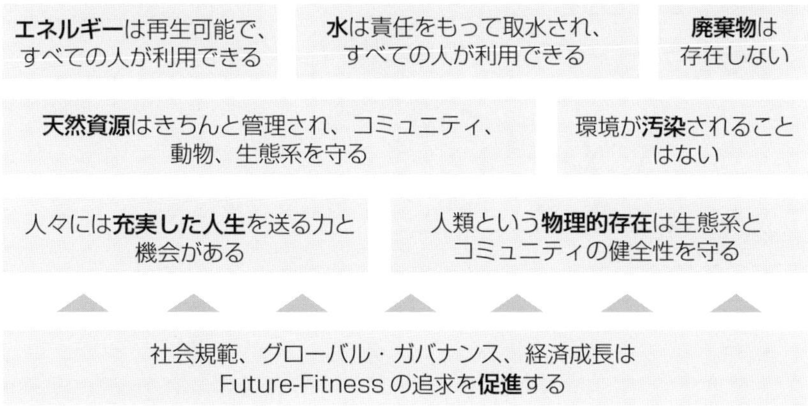

エネルギーは再生可能で、すべての人が利用できる
水は責任をもって取水され、すべての人が利用できる
廃棄物は存在しない
天然資源はきちんと管理され、コミュニティ、動物、生態系を守る
環境が汚染されることはない
人々には充実した人生を送る力と機会がある
人類という物理的存在は生態系とコミュニティの健全性を守る
社会規範、グローバル・ガバナンス、経済成長はFuture-Fitnessの追求を促進する

出典：Future-Fit Foundation（2020）「Future-Fitビジネス・ベンチマーク　メソドロジーガイド Release 2.2」

この8つの特性は、持続可能な社会を目指す上で、企業が何をしなければいけないのか指し示しています。図11の中心に未来のあるべき持続可能な社会が示されていますが、その左側が事業活動などによって環境や社会に大きな負荷がかかっている現在の状況です。現在の状況から未来のあるべき持続可能な（Future-Fitな）社会に到達するために企業が達成を目指すべきなのが23の損益分岐ゴールです。そして、右側は、持続可能性がさらに強化された社会であり、これに貢献するのが24のポジティブな取り組みです。Future-Fitの損益分岐ゴールやポジティブな取り組みには、目標年は設定されていません。

Future-Fitビジネス・ベンチマークがカバーする課題領域はSDGsよりも広く、文化、信頼、企業のロビー活動・納税や倫理なども含んでいます。また、図12のとおり、23の損益分岐ゴール（BE）はサプライチェーン全体を網羅しています。

＊7　株式会社ビジネスコンサルタントウェブサイトhttps://www.bcon.jp/keywords/4rule/
The Natural Stepウェブサイト（英語）https://thenaturalstep.org/

図11　「未来のあるべき姿」＝Future-Fitなビジネスを描く

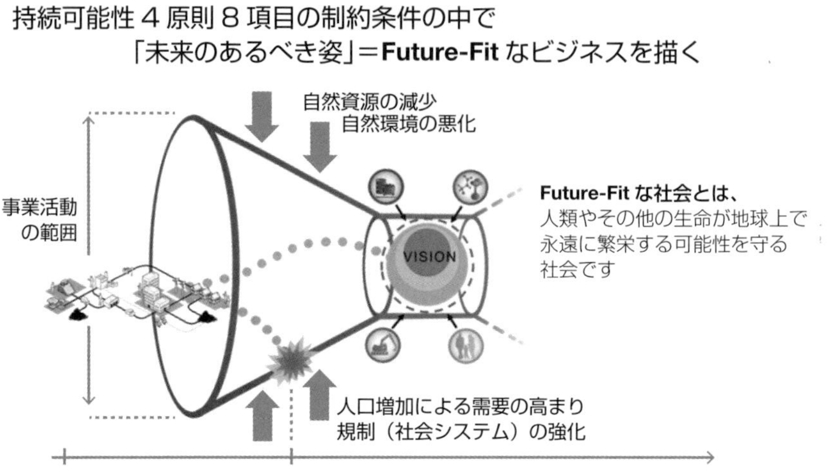

出典：株式会社ビジネスコンサルタントNSC定期勉強会発表資料（2019年）
COPYRIGHT The Natural Step

図12　Future-Fit概念図

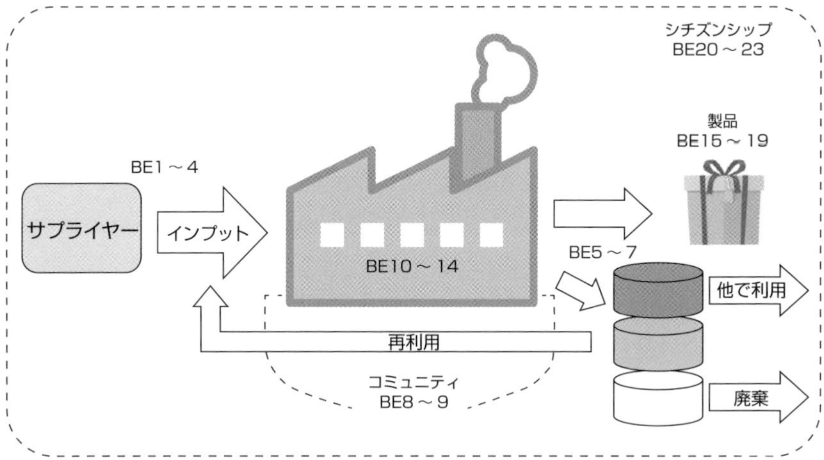

出典：株式会社ビジネスコンサルタントNSC定期勉強会発表資料（2019年）

Future-Fitビジネス・ベンチマークの使い方

Future-Fitビジネス・ベンチマークをSDGsの取り組みのKPIツールとして使うことで、4-4節で説明した目標を設定する際のステップを省き、意欲度の高い目標を設定することができます。Future-Fitビジネス・ベンチマークは地球のあるべき姿から逆算して作られており、ゴールの中には、野心的で達成がほぼ不可能と思われるゴールもありますが、どうすればそれを達成していけるか考えていくことが大事です。同時にすべての損益分岐ゴールについてすぐに100%の達成度を目指すのが難しい時は損益分岐ゴールの中でも優先するゴールを決めるとよいでしょう。

優先するゴールの決め方は4-4節で説明した優先課題の特定の方法を参考にしてください。また、指標の達成度を計算する際のデータを揃えることが難しい場合もあるかもしれません。その場合は、すでにデータを取っている指標で代用できるか検討してもよいでしょう。

Future-Fitビジネス・ベンチマークはKPIツールではありますが、目標設定のツールとして優先課題の決定に使えるだけでなく、報告とコミュニケーションにも利用できます。Future-Fitビジネス・ベンチマークは持続可能性の原則に基づいて、SDGsのように「持続可能なあるべき未来」をKPIの根拠として描いています。そのため、このツールをSDGsの代わりとして、またはSDGsの目標やターゲットを補強する材料として使うことが可能です。

Future-Fitビジネス・ベンチマークは多くの企業・投資家に使ってもらえるように無料で公開されています。日本では株式会社ビジネスコンサルタントが日本語に翻訳し、オンラインで公開するとともに、各企業が使いこなすためのコンサルティングサービスを行っています。

MEMO

第5章

統合と実践

本章では、第４章で設定した目標をどのように組織に統合し、定着させられるか、また、目標達成のためにどのような実践が考えられるか説明します。その際、第３章で紹介した枠組みをもとに、企業の取り組み事例を示しながら、前半で統合の要素、後半で実践の種類について説明していきます。自社の状況に照らし合わせながら、取り組みやすいところから始めるとよいでしょう。

本章で紹介する統合の要素や実践の種類は互いにかかわりあっていることから、統合と実践の反復作業の中で、自社に適した方法を見つけていってください。

※本章はGCNJ・IGES（2018）「未来につなげるSDGsとビジネス」に依拠しています

5-1 持続可能性に関する目標を企業に定着させる

持続可能性に関する目標を企業に定着させることは、よりよいSDGsの実践につながります。では、目標を定着させるにはどのような要素が必要なのでしょうか。

企業理念の理解、わかりやすいKPI、トップの理解とコミットメント

SDGsの実践に向けて持続可能性に関する**目標**を定着させるためには、**企業理念**への理解を促進すること、**わかりやすいKPI**を設定すること、**経営トップの理解とコミットメント**を得ること、などが特に重要です。第４章で説明したとおり、SDGsに通じる企業理念を持ち、その理解を社内で深めることは、SDGsに資する経営戦略や計画を策定したり、SDGs達成に資する事業を展開することにつながります。そのため、企業理念について社員が深く考え、理念に基づいた事業を発案・実施・発表・表彰する機会を設ける企業もあります。

また、「ダウ・ジョーンズ・サステナビリティ・インデックス（DJSI）のランキングで最上位のゴールドクラスに入る」や「〇年までにゼロカーボンを達成する」といったわかりやすいKPIは、社員が理解・共有しやすいため、SDGsの実践を進める上での羅針盤の役割を果たします。こうしたKPIを後述する社内の仕組み（報酬制度や人事制度）に関連付けることで、目標の定着はさらに進みます。

そして、経営トップや幹部によるSDGsや持続可能性に関する認識とコミットメントもSDGsの取り組みの進展に大きく影響する要素です。第４章の冒頭で説明したとおり、この要素が確保できない場合、統合・実践の規模は縮小せざるを得ないほどの影響を持ちます。反対に、この要素があれば、統合・実践は大きく進みます。経営トップがSDGsや持続可能性の重要性を深く認識していない場合、認識を高める方法はいくつかあります。例えば、取締役会などにおいてCSRあるいはSDGsに関わる方針や戦略の検討を行うこと、経営トップがSDGsに関連するインタビューや対談、イベント登壇を行うことなどは有効な手段です。これは公の場で発言するための準備を通じて理解を深めることができ、そうした場での相手の発言も直接トップの耳に届くと考えられるためです。また、投資家向けIR説明会、責任ある機

関投資家の諸原則であるスチュワードシップコードへの対応、外部取締役からの指摘なども、経営トップのSDGsに対する認識を高める手段といえます。さらに、業界団体レベルの取り組み（例えば、経団連の企業行動憲章にSDGsが組み込まれたこと）も、経営トップがSDGsの認識と取り組みを進化させるでしょう。以下に、目標の定着について参考になる企業の取り組み事例を紹介します。

企業の実践例

- A社の社長は、SDGsの実施を推進する国際機関の要人との意見交換を通じて、自社の理念やビジョンとSDGsの関連性について理解を深めました。この機会が自社におけるSDGs推進へのコミットメント強化につながりました。
- SDGsを経営や事業活動に取り入れていくことの重要性を認識しているBグループの社長は、SDG Compassについて学びました。また、グループ全体でSDGsの理解を深めるため、経営会議の場やイントラネットでの情報共有、ポスターによる社内浸透活動などを展開しています。
- 事業を通じた社会貢献を目指すグローバル企業のC社は、企業理念の実践事例を社内でグローバルに共有することで、企業理念を社内に定着させています。この活動により、組織内はもとより、地域・職種を超えて社会的課題の解決、顧客・社会への価値創造について話し合う機会が設けられたほか、企業理念を具現化する取り組みが世界で進められています。

5-2 すべての部門に持続可能性を統合する

持続可能性に関する目標を実践に移すには、組織体制や仕組みを整備し、実践に携わる関係者の認識やスキルを向上させる必要があります。また、これらの要素を実践につなげやすくする上で組織文化も重要な役割を担っています。

組織体制

持続可能性に関する目標を実践に移すには、**組織体制**をいかに整備するかが鍵になります。そこで、自社のSDGsに関する活動の推進主体、部門間の相互連携の仕組みとプロセスを振り返り、必要に応じて変更を検討しましょう。

SDGsの取り組みはあらゆる事業プロセスに影響を及ぼすため、経営が関与できる推進主体の設置が望まれます。例えば、従来のプラスチック容器を代替素材で作るための大規模な設備投資や、サプライチェーンを通じた人権や環境の取り組みには、経営トップのコミットメントや理解、経営判断が必要であり、一部の役員や部署のみで推進することは困難です。これまで日本の多くの企業では、CSR部門が持続可能性に関する取り組みの推進主体を担ってきました。しかし、近年ではSDGsやESGに関する取り組みが事業に深く浸透するにつれて、大企業を中心に、推進主体がCSR部門から経営層や経営企画部門に変わる動きが見られます（表1）。また、推進主体はCSR部門のままであっても、部門を格上げしたり、執行役員直結にしたりといった動きも見られます。これらに加えて、こうした体制が効果的に機能するためには、適切な人員配置や予算の配分も不可欠です。

SDGsの取り組みは優先課題の特定から実践、報告まで幅広い部門が関連することから、部門間、特に各部門の責任者間の相互連携も重要になります。その相互連携を図る場として、部門長で構成されるSDGs委員会などを設置し、取り組みを推進する上での課題を議論することが求められます。また、こうした場での議論を企業としての意思決定に結び付ける体制も必要です。

表1 SDGsの推進活動主体

Q.貴社・団体内でのSDGsの推進活動は、どちらの組織が主体ですか？（複数回答）

	2016	2017	2018	2019
CEO	−	8%	14%	19%
取締役会	2%	5%	6%	9%
経営執行会議体	4%	8%	6%	16%
経営企画部門	−	17%	25%	38%
CSR部門	68%	77%	71%	60%
IR部門	−	7%	5%	12%
新規事業開発	−	2%	6%	6%
事業部門	7%	6%	12%	13%
社内横断プロジェクト	−	7%	9%	8%
総務部門	−	−	−	2%
法務部門	−	−	−	22%
広報部門	−	−	−	15%
特にない	12%	7%	15%	−
その他	7%	12%	3%	−

※GCNJ会員企業・団体を対象にしたアンケート調査の結果。調査対象の7割近くが大企業であることに留意

出典：GCNJ・IGES（2020）「ESG時代におけるSDGsとビジネス」

企業の実践例

・D社では、SDGs・ESGの取り組みを進めるためのESG戦略を策定しています。ESG戦略に関する活動や方向性を議論・決定するために、取締役会の下にESG委員会を設置し、その下にはESG戦略を遂行する各部門の責任者で構成されるESG推進会議を設置しました。こうした体制を整備することでSDGs・ESGの取り組みを経営の中核に据えたほか、社外の有識者から意見を求める体制も整備しています。

・E社では、課長レベルで構成するワーキンググループを立ち上げ、SDGsの観点からマテリアリティを特定しました。また、より経営に統合されたサステナビリティの推進を図るべく、従来、総務・人事系部門の所轄となっていたサステナビリティ専任部署を経営企画系部門へと所轄変更しました。SDGsへの対応を、本業への付随としてではなく、本業そのものとして捉えなおすことで、取り組みを強化しています。

組織の仕組み

SDGsの実践においては、持続可能性に資する取り組みを促進するための仕組みを社内に導入することが有益です。温室効果ガス排出の削減を推進するために社内にカーボン・プライシング制度を導入することや、環境・社会への悪影響を最小化するために、製品のライフサイクルを通じた環境影響（CO_2排出、資源採取、廃棄など）や社会影響（労働条件や健康状態など）を把握し、これらの影響において高い評価を得た製品群を設定することなどが実践例として挙げられます。また、上記のような持続可能性に関する取り組みの達成度が役員や管理職の評価や報酬に反映される仕組みも有益でしょう。特に、企業の中で大きな権限を持っている役員や管理職の報酬に反映されることは、持続可能性に関する取り組みを事業の中核に根付かせる上で効果的といえます（7-9節）。この点は、投資家によるガバナンス項目に対する指摘（執行役員の評価、指名報酬委員会等の透明性や多様性）への対応としても重要です。その他、従業員各人のやる気やイノベーションを引き出す制度も有益でしょう。

企業の実践例

・F社は管理職の業績評価に部下の残業時間を反映させることで、業務効率化を推進しています。以前は有給休暇取得率が低く、残業が減らない状況が続いていました。そこで、働き方改革の一環として、生産性改善目標を部門責任者の個人業績評価の2割に設定しました。部下の残業時間が減るなどの生産性が向上すればボーナスが上がるという残業削減のためのインセンティブを部門責任者に与えることで、業務効率化を推進しています。

・G社では、意欲を持った社員が、所属する部署や業務の垣根を越えてチームを編成し、やりたいことの企画を練り、役員に直接提案するという社員提案プログラムを実施しています。顧客や社会に感動を与えられる新しい価値の創出を目指し、これまで多岐にわたる取り組みを実現させています。

・H社では、全社員が個人で参加する表彰制度があります。顧客が潜在的に抱える問題を見つけ、自らが考える解決策を実行・検証して、その結果を応募するもので、受賞対象となったアイデアは会社の戦略として採用されます。アイデアを審査する上長の能力も求められるため、全社員がイノベーションを起こす方法を考える力を養う訓練になっています。

従業員の認識

SDGsやESGといった持続可能性に関する取り組みを社内で進め、事業の中核に根付かせていくには、従業員の理解と納得が不可欠です。SDGsやESGとはなにか、なぜ自社が取り組む必要があるのか、取り組むことでどのような利点があるのかなどを理解し、納得できていなければ、主体的な取り組みを期待することは難しいでしょう。CSR担当や経営陣のSDGsの認知度に比べて、中間管理職を含む、その他の従業員の認知度は低く、各社は研修の開催やトップによるメッセージの発信など、様々な方法で従業員の認知度向上を図っています。

表2 SDGs認知度向上のための活動

Q.貴社・団体内でのSDGsの認知度向上のために、どのような活動をしていますか？（複数回答）

	2016	2017	2018	2019
研修（e－Learningも含む）	24%	31%	39%	54%
WEBでの周知	24%	31%	44%	56%
社報（紙媒体）での周知	28%	40%	52%	61%
トップメッセージ	27%	40%	56%	61%
専任組織の立上げ	1%	2%	8%	13%
新入社員オリエンテーション	－	23%	36%	44%
管理職研修	－	15%	24%	35%
業績評価への連動	－	1%	2%	2%
行動憲章・行動規範への掲載	－	4%	5%	15%
経営方針説明会などでの言及	－	17%	32%	40%
SDGsバッジなどのグッズの社員への配布	－	－	27%	45%
啓発ポスターなど	－	－	10%	14%
その他	20%	21%	24%	54%
特にない	31%	15%	4%	1%

出典：GCNJ・IGES(2020)「ESG時代におけるSDGsとビジネス」

企業の実践例

- I社では、全社員がSDGsに関する社内ワークショップに参加し、SDGsの理解を深めるとともに、業務を通じて貢献可能なSDGsを抽出し、経営計画に反映させました。また、SDGsと関連のある「再生可能エネルギー100%」「ゼロ・エミッション」などのテーマに関するプロジェクトチームを社員の発案で立ち上げ、全社員が活動に参加しています。これらの活動は新規取引の増加につながるなど、業績向上にも貢献しています。
- J社は、SDGsの実践に貢献する取り組みを、各社員がイントラネットに投稿する全員参加型のプロジェクトを行っています。この取り組みによって、日々の業務がどのSDGsに貢献しているのかについて理解が深まったたけでなく、仕事への意義を感じ、モチベーション向上につながっています。

持続可能性を実践するための風土作りにつながる取り組み

SDGsの取り組みを推進する体制や仕組みが整備され、社員に能力やスキルが備わっていても、取り組みが進まない場合もあります。反対に、体制や仕組み、能力やスキルが不十分であっても、SDGsの取り組みが進む場合もあります。様々な要因が考えられますが、その一つが企業の風土や雰囲気といえるでしょう。風土や雰囲気は、組織の構成要素に対して総合的に取り組むことで変わってくるものではありますが、SDGsの取り組みを遅らせる要因となっている場合、それらを意識的に改善していくことも必要です。

例えば、日本には世界で一番長く男性が育児休業を取得できる制度があります。しかし2018年の取得率は6.16%と非常に低く、その大きな理由の一つが「育児休業を取りづらい職場の雰囲気[*1]」です。多様な人材が多彩に活躍できる職場づくりが不可欠と考える企業の中には、トップのコミットメントのもと、管理職の意識改革などを行い、男性従業員も育児休業を取得しやすい風土を醸成しています（7-7節）。また、昨今のコロナ禍では、在宅・リモートワークが急速に進んでおり、今後このトレンドが定着することが期待されます。

＊1 三菱UFJリサーチ＆コンサルティング（2017）「仕事と育児の両立に関する実態把握のための調査研究事業報告書」

企業の実践例

・K社は、各事業所における社内保育所の設置、育児・介護休業制度の整備などを通して、多様な人材の活躍を推進しています。これらの制度の利用を後押ししているのが、社員間での情報共有です。例えば、従業員が自発的にランチ会などを開催したり、制度の利用体験を共有したり、イントラネットを利用して制度の解説をしたりといったような、社員が協力しあえる雰囲気ができています。
・L社では、働き方改革を含めたSDGsの取り組みを開始したばかりで、制度はあまり充実していません。しかし、社員が要望やアイディアを自由に発し、それらに対して柔軟に対応する風土があります。このような風土があるお陰で、従業員がキャリアの希望を伝えることができ、本人の意思に反して、子供の有無や性別などの属性によってキャリアパスが制限されることが少なくなっています。

5-3 組織運営を通じた実践

ここまでは組織の中でどのように持続可能性を統合・定着させるかについて述べてきました。本節では、組織運営に関するSDGsの実践について説明します。

組織運営に関するSDGsの実践：ダイバーシティ経営

SDGsの実践というと、本業での取り組みに注目が集まりますが、組織運営に関するSDGsの実践も重要です。なぜなら組織運営は、企業活動を通じたSDGsの取り組みを支える重要な役割も担っているからです。

組織運営に関するSDGsの実践には、ガバナンスに関する取り組みの他、多様な人材の確保、柔軟な働き方、ジェンダー平等の推進といった雇用・労働面に関する取り組みと、公害防止、省エネ、グリーン調達といった環境面に関する取り組みがあります。特に雇用・労働面に関する取り組みは、SDGsの目標5（ジェンダー平等）、目標8（働きがい）、目標10（不平等の是正）などに直接貢献できます。

さらに、雇用・労働面の取り組みは、多様な人材を活かすことで、イノベーションを起こし、価値創造につなげる**ダイバーシティ経営**と深く関連します。本業でSDGsの取り組みを進める多くの企業で、従業員の多様性を確保し、活かす様々な試みが行われており、ダイバーシティ経営は企業活動におけるSDGsの実践を強化する手法ともいえます。ダイバーシティは年齢、性別、ジェンダー、障がいの有無、出自、価値観などの多様性を指しますが、これらを包摂し、価値創造につなげる取り組みは、企業の大きさを問わず行われています。特に、日本でダイバーシティ経営を進める上での肝である働き方改革とジェンダー平等に努める企業の事例は、多くの方に参考となるでしょう（7-2節、7-5節、7-6節）。

国の制度や仕組みを利用する

組織運営に関する取り組みを経営レベルで進めることが難しい場合は、国や自治体の制度や仕組みを利用して、少しずつ取り組むことも一案です。例えば、政府は女性活躍の取り組みを後押しするために**えるぼし認定制度**[*2]を設け、公共調達における加点評価をしています。また、仕事と育児の両立支援をしている企業を認定する

＊2 「女性活躍推進法」で定められた一定の基準を満たした企業のうち、より優良とみなされた場合に厚生労働大臣から与えられます。

＊3 仕事と育児の両立支援に取り組む企業に対し、「次世代育成支援対策推進法」に基づき、厚生労働大臣から与えられます。

くるみん認定制度＊3もあり、税制優遇措置が施されています。さらに、若者の採用・育成に積極的で、若者の雇用管理状況などが優良な中小企業を認定する**ユースエール認定制度**＊4もあり、公共調達における加点、関係助成金の加算などが施されています。また、地域の健康課題に即した取り組みや日本健康会議が進める健康増進の取り組みをもとに、特に優良な健康経営を実践している大企業や中小企業などの法人を顕彰する**健康経営優良法人認定制度**もあります。これらの認定制度に加えて、投資家にとって魅力ある銘柄を紹介することで企業への投資を促進する取り組みとして、経済産業省が東京証券取引所と共同で選定・発表している**なでしこ銘柄**＊5などもあります。

環境分野においても、例えば環境省が定めた環境経営システムや環境報告に関するガイドラインに基づく**エコアクション21認証・登録制度**の認証・登録を目指すことで取り組みを進めやすくなるでしょう。この制度も公共調達における加点や多くの金融機関による低利融資などのインセンティブが設けられています。

上記のような制度や仕組みを利用することは、企業が組織運営に関する取り組みを進める足掛かりになるでしょう。しかし、認定を受けたり、銘柄に選ばれることはあくまでもSDGsの取り組みを進める手段です。目的と手段が入れ替わることのないように注意が必要です。

企業の実践例

・M社は、従業員のダイバーシティを尊重し、働きやすい職場環境づくりを進めています。障害者雇用促進法に基づき、子会社を設立し、長年にわたって障害者の雇用を積極的に進めてきました。それにより社会的に弱い立場にいる人々のニーズがわかるようになり、本業で行政の支援をする際にも、多様な視点を反映させたサービスやソリューションを提案・提供することができています。

＊4　企業が求める人材の円滑な採用を支援し、若者とのマッチング向上を図る。「若者雇用促進法」に基づいて厚生労働大臣から与えられます。
＊5　より女性活躍推進に優れた上場企業を「中長期の企業価値向上」を重視する投資家にとって魅力ある銘柄として紹介します。

5-4 企業活動を通じた実践

本節では、本業でSDGsに貢献するためのあり方について、第3章で示した3種の企業活動（①中核的事業、②社会貢献性の強い事業および事業に関係する社会貢献、③市場環境の整備）に沿って述べていきます。

中核的事業を通じた実践

SDGsの取り組みにおいて中核的事業を通じた実践は、企業価値の創造そのものに直結します。第2章ではSDGsの4つの目標だけで、世界で年間12兆ドル以上もの事業機会があるという試算を紹介しました。国内ではデロイトトーマツコンサルティング合同会社がSDGsの各目標の市場規模試算結果を公表しており、市場規模が小さな目標でも70兆円、大きな目標では800兆円程度に上るとしています（図1）。この試算は2017年の世界の市場規模を目標ごとに積み上げたものですが、この中には日本や地域のSDGs課題に関する事業機会も含まれます。

中核的事業を通じた実践は、このように巨大な事業機会を現実へと変えていくものです。その取り組み方は各社の置かれた状況や保有する製品・サービスなどによって様々ではありますが、第4章で決定した優先課題をしっかり見つめ、どのように資源を投入していくべきかを考えることが何よりも重要です。本書では下記の実践例の他に、第7章でコニカミノルタ、花王、太陽住建、不二製油、ユーグレナといった様々な企業による中核的事業を通じた取り組みを掲載しています。また環境省が運営する環境経済情報ポータルサイトでも、環境産業の市場規模・雇用規模の調査結果や先進的な環境ビジネスを展開する企業約20〜30社の成功要因や政策要望などについてまとめていますので、それらをぜひ参考にするとよいでしょう。

図１　SDGsの各目標の市場規模試算結果（2017年）

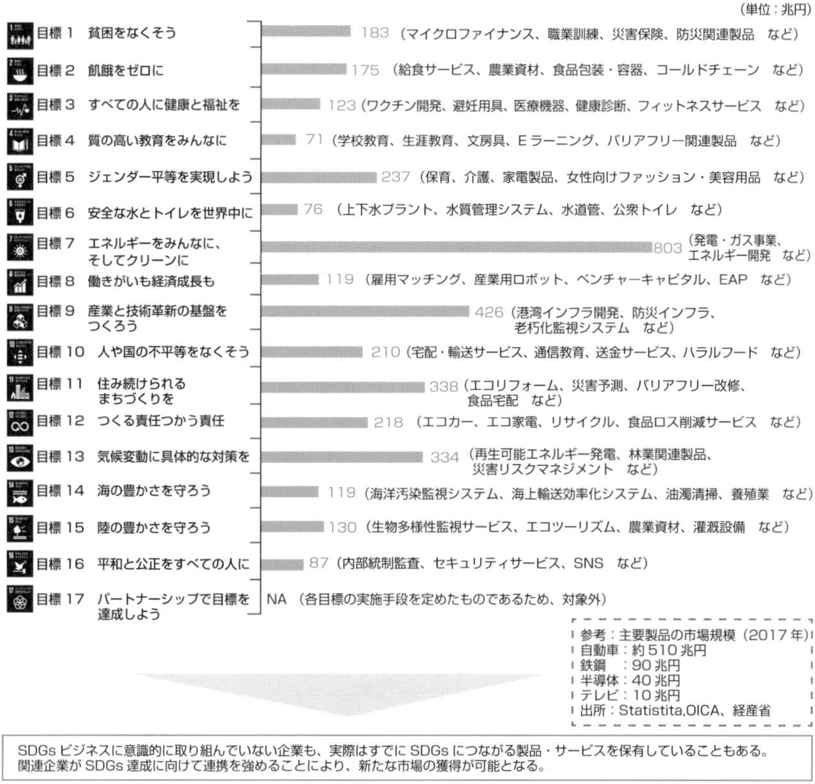

出典：デロイト トーマツグループ公式サイト「SDGs（Sustainable Development Goals）関連ビジネスの世界市場規模を目標ごとに約70～800兆円と試算」

企業の実践例

・食品リサイクル事業を営むN社は、ごみ問題（食品廃棄物の焼却処理に税金がかかる、最終処分場が不足しているなど）と畜産経営の問題（輸入穀物の高騰による飼料費支出の増大など）を同時解決するため、売れ残った食品などを回収し、自社技術によって安価かつ栄養価の高い液体発酵飼料を製造・販売しています。これにより、食品廃棄物のリサイクルや焼却に伴うCO_2排出量も削減しています。

・アパレルブランドのO社は、事業における人権デューディリジェンス（人権への影響の特定・評価、評価結果の統合、措置の実行、実行性の追跡、報告からなる一連のプロセス）を実施しており、もし人権リスクが見つかった場合は、人権推進担当部門が現場の担当者に対して対応策を助言しています。また、取引先工場に対するサステナビリティ監査の結果や主要取引先工場リストを公表するなど、情報開示による透明性の向上にも努めています。

・P社の中国・深圳工場では、地方出身の若手従業員を主な対象とした従業員支援プログラム（CSR意見箱、社会人教育の仕組み、電話・対面の心理カウンセリングなど）を整備しています。その結果、雇用の流動性が高い中国市場において、離職率を深圳市平均の1/3に維持し、最終的に品質向上とコスト低減に寄与しました。

社会貢献性の強い事業および事業に関係する社会貢献

収益が出しづらいものの社会貢献性が強い事業、あるいは事業に関係する社会貢献は、以前は単にコストとして見なされることが多いのが実情でした。しかし近年はESG金融の広まりにより、将来のビジネスへの投資や中長期の経営リスクへの対応として評価されることが可能となってきました。そのためには将来的な収益拡大の見通しや、新しい市場の開拓可能性、地域住民や消費者の支持など、説得力のあるストーリーを説明できることが重要となります。

とはいえ、こうした活動は一時的にはコストとなるでしょう。そこで、国や自治体が提供するSDGs関連の補助金や支援制度を活用したり、国際機関とともにプログラムを実施したりすることも一案です。企業としては政府や国際機関とともに社会課題に積極的に貢献していることがアピールできますし、場合によってはコスト負担の軽減にもつながります。

企業の実践例

・保険会社のQ社は、気温、風量、降水量などの天候指標を設定し、事前に定めた一定条件を満たした場合に定額の保険金を支払う保険商品を通じて、気候変動の影響を受けやすい東南アジアでの農業経営リスクの軽減に貢献しています。この保険商品は、地域での知名度の向上や、他の保険商品の重ね売りの機会創出にもつながっています。
・化粧品メーカーであるR社は、「美」をテーマとするビジョンのもと、シングルマザーにスキルアップと同社の美容部員などでの就労の機会を提供することで、経済的安定とキャリアアップを支援するプログラムを実施しています。その結果、2019年末時点では、受講生の過半数が所得増を達成しています。

市場環境の整備

SDGsの取り組みやESG投資が推進される現在、持続可能性に資する企業が勝ち残っていくための市場環境の整備が求められています。これには政府による規制や基準といったルールの他、産業界の取り組みを先導するような規範、各種の国際イニシアチブなどが含まれます。

例えば、旧「EICC」(Electronic Industry Citizenship Coalition、電子業界のCSRアライアンス)は、電子機器関係のメーカーや大手サプライヤーが自主的に取り組む規範ですが、現在はそれなしでは事業が成り立たないほどの影響力を発揮しています。英国の現代奴隷法や米国カリフォルニア州のサプライチェーン透明法などは、EICCが目標とする法制化にまで至った例であり、もはや調達における環境配慮・人権尊重が電子業界の企業にとっては必須となっています。さらに、EICCは**RBA(Responsible Business Alliance、責任ある企業同盟)**と名称を変更して以降、電子機器以外のセクターにも影響を広げ、現在は自動車や小売企業の参加も増えています。また、第7章で紹介する**日本気候リーダーズ・パートナーシップ**

（JCLP）は、**RE100（事業で使用する電力の再生可能エネルギー100%化）**、**EP100（事業のエネルギー効率を倍増）**、**EV100（輸送手段の電化）**という国際イニシアチブの日本地域パートナーを務めており、日本の窓口として関心のある企業を支援しています。国際イニシアチブへの参加に関心のある企業は、JCLPのような国内プラットフォームへの参加から検討してみてもよいでしょう。

グローバルレベルであれ、国レベルあるいは地域レベルであれ、企業は自社の経験・知見を共有して、こうした環境づくりに積極的に貢献することが期待されています。また、この関与を通じて、企業は他社に先んじて取り組む姿勢を示すとともに、早期にビジネス機会の獲得や経営リスクへの対応を図ることも可能となります。以下の事例の他に、第7章で示すJCLPおよびDSMの取り組みも参考になるでしょう。

企業の実践例

・空調大手のS社は、業界団体や経済産業省との協働により、エアコン利用が拡大する新興国で、省エネ性能を適切に評価するための指標やラベルの導入、次世代冷媒を普及するための支援を行いました。それにより、オゾン層保護・地球温暖化抑制への貢献を進めつつ、コア事業であるエアコンの普及拡大を実現しています。
・T社は、食品廃棄物からリキッド発酵飼料を製造し、畜産農家に供給しています。同社は、健全なリサイクルによってマーケットを成熟させることが不可欠という考えに基づき、他社の食品廃棄物リサイクル事業の立ち上げを支援したり、法律・規制の改正に向けて政府の審議会に資料提供するなど、積極的な取り組みを進めています。

5-5 パートナーシップを通じた実践

これまで組織運営や企業活動を通じたSDGsの実践とその例を説明しましたが、一社でできることには限界があります。そのため、パートナーシップを通じた取り組みが重要です。

パートナーシップの重要性

前節で組織運営や企業活動を通じた実践を説明した際、様々な形態のパートナーシップについても紹介しました。パートナーシップは一社でできることの限界を超えて価値を創造することを可能にします。他社、政府、その他のステークホルダーとの協働によって、新たな視点や資源を得られるだけでなく、互いの強みを活かすことでイノベーションを起こすことができます。SDGsの実践には様々なパートナーシップが活用できます。

サプライチェーン・パートナーシップ

製品による環境・社会への悪影響を防ぐためには、その製品のサプライチェーンに関わる多様なステークホルダーの関与・連携が必要です。サプライチェーン上のステークホルダーがパートナーシップを組む例として、**持続可能なパーム油のための円卓会議（RSPO）**や**クリーン・オーシャン・マテリアル・アライアンス（CLOMA）**があります。RSPOはパーム油に関わる様々なステークホルダー（アブラヤシ生産者、製油業・商社、消費者製品製造業、環境・自然保護NGO、社会・開発NGO、銀行・投資家、小売業）によって構成され、持続可能なパーム油が標準となるように市場を変革することをビジョンに掲げています。

RSPOでは、持続可能なパーム油の生産と流通を第三者が認証する制度を確立しており、企業はこのパートナーシップに参加することでパーム油に関するリスクに対応し、認証を取ることで国際競争に備えることができます。CLOMAは海洋プラスチックごみ問題の解決に向けて、業種を超えた幅広い関係者が官民連携でイノベーションを加速するためのプラットフォームです。

業界別イニシアチブ、企業間パートナーシップなど

業界内の他社とパートナーシップを組むことは情報共有ができるだけでなく、業界として力を合わせて市場を整備することができるため有益です。例えば、国際的には**WBCSD（持続可能な開発のための世界経済人会議）**などが策定した化学セクターと森林セクターを対象とする2つのSDGロードマップがその代表例といえます。また、国内では日本化学工業協会や日本証券業協会がいち早くSDGsへの取り組みを開始しました。業界ごとに様々なイニチアチブがあるので、調べてみるとよいでしょう。

こうしたイニシアチブが進む背景として、SDGsや持続可能性を重視する企業間パートナーシップの存在が挙げられます。例えば、WBCSDは、持続可能な開発を目指す企業約200社のCEOの集まりです。日本では、**グローバル・コンパクト・ネットワーク・ジャパン（GCNJ）**などが積極的に活動を展開しており、SDGsの実践について参加企業・団体が学び、情報交換する場を提供しています。

地域における多様なステークホルダーとのパートナーシップ

主に地域で活動する企業にとっては、地域内でのSDGs実施のためのパートナーシップが重要でしょう。環境省は地域での学び合いやネットワークづくり、SDGsビジネスの実現に向けて、多様なステークホルダーと連携するためのプラットフォーム[*6]を作り、民間企業、協同組合、社団法人、財団法人、NPO、金融機関などの登録を呼び掛けています。また、地域レベルでも企業に対して独自の支援制度を設けている場合もあるので確認してみるとよいでしょう。例えば長野県が**SDGs推進企業登録制度**を創設したり、滋賀県では「滋賀のありたい姿」から見た社会的課題の解決につながる新しいビジネスを創出するための**滋賀SDGｓ×イノベーションハブ**を創設しています。さらに、政府の**SDGsアクションプラン**[*7]には各省庁のSDGs関連施策が整理されているので、その中から関連の深いものを活用していくことも一案です。第7章でも、行政、社会福祉団体、自治会といった多様なステークホルダーとの協働を通じてSDGsを実践している企業の例や、他業界とオープンイノベーションで事業を進める企業の例も紹介しているので、ぜひ参考にしてみてください。

＊6　環境省 ローカルSDGs地域循環共生圏づくりプラットフォーム（http://chiikijunkan.env.go.jp/）
＊7　SDGsアクションプラン2020（https://www.mofa.go.jp/mofaj/files/100050996.pdf）

第6章

報告とコミュニケーション

第５章までに、企業がSDGsに取り組む際の考え方、戦略の構築とその実施方法について解説をしてきました。本章ではそれらの取り組み結果や今後の状況について企業内外のステークホルダーに報告し、コミュニケーションをとることの意義および方法などについて述べていきます。

6-1 報告・コミュニケーションの意義と対象

本節では、SDGsに関する報告とコミュニケーションを行う際に知っておくべき、報告とコミュニケーションの重要性、SDGs情報を統合することの意義、様々な報告媒体、ステークホルダーによって異なる情報開示について述べていきます。

なぜ報告・コミュニケーションをすることが重要か

SDGsのターゲット12.6では各国政府に「特に大企業や多国籍企業などに対し、持続可能な取り組みを導入し、持続可能性に関する情報を定期報告に盛り込むよう奨励すること」を求めています。では、なぜ企業による報告がそれほど重視されているのでしょうか。

持続可能性に関する報告とは、企業経営を通じて発生する環境、社会、経済への顕著な影響（正と負の両方の影響）について、組織内外の**ステークホルダー**に報告することを指します。ここでいうステークホルダーとは、企業の活動・製品・サービスや意思決定に、①影響を及ぼす、②影響を受ける、もしくは③相互に影響を及ぼし合う人や組織を指し、具体的には金融関係者（投資家、債権者など）、ESG評価機関、従業員、取引先、サプライヤー、顧客・消費者、地域社会、NGO・NPOなどの市民社会組織、政府・自治体などが含まれます。また、企業によっては地球そのものをステークホルダーと捉えているところもあります。

環境、社会、経済への顕著な影響を伝える持続可能性報告は、様々なステークホルダーに対して透明性を確保し、説明責任を果たす第一歩となります。また、規模の大小にかかわらず、企業は報告に関する一連のプロセスを通じて、ステークホルダーと意義あるコミュニケーションを行うことで、企業活動や戦略を改善し、新たな資金やビジネスを呼び込むことにもつなげられます。逆にいえば、報告をしないと隠ぺい体質と思われたりビジネスチャンスを逃すことにもなりかねません。よって持続可能性報告は、経営のための重要な戦略的ツールといえます。

報告にSDGs情報を統合することの意義

SDGsは、持続可能な開発の実現を目指し、2030年までを期限として世界が一体となって目指す**ありたい姿**としての17の目標と、その目標を達成するために必要な169のターゲットから成り立っています。このように世界の幅広い課題を具体的かつ包括的に示すSDGsは、企業報告においても持続可能性に関する共通言語として機能します。例えば、SDGsの文脈の中で取り組みの達成度を評価したり、ステークホルダーとの共通の関心事について対話とパートナーシップを促進します。また、それによって投資や政府の支援を引き出すことにもつなげられるでしょう。

SDGs Compassでは、企業がSDGsの取り組みについて報告を行う際に、従来の報告様式や報告書を選択することも、簡潔な独立型の報告書などの作成を選択することもできるとしています。しかし本書では、従来の報告様式や報告書の中でSDGsへの取り組みを開示することを推奨します。その理由は、事業のプロセスや目標そのものに、SDGsという社会目標を組み込んで事業を行うことが求められているからこそ、本業の報告媒体であるIR報告書やサステナビリティ報告書などで述べることが望ましいと考えるためです。また、後者の場合は、実態以上にSDGsへの貢献を強調したり、良い取り組みばかりを並べたりして環境や人権への負の影響を隠すことになったりと、いわゆる**SDGsウォッシュ**につながる可能性も高くなるためです。

様々な報告媒体とSDGs報告

企業が行う報告には、会社法や金融商品取引法に基づく事業報告書や有価証券報告書、証券取引所規則などの上場規制に基づく決算短信などの他、企業が自主的に作成するアニュアルレポートやサステナビリティ報告書、CSR報告書などがあります。また、こうした報告書の他に、会社のウェブサイト、ソーシャルメディア、広告などを活用して情報を発信していくことも可能です。

これらの報告媒体で掲載される情報は、大きくは財務情報と非財務情報に区分できます。前者には損益計算書、貸借対照表、キャッシュ・フロー計算書などが含まれ、後者にはそれ以外の情報（経営戦略・経営課題、長期ビジョン、ガバナンス、SDGsを含む環境・社会の持続可能性などに関する情報）が含まれます。そのため企業がSDGsを含める形で持続可能性に関する報告（SDGs報告）を行うにあたっては、誰に向けて、どのような媒体で、いかなる情報を開示するのかをよく検討しなければなりません。

なお、やや紛らわしいのですが、本書では報告書と報告の用語を次のように使い分けています。報告書は財務・非財務の情報を掲載する媒体の一つで、報告は情報を開示するという行為を表しています。言い換えると、SDGs報告は、様々な報告書や他の媒体を通じて行われることになります。図1は、主な報告書の種類と、想定される主な利用者を示しています。

図1　主な報告書の種類・利用者とSDGs報告の関係

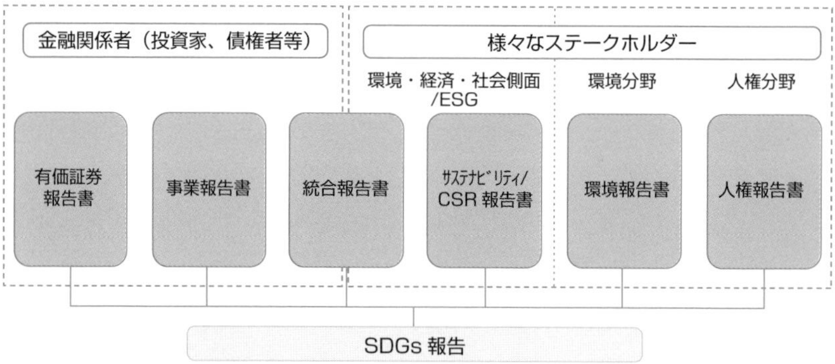

出典：環境省（2019）「環境報告のための解説書～環境報告ガイドライン2018版対応～」を一部改変

ステークホルダーによって異なる情報ニーズ

環境や社会に与える影響についての情報開示は、企業の社会的責任の一環として取り組まれてきましたが、近年はESG投資への対応という側面が強くなりつつあります。これまでの投資判断においては、過去から直近の業績を知るのに有効な財務情報が重視されてきました。しかし気候変動問題や人権侵害の深刻さが認識されるにつれて、また、そのような問題に対処するための組織体制も重視されるようになり、企業経営の持続可能性や長期的な収益性を評価するために、ESGの要素を含む非財務情報が重視されるようになってきたのです。実際に、有価証券報告書やアニュアルレポートなど財務情報を中心に掲載してきた報告書においても、持続可能性やSDGsへの言及が増加しています。

投資家（主に機関投資家）は、企業が開示する情報だけでなく、ESG評価機関が各企業の取り組みを評価・格付けした結果を活用して投資決定を行うことも少なくありません。評価機関の調査・評価方法は様々ですが、公開していない情報については、たとえ環境・社会に良いことをしても「何もしていない」とみなされてしまうため、開示しないことのデメリットもよく認識する必要があります。

SDGs報告の重要性が増しているのは、投資のみならず融資においても同様です。第2章では**責任銀行原則（PRB）**を紹介しました。これに署名した銀行は、環境、経済、社会に及ぼす正の影響を最大化し、負の影響を低減するための分析や目標設定、実施の進捗状況に関する説明責任が求められています。また、国内では地域金融機関を含めて、ESG融資を進めるための様々な制度（サステナビリティローン、環境格付け融資、ESG地域金融など）も整ってきています[*1]。投資よりも融資が盛んな日本ですから、上場企業はもとより非上場の企業にとっても、SDGs報告は今後ますます求められるようになっていくと考えられます。

さらに、従業員に対しては、SDGs報告を通じて会社の存在意義や一人一人に期待される役割に関する理解を促進し、仕事への情熱を持ってもらうことに繋げられますし、消費者には持続可能な製品やサービスを選択してもらう機会が増えるでしょう。その他にも、SDGsへの取り組みに関する説明責任が果たされ、企業の真摯な姿勢が伝われば、操業地域の住民やNGOなどからの支持も得やすくなると考えられます。表1では、ステークホルダーごとの情報ニーズをまとめています。また図2では、ESG投資における各ステークホルダーの関係性を示していますので、ここでおおよそのイメージを掴んでおくと良いでしょう。

＊1　これらの融資の手法については、例えばQuick ESG研究所ウェブサイトの「【水口教授のESG通信】融資とESG－グリーンローンからESG地域金融へ」（https://www.esg.quick.co.jp/research/1051）に詳しく解説されています。

表1　各ステークホルダーの情報ニーズ

ステークホルダー	情報ニーズ
投資家（主に機関投資家）	将来性判断のための価値創造につながる重要課題と戦略
ESG評価機関	評価のための比較可能な客観的なデータ
従業員・労働者 学生（将来の社員）	労働環境に関する情報
NGO/NPO・市民社会	特定の個別課題の取り組みに関する情報
行政	法令要求事項への対応状況
BtoB顧客（公共調達を含む）	サプライチェーンでの社会面・環境面・企業のガバナンスへの対応状況
消費者（BtoC顧客）	購入判断に資する情報 アクセスしやすさ、比較しやすさ

出典：企業活力研究所（2018）「新時代の非財務情報開示のあり方に関する調査研究報告書～多様なステークホルダーとのより良い関係構築に向けて～」を一部改変

図2　ESG投資における情報と投資の流れ

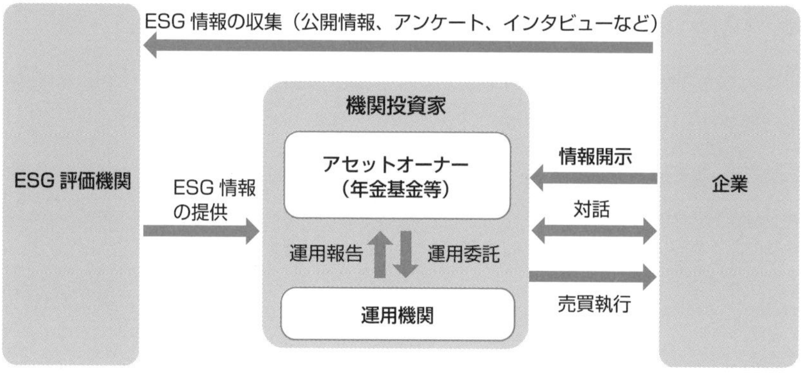

出典：SPEEDA総研「変化する情報開示～注目高まるESG」などを参考に著者作成

6-2 報告の手順と枠組みを見る視点

本節では、まず報告を行う際の基本的手順と開示するデータのあり方について解説し、その後、SDGs情報を開示する上で参考となる様々な報告や枠組みの特徴を把握するための視点などについて述べていきます。

SDGs報告を行う際の基本的手順

SDGs報告は、基本的には次の手順で進められます。ただし実際には、この手順どおりにスムーズに進むわけではなく、行ったり来たりを繰り返す場合もあるでしょう。報告は自社ですべて行う場合もあれば、コンサルティング会社の力を借りながら進めることもできます。また必要に応じて、第三者の検証を受けて、報告の信頼性を向上させたり、報告枠組みに準拠することを示したりする場合もあります。

①組織体制を構築する

第３章で述べたとおり、SDGsは企業経営のすべてに関係していることから、報告も担当部局だけで完結せず、全部門あるいはグループ全社に関係するものと捉えることが必要です。また、SDGs報告の重要な要素の一つは、会社の現状や進むべき方向性、そして持続可能性に貢献するという経営トップの強い意思を内外に示すことです。そのため、経営トップ自らが報告を支えていくことが不可欠となります。報告を準備する過程で全社的な協力を仰ぐには、例えば取締役会の直下にサステナビリティ担当部門を設けるなど、経営トップと担当部局が意思疎通を図れる組織体制も必要となります。そのためにも持続可能な開発課題およびSDGsに取り組むことや、その報告を行うことの意義を日頃から経営トップに伝え、理解してもらうことが重要になります。

②目的や対象を決定する

前述のとおり、各ステークホルダーによって情報ニーズが異なるため、誰に向けてどのような情報を開示し、それによって何を達成するかを検討することが重要です。

③報告する媒体とそれぞれで報告する範囲を決定する

報告媒体は報告書の他にウェブサイトなどもあることを述べました。大企業では多くの場合、財務情報を報告するアニュアルレポートと非財務情報を報告するサステナビリティ報告書を作成したり、それらを有機的に統合した統合報告書を作成しています。また、詳細なデータはデータブックやウェブサイトなどで開示しているというケースもあります。中堅・中小企業の場合は、いきなり高度な内容の報告を目指すのではなく、まずは環境や雇用・労働などのテーマについて自社のホームページやブログなどによる簡易な報告から始めることも一案です。また、海外で事業を展開する企業は、日本語に加えて英語や現地語での情報開示も重要です。

④開示する項目を決定する

報告書ではマテリアルな（重要な）項目に焦点をおいた情報開示が求められます。このマテリアルな項目の特定のあり方については次節以降で解説しますが、第４章で特定した優先的に取り組む課題やSDGsのターゲット群は、その重要なインプットとなります。

⑤データや必要な情報を収集する

第４章で示したプロセスを通じて選定または新たに構築した各指標に関連する定量的および定性的データを定期的に収集します。この段階で、特に社内の各部署あるいはグループ企業の協力を得ることが必要になるでしょう。

⑥報告書などを作成する

担当者としては、この段階が最も時間と労力を要します。SDGsに関する報告は、できる限り確立された報告枠組みに基づくことが望ましいです。これは社内外のステークホルダーとの円滑なコミュニケーションに資するだけでなく、SDGsウォッシュを避けるという観点からも重要です。報告枠組みは様々にありますが、この後で詳しく述べていきます。

図3は、ある企業が2018年度のサステナビリティレポートを作成した際の手順です。ぜひ参考にしていただくと良いでしょう。

図3　ある企業の2018年版サステナビリティレポート作成の流れ

10月	11月	12月	1月	2月	3月	4月	5月	6月	7月	8月
	企画骨子決定	全体構成決定					前半頁完成		完成 Web公開	
・企画案検討	・統合報告担当者とのミーティング ・企画・全体構成検討 ・社内キックオフミーティング	・前半頁「経営の考え方と全体像」作成 ・制作会社決定	・部門長への確認依頼 ・ヒアリングをもとに、重要課題上位概念「考え方・マネジメント」作成	・ESGデータベース完成	・「実践報告」ページ作成 ・サステナビリティ担当者説明会実施	・原稿作成 ・役員インタビューと撮影「ステークホルダーとの共創共生」	・原稿作成 ・第三者保証確認開始	・原稿作成 ・データ集、第三者保証ページ作成 ・英語版着手	・英語版リリース ・日本語版リリース	・GRI対照表完成

効果的な報告に求められる要素と開示するデータのあり方

第３章で取り上げた「SDGsを企業報告に統合するための実践ガイド」（実践ガイド）では、効果的な報告に求められる要素として４つの"C"と開示するデータのあり方について紹介しています。

４つのCとは、**簡潔（Concise）**、**一貫性（Consistent）**、**現行・最新（Current）**、**比較可能（Comparable）**のことであり、それぞれ以下の意味合いがあります。

表２ 効果的な報告に求められる４つのC

４つのC	概要
簡潔（Concise）な報告	優先的に取り組む最もマテリアルな情報に焦点を当て、乱雑さと情報過多を避けている。
一貫性（Consistent）のある報告	パフォーマンスに関する経年の傾向に関する評価を可能にし、データの本質的意味の理解とマネジメントを可能とする。
現行・最新（Current）を示す報告	過去の出来事を示すバックミラーではなく、事業やインパクト、ビジネス機会の可能性についての洞察を与える有効な窓口となる。
比較可能（Comparable）な報告	同業者との比較によるパフォーマンス評価を可能にすることで、企業がインパクトを追跡・評価し、経年で改善するための意思決定を行えるようにする。

また実践ガイドでは、データのあり方について、可能な場合には集約されたデータと地域別データの両方を公開すべきと述べています。これは気候変動などの地球規模のインパクトの視点と、コミュニティ開発などによる地域へのインパクトの視点は分けて考える必要があるためです。

様々な報告枠組みの特徴を把握するための視点

国内外で参照されている**報告枠組み**は多岐に渡っており、それぞれに特徴があります。それらを紹介するにあたり、ここでは各枠組みの特徴を素早く把握する４つの視点を挙げておきます。

①国際的に参照されているものか、国内企業向けに作成されたものか
②投資家など金融関係者を対象とするものか、投資家を含む様々なステークホルダー（SH）を対象とするものか
③環境（E）・社会（S）・ガバナンス（G）全般をカバーするものか、個別課題に特化するものか
④報告のための詳細な規則やルールを定める細則主義に基づくものか、報告のための原則や規範を示し内容を報告主体に委ねる原則主義に基づくものか

特に、②のポイントは重要です。というのも、報告枠組みの中では、重要性／マテリアリティ、持続可能性／サステナビリティ、影響／インパクトなどのキーワードがでてきます。通常、様々なステークホルダーを対象とする枠組みの場合は「環境や社会にとってどうなのか」という視点でこれらについて語ることが求められます。他方、投資家などの金融関係者を対象とする報告枠組みの場合は「企業経営や財務にとってどうなのか」という視点で語ることが求められており、報告の目的によって開示する内容や進捗評価項目が変わってくるからです（148ページのコラムも参照）。

なお、日本では環境報告書やCSR報告書から持続可能性報告が発展してきた経緯もあり、様々なステークホルダー向けの情報開示が多くなっています。そのため投資家などの金融関係者からは、求める情報の開示が不十分という指摘がなされています＊2。表３では非財務情報に関する主な報告枠組みと上記①～④の視点で整理したそれぞれの特徴、そして、いわゆる報告枠組みではないもののSDGs報告の際に活用可能な制度などを記載しています。

＊2　例えば、エッジインターナショナルによる「統合報告書2018年版調査 ～マテリアリティ～」（http://www.edge-intl.co.jp/library/s2019_17.html）や、生命保険協会による「生命保険会社の資産運用を通じた「株式市場の活性化」と「持続可能な社会の実現」に向けた取組について」（https://www.seiho.or.jp/info/news/2019/20190419_3.html）などがあります。

表3　非財務情報に関する主な報告枠組みと特徴

GRIスタンダード（by Global Reporting Initiative（GRI））			
①国際	②様々なSH	③ESG全般	④細則主義
国際統合報告フレームワーク（by 国際統合報告評議会（IIRC））			
①国際	②投資家など	③ESG全般	④原則主義
価値協創ガイダンス（by 経済産業省）			
①国内	②投資家	③ESG全般	④原則主義
SASBスタンダード（by サステナビリティ会計基準審議会（SASB：サスビー））			
①国際	②投資家	③ESG全般	④細則主義
TCFD提言（by 気候関連財務情報開示タスクフォース（TCFD））			
①国際	②投資家など	③環境	④原則主義
CDP質問書（by CDP）（旧カーボン・ディスクロージャー・プロジェクト））			
①国際	②投資家など	③環境	④細則主義
コーポレートガバナンス・コードに関する報告書の記載要領（by東京証券取引所）			
①国内	②投資家など	③ガバナンス	④細則主義
有価証券報告書の記述情報の開示に関する原則（by 金融庁）			
①国内	②投資家	③ESG全般	④原則主義
国連指導原則報告フレームワーク（by Shift、Mazars）			
①国際	②様々なSH	③人権	④細則主義
環境報告ガイドライン2018年版（by 環境省）			
①国内	②様々なSH	③環境	④原則と細則の両主義を兼ねる
その他、非財務情報の報告枠組みではないもののSDGs報告に活用可能な制度など			
・エコアクション21（環境省） ・WEPsジェンダーギャップ分析ツール（UN Women）、WEPs問診票 ・くるみん認定、えるぼし認定、ユースエール認定（厚生労働省） ・健康経営優良法人（経済産業省） ・Future-Fitビジネス・ベンチマーク（Future-Fit財団） ・自発的国別レビュー（VNR）ハンドブック（国連経済社会局）			

出典：著者作成

どの報告枠組みを使うべきか

様々に特徴が異なる報告枠組みを前にして、実際にどこから手を付ければよいのか、全部読んで理解しなければいけないのか、各報告枠組みに沿った報告書をそれぞれ作らなければいけないのか、などと悩まれる方も多いかと思います。結論を先にいうと、作成が義務である有価証券報告書やコーポレート・ガバナンス報告書を除いてどの報告媒体を使ってどのように報告するかは各企業の裁量にゆだねられています。また、その際にどの枠組みを参照するのか、一つなのか、複数を組み合わせて使うのかについても、各社が自主的に判断してまったく問題ありません（もちろん枠組みによっては、準拠・参照する際の取り決めはあります）。

本書では、報告をはじめて担当する方・企業には、以下の４つの理由によりGRIスタンダードから着手することをお勧めします。

①GRIスタンダードは日本語訳も出ており、なぜ環境・社会の持続可能性の確保が重要なのかという背景情報も含めて、報告の必要性や考え方、求められる開示項目などを網羅的に提供していること。
②本書は、持続可能な開発の実現およびSDGsの達成に向けて、規模の大小にかかわらず、あらゆる企業の取り組みを後押しすることを目指しています。そのため投資家など限られた人々に焦点を置くよりも、まずは様々なステークホルダーに伝わる情報開示を重視していること。
③GRIスタンダードから出発して、投資家向けの情報にアレンジしたり、環境・人権といった特定課題に関する情報を追加したりすることが可能であること。
④本書の主要参考文献である「SDG Compass」や「SDGsに関するビジネス・レポーティング」シリーズは、GRIが国連グローバル・コンパクトなどと作成しており、GRIスタンダードとの親和性が高いこと。

そこで次節以降では、まずGRIスタンダードの概要とそれを用いたSDGs報告で含めるべき内容を説明します。その後、投資家向けのSDGs報告と、個別分野の開示枠組みなどについて紹介していきます。

column

情報開示におけるESGとSDGsのアプローチの違い

ここまで何度も出てきたESGは、金融視点からではあるものの、持続可能な開発を志向する方向性は同じであるため、SDGsとの違いを明確に語ってきませんでした。しかし報告においては、ESGとSDGsのアプローチの違いを認識して開示する内容を検討する必要があります。

図4をご覧ください。やや極端な言い方かもしれませんが、従来の金融では環境や社会への貢献を特段考慮することなく（つまり1と2の領域を分け隔てなく）、財務や経営へのインパクトを重視してきました。これがESGによって環境や社会への貢献（つまり2の領域）を積極的に評価するようになってきたのです（ただし2をどの程度重視するかは人によって異なります）。

一方、SDGsでは環境・社会課題の解決が究極目標とされており、その中で企業の貢献を求めています（つまり、1と2の領域ではなく2と4の領域を重視）。こうしたアプローチの違いが投資家向けの情報開示で求められる内容と、様々なステークホルダー向けの情報開示で求められる内容に違いをもたらしてきたといえます。ただし最近はグリーンボンドや責任銀行原則に見られるように、持続可能性／SDGsへのインパクトを重視する投融資も推進されつつあり、今後は4の領域にも資金が回りやすくなることが期待されています。

図4　情報開示におけるESGとSDGsのアプローチの違い

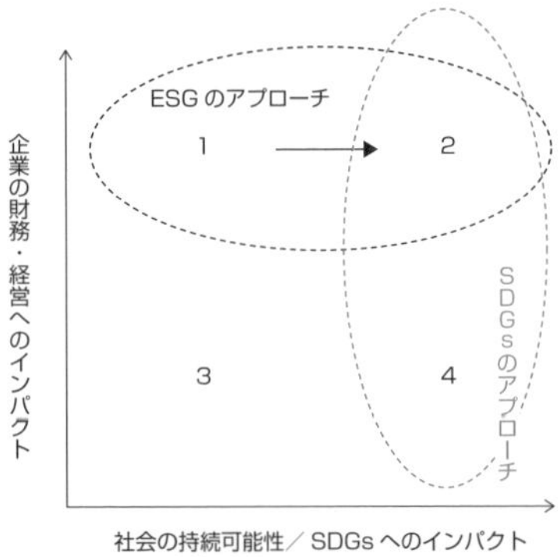

出典：著者作成

6-3 GRIスタンダードとSDGs報告

本節では、SDGs報告の出発点として、持続可能性報告書を作成する際の基本ルールを定めているGRIスタンダードの概要を説明し、その後、SDGs要素を組み込んだ報告書で扱うべき内容について説明していきます。

GRI（Global Reporting Initiative）について

GRIは「Global Reporting Initiative」という国際NGOの略称であり、本部はオランダのアムステルダムにあります。GRIは持続可能性に関する報告書の標準と慣行を作るべく、2000年にはじめてGRIガイドラインを発表しました。その後アップデートを重ね、2016年10月にGRIスタンダードを発表しました（2020年にさらに改訂予定）。

GRIスタンダードは、企業が環境、社会、経済に与えるインパクト、すなわち持続可能な開発への正・負の影響について公に報告を行うための枠組みを提供しています。GRIのウェブサイトによると、世界で最も大きな250社のうち、92%が持続可能性に関するパフォーマンスを報告しており、そのうち74%がGRIスタンダードを使用しているとのことです。

GRIスタンダードの概要

GRIスタンダードは共通スタンダード（101、102、103）と項目別スタンダード（200、300、400シリーズ）から構成されています。本スタンダードは企業がこれらを併用することで、マテリアルな項目に焦点をあてた持続可能性に関する報告書を作成するのに役立つように作られています。また、モジュール化されたスタンダード項目は必要に応じて、適宜改定されています。

マテリアルな項目とは、GRIでは「組織が持続可能性に関する報告書に優先的に盛り込む項目」を指し[*3]、次の2つの次元に基づき特定するとしています。

・組織が環境、社会、経済に与える著しいインパクト
・ステークホルダーの評価や意思決定に対する実質的な影響

＊3　GRIではもともと対象を企業にしていましたがその後企業に限らず様々な「組織」を対象に広げたため「組織」という用語が使われています。

また、著しいインパクトとは、例えば環境や人権の専門家などにとって大きな懸念となっていたり、ライフサイクル・アセスメントなどのツールを使って特定される、組織が環境、社会、経済に与える（正・負の）作用のことを指します。

図5 マテリアルな項目を特定する際のマッピングイメージ

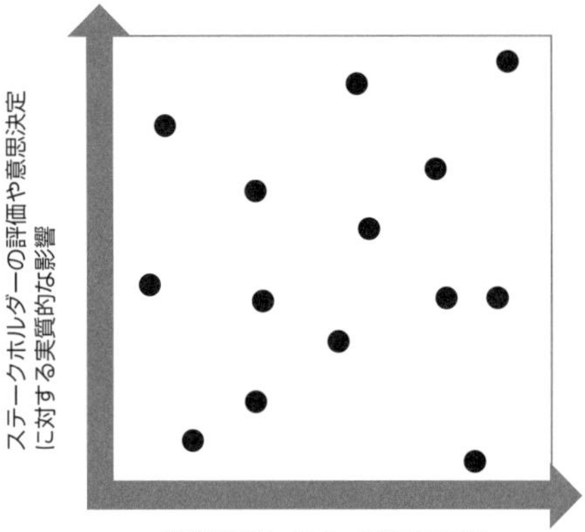

出典：「GRI101：基礎」をもとに著者作成

共通スタンダードは次の構成となっており、持続可能性に関する報告書を作成するすべての組織に適用されます。つまりGRI101～103については、すべての企業が何らかの報告をする必要があるといえます。

表4 共通スタンダードの構成

シリーズ名称	概要
GRI 101：基礎	GRIスタンダードの使用方法や、本スタンダードに準拠して報告書を作成したと主張するために適用しなければならない「報告原則」の説明
GRI 102：一般開示事項	組織の背景情報を報告する際の指針であり、組織プロフィールや戦略、ガバナンス、ステークホルダー・エンゲージメントの実践、報告プロセスについての記載事項について説明
GRI 103：マネジメント手法	マテリアルな項目に関する組織のマネジメント手法などを報告する際の記載事項について説明

出典：「GRI101：基礎」をもとに著者作成

項目別スタンダードは次の構成となっており、マテリアルと特定した項目について報告を行うものとされています。つまり各企業が、自社にとって重要（または社会に対する影響が大き）なことを、選択的に報告するということです。

表5　項目別スタンダードの構成

シリーズ名称	概要
GRI 200シリーズ：経済	経済パフォーマンス、地域経済での存在感、間接的な経済インパクト、調達慣行などのトピックを扱う
GRI 300シリーズ：環境	原材料、エネルギー、水と排水、生物多様性、大気への排出などのトピックを扱う
GRI 400シリーズ：社会	雇用、労働関係、労働安全衛生、研修と教育、ダイバーシティと機会均等などのトピックを扱う

出典：「GRI101：基礎」をもとに著者作成

これらの各スタンダードには、必須の開示内容として書かれた「報告要求事項」、推奨されるが要求されない措置について書かれた「報告推奨事項」、そして要求事項をよく理解できるように背景情報や説明・事例が記述されている「手引き」が記載されています。GRIスタンダードを用いた報告書の作成には、やはりGRIスタンダードそのものを参照していただく必要がありますが、ここでは参考のために、図6に項目別スタンダードのページ例を、図7にGRIスタンダードの全体像を示しました。

なお、報告に不慣れであったり、人員・時間が限られている場合、いきなりGRIスタンダードのすべての手順を理解して報告を行うことは、非常に困難であることも事実です。そのような場合は、例えば6-5節で述べるような個別分野、特にエコアクション21や他の認証制度の取得から着手して、その取り組みを通じて実施した活動内容や成果を報告に活用していくことから始めても良いでしょう。その後、報告に慣れてきてから、徐々に開示する内容や範囲をグレードアップしていくことも可能です。

図6 項目別スタンダードのページ例

開示事項303-3
リサイクル・リユースした水

報告要求事項

開示事項
303-3

報告組織は、次の情報を報告しなければならない。

a. 組織がリサイクル・リユースした水の総量

b. リサイクル・リユースした水の総量が、開示事項303-1に定める総取水量に占める割合

c. 使用した基準、方法、前提条件

2.4 開示事項303-3に定める情報を提示する際、報告組織は、グレー・ウォーター（収集した雨水や、皿洗いや洗濯、入浴などによる生活排水）を含めなければならない。

報告推奨事項

2.5 開示事項303-3に定める情報を提示する際、報告組織は次のことを行うのが望ましい。

2.5.1 水道メーターや流量計がないかどうか、およびモデリングによる推計が必要となるかどうかを報告する

2.5.2 需要水量の一部について、新たに取水せずリサイクル・リユースした水を用いた場合、そのリサイクル・リユースした水量を計算する

手引き

開示事項303-3の手引き

本開示事項は、リユース前に処理された水と、リユース前に処理されなかった水の両方を測定する。

2.5.2項の手引き

例えば、組織の生産活動で1サイクルあたり20m^{3}の水を必要とすると仮定する。1サイクル用として20m^{3}取水し、その後、同じ水を3サイクルにわたってリユースすると、このプロセスでリサイクル・リユースした水の総量は60m^{3}になる。

背景

水のリユース・リサイクル率は使用効率を表す尺度であり、組織が取り組む総取水・排水量の削減努力の成否を示すものである。リユースとリサイクルを拡大することによって、水の使用、処理、処分コストを削減できる。リユース・リサイクルして水の消費量を経時的に削減することにより、地方、国、地域レベルでの水供給マネジメントの目標に貢献することにもなる。

出典：「GRI 101：基礎」図2を一部改変

図7　GRIスタンダードの全体像（株式会社YUIDEA作成）

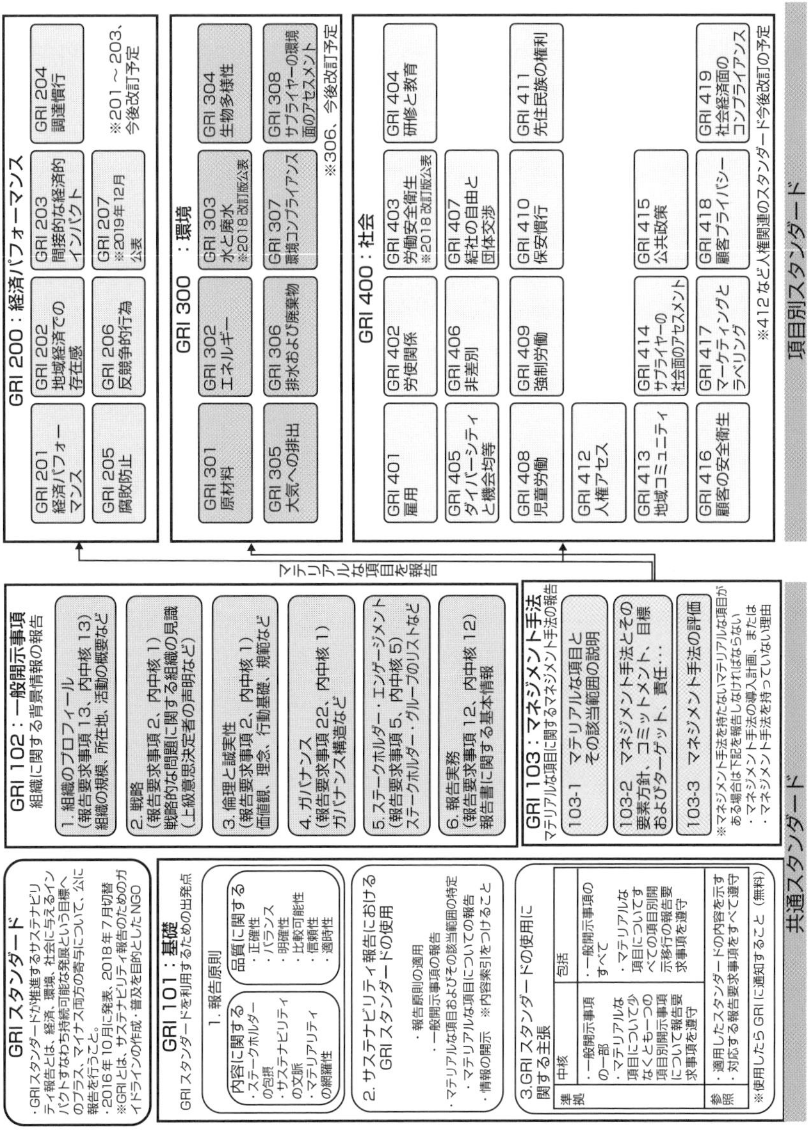

出典：CSR Communicateウェブページ「GRIスタンダード」

SDGs要素を組み込んだ報告内容とは

第４章では、企業が優先的に取り組む課題やSDGsターゲット群の特定方法について紹介しました。これらはGRIスタンダードに沿った報告書作成において、マテリアルな項目と報告内容を決定する際の重要なインプットとなります。また、SDGsに関連する最も深刻な潜在的および実際的な負のインパクトは、マテリアルな項目を判断する際の著しいインパクトとみなされるものといえます。

さらに第３章で紹介した「実践ガイド」では、報告内容を決定するプロセスにおいても、ステークホルダーと協議をすることの重要性を強調しています。なぜならば、この協議を省略すると著しいインパクトを見落としたり、不完全な形で説明することにつながる恐れがあるためです。なお同ガイドでは、SDGs報告で扱うべき内容として以下を挙げていますので、これをチェックリストとして確認しつつ、報告書の作成を進めてみてはいかがでしょうか。

・人もしくは環境に対するリスクに基づく、または有益な製品、サービス、投資に基づく、自社がもたらす著しいインパクト。
・これらのインパクトを分析した結果とステークホルダーからのフィードバックが、優先的に取り組むSDGsターゲットの特定に、どのように役立ったのか。
・優先的に取り組むSDGsターゲットに貢献するための目標と指標を含む戦略。
・ステークホルダーとのエンゲージメントを含め、関連する企業方針、システムおよびプロセスの記述。
・自社が実際に引き起こした、あるいは助長した負のインパクトの事例や、人権侵害を受けた人々の効果的な救済のために自社が取った行動。
・優先的に取り組むSDGsターゲットに貢献するという目標に向けた、自社の進展と生じた後退を示す指標とデータ。
・将来さらに進展させるための計画。

6-4 ESG金融向けの報告枠組み

ESG金融向けの情報開示は、企業自身の持続可能性に主眼が置かれます。本節では、ESG金融が求めるSDGs情報について述べた後、主に投融資家とのコミュニケーションを目的とする報告枠組みを紹介していきます。

ESG金融が求めるSDGs情報とは

ESG金融は、企業がSDGsの17目標のすべてについて情報開示することを望んでいるわけではありません。ESG金融が望む情報とは、端的にいうと、企業のSDGsへの取り組みが事業戦略や財務パフォーマンスに与える影響です。

先に述べた「実践ガイド」や「ゴールとターゲットの分析」と同じシリーズに、「イン・フォーカス：SDGsに関するビジネス・レポーティングにおける投資家ニーズへの対応」（イン・フォーカス）というレポートがあります。イン・フォーカスでは、企業のSDGs関連の情報開示とESG投資家の情報ニーズを合致させるためのガイダンスを提供しており、実践ガイドを補完する内容となっています。

以下は、イン・フォーカスで示されている、ESG投資家が求めるSDGs情報の要点です。ESG対応においてSDGsの扱いを模索している企業の方は確認いただくと良いでしょう。

●メッセージとアプローチ

・マテリアルな課題を確定するプロセスの説明や、環境・社会へのインパクトとそのデータが報告される文脈の説明、持続可能性に関する課題をビジネスモデルと将来の展望に結び付ける全体的なストーリー。

・投資家を含む主要なステークホルダーとの対話に基づいて、SDGs関連の情報を提示する頻度や様式を決定する。

● **戦略とガバナンス**

・SDGs関連の報告は、戦略、ガバナンス、パフォーマンス、展望の観点から提示する。

・その際、多くの投資家は、主に財務的にマテリアルな持続可能性の課題に関心がある。

・ESG投資家は特定されたリスクと機会に対し、経営陣がどのように対応しようとしているのかの議論を重視する可能性が高い。

● **報告の内容**

・企業の競争優位性を決める重要な要素、また、人と環境への正と負のインパクトが競争優位性にどのように寄与するか。

・企業がいかにして競争優位性を業績に変えるか、また、SDGsへの取り組みをどのようにして業績に関連付けるか。

・事業とバリューチェーンを通して、人と環境に対する深刻なリスクを特定することによって、企業にとって最大のビジネスリスクと機会を提示しうる。

● **SDGsの目標とターゲットとの関連**

・何にどのように投資しようとしているのか（例：開発基盤としてのインフラ）。

・過去の主な成果と失敗を示し、目標に対するパフォーマンスや使用した計算方法は何かを説明。

● **未来志向で長期的な情報**

・ESG投資家は、短期的なインパクトと長期的（潜在的）なインパクトの両方に関心がある。

・短期的な成果についての省察は、長期の目標に向けた進捗とビジョンに関連する場合、より有意義になる。

・将来を見据えた情報とシナリオ分析は、期待されるリターンを評価し、投資決定の是非を判断する上で役に立つ。

● データのフォーマット

・国際的に認知された報告枠組みや財務諸表で使用されているものと同じ原則を用いて、時系列と企業間で比較可能なデータを開示する。
・生データへのアクセスを提供し、アナリストがデータを分析する方法を選択できるようにする。

ここまでで、ESG金融向けの情報は、企業自身の持続可能性に主眼が置かれ、その中でSDGsが共通言語としてどのように活用できそうか、おおよそ理解いただけたかと思います。そこで以下では、ESG金融向けに情報開示を行う際に参考となる報告枠組みとして、国際統合報告フレームワーク、価値協創ガイダンス、SASBスタンダード、TCFD提言について解説していきます。

国際統合報告フレームワーク

国際統合報告フレームワークは、2013年12月に国際統合報告評議会（IIRC）によって発行された報告枠組みです。この評議会の前身となる国際統合報告委員会の設立にはGRIも関わっています。

本フレームワークは、統合報告書を作成するためのガイダンスを提供するものです。ただしGRIスタンダードなどのようにKPIや個別課題の開示事項を示すのではなく、表5に示すように統合報告書を作成する際の基礎的な考え方である7つの「指導原則」と8つの「内容要素」が中心に記載されています。

表6　統合報告の指導原則と内容要素

指導原則	内容要素
戦略的焦点と将来志向	組織概要と外部環境
情報の結合性	ガバナンス
ステークホルダーとの関係性	ビジネスモデル
重要性	リスクと機会
簡潔性	戦略と資源配分
信頼性と完全性	実績
首尾一貫性と比較可能性	見通し
	作成と表示の基礎

出典：国際統合報告評議会（2013）「国際統合報告フレームワーク」（日本語訳、2014）を参考に著者作成

統合報告書の主な対象者は「財務資本の提供者」であり、本フレームワークを用いて「短期・中期・長期にわたって、組織がどのように価値を創造するか」を説明することが目指されます。この価値創造は、外部環境および資本と組織の相互作用のプロセスを通じて行われるものとして、図8のモデルによって表されています。

このうち外部環境には技術の変化、社会的課題、環境課題などが含まれます。また、資本は財務資本、製造資本、知的資本（ここまでが財務情報）と、人的資本、社会・関係資本、自然資本（ここまでが非財務情報）の6つに区分され、組織の中核となるビジネスモデルへのインプットとして作用するとともに、アウトプットを通じて影響を与えるものです。

ここで注意すべきことは、統合報告書は単に財務と非財務の報告書を一冊にまとめるものではないということです。統合報告書では、6つの資本で表される財務と非財務の情報を有機的に結びつけ、中長期の企業価値向上にむけて説得力のあるストーリーとして語っているかという点が重要になります。分量も分厚いものではなく、要点を簡潔に示すことが求められています。

図8　価値創造プロセス

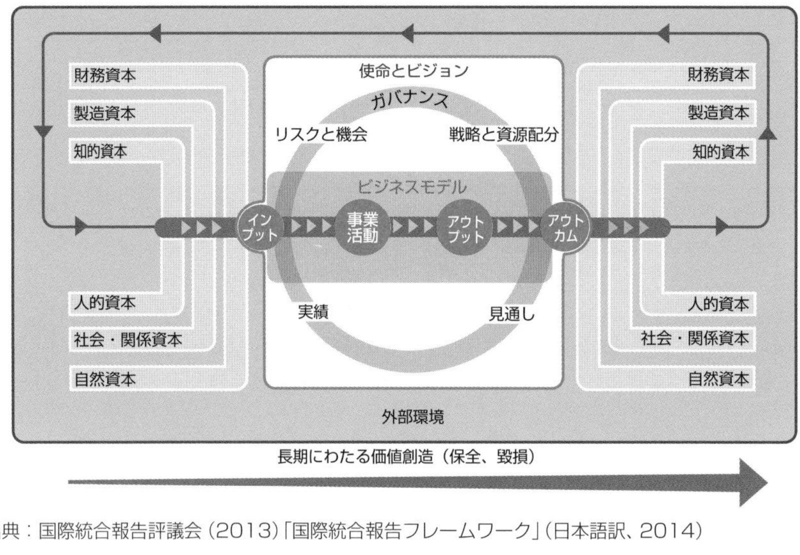

出典：国際統合報告評議会（2013）「国際統合報告フレームワーク」（日本語訳、2014）

価値協創ガイダンス

「価値協創のための統合的開示・対話ガイダンス - ESG・非財務情報と無形資産投資 -」(**価値協創ガイダンス**)は、2017年に経済産業省によって策定されました。本ガイダンスでは、企業と投資家が情報開示や対話を通じて互いの理解を深め、持続的な価値協創に向けた行動を促すことを目的としています。企業経営者の視点からは、本ガイダンスは自らの経営理念やビジネスモデル、戦略、ガバナンスなどを統合的に投資家に伝えるための手引きとなっており、企業が伝えるべき情報の全体像を体系的・統合的に整理するために活用可能です。

図9に示されるとおり、基本的枠組みは価値観、ビジネスモデル、持続可能性、・成長性、戦略、成果と重要な成果指標、ガバナンスの6項目で構成されています。本ガイダンスも原則主義をとっており、投資家向けの情報開示の指針のみを示す内容となっています。ですが、その策定にあたっては日本の文脈や日本企業の特徴を踏まえて検討されているため、統合報告書や持続可能性、SDGs情報を統合した他の財務報告書作成のあり方について、より理解しやすいかもしれません。

図9 価値協創ガイダンスの全体像

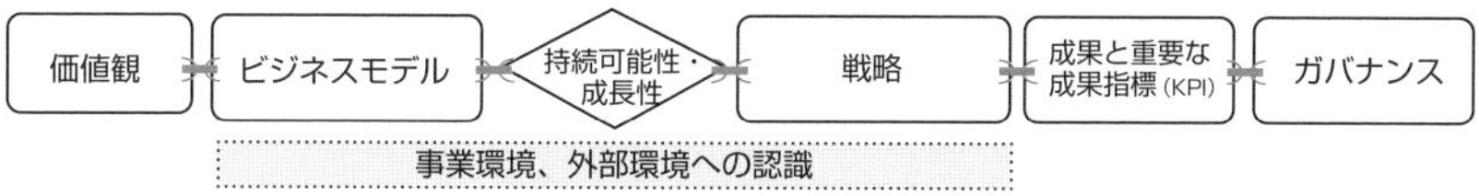

出典:経済産業省(2017)「価値協創ガイダンス」

SASBスタンダード

SASB(サスビー)とは、**米国サステナビリティ会計基準審議会**の略称であり、同審議会が策定した開示枠組みがSASBスタンダードです。本スタンダードは、細則主義の立場をとっており、中長期視点の投資家の意思決定に貢献することを目的に、将来的な財務インパクトが高いと想定されるESG要素の開示枠組みを設定しています。

GRIスタンダードや国際統合報告フレームワークでは自社でマテリアリティを特定することが求められていたのに対し、本スタンダードでは11セクター(消費財、抽出物・鉱物加工、金融、食品・飲料、ヘルスケア、インフラストラクチャー、再生可能資源・代替エネルギー、資源転換、サービス、技術・通信、輸送）の77業種別に、財務にとってのマテリアルな開示項目と指標をあらかじめ設定しています。そのため、各企業の開示情報を比較可能にし、投資家の適正な意思決定に寄与することができるとしています。本書執筆時点（2020年6月）では日本語訳が公表されていませんが、本スタンダードに対する期待は世界的に高まっており、今後日本でも活用する企業が増大する可能性も十分に考えられます。ご参考までに、セクターレベルのマテリアリティマップ（一部）を以下の表に掲載しました。

表7　SASBマテリアリティマップ® の一部

課題分類 ＼ セクター	消費財	抽出物・鉱物加工
環境		
GHG排出量		●
大気質		●
エネルギー管理	○	○
水および排水管理	○	●
廃棄物および有害物質管理		●
生物多様性影響		●
社会関係資本		
人権および地域社会との関係		○
お客様のプライバシー	○	
データセキュリティ	○	
アクセスおよび手頃な価格		
製品品質・製品安全	●	
消費者の福利		
販売慣行・製品表示		
人的資本		
労働慣行	○	○
従業員の安全衛生		●
従業員参画、ダイバーシティと包摂性	○	
ビジネスモデルおよびイノベーション		
製品およびサービスのライフサイクルへの影響	●	○
ビジネスモデルのレジリエンス（強じん性）		○
サプライチェーンマネジメント	●	○

材料調達及び資源効率性	○	
気候変動の物理的影響		
リーダーシップおよびガバナンス		
事業倫理		○
競争的行為		○
規制の把握と政治的影響		○
重大インシデントリスク管理		●
システミックリスク管理		

●はセクター内でその課題が重要な産業が5割以上、○は同5割以下、無印は重要課題ではない。また、11セクターの下にある77の産業ごとにマテリアリティは少しずつ異なる。

出典：SASBウェブサイト（https://materiality.sasb.org/）、2020年3月現在. ©SASB/三菱UFJリサーチ＆コンサルティング株式会社（和訳版）」を一部改変

TCFD提言

TCFDとは「気候変動関連財務情報開示タスクフォース」の略称で、金融システムの安定化を図る国際組織である「金融安定理事会（FSB）」がG20からの要請を受けて2015年に設置したタスクフォースです。TCFDは、気候変動リスクは金融システムの安定を損なう恐れがあり金融機関の脅威になりうるという認識から、企業の気候変動対策に関する情報開示について2017年に提言をまとめました。

この提言では、年間売上10億米ドル以上の大企業に対して、ガバナンス、戦略、リスク管理、指標・目標に関する気候関連情報を開示するよう求めるとともに、気候関連リスクと機会が与える影響を評価するために、シナリオ分析による情報開示を推奨しています。シナリオ分析は、将来の不確実性に対応した戦略立案と内外対話を可能にするため、同提言が求める情報開示の中核的要素といえます。

TCFDでは気候変動に関する財務情報開示を積極的に進めていくという提言の趣旨に賛同する機関などを公表しており、本書執筆時点（2020年6月）では、世界全体で1,200以上の企業・機関、日本では270以上の企業・機関が賛同しています。経済産業省と環境省からそれぞれTCFD提言に対応するためのガイダンス、ガイドが発行されていますので、ぜひ参考にされると良いでしょう。

図10 シナリオ分析の意義

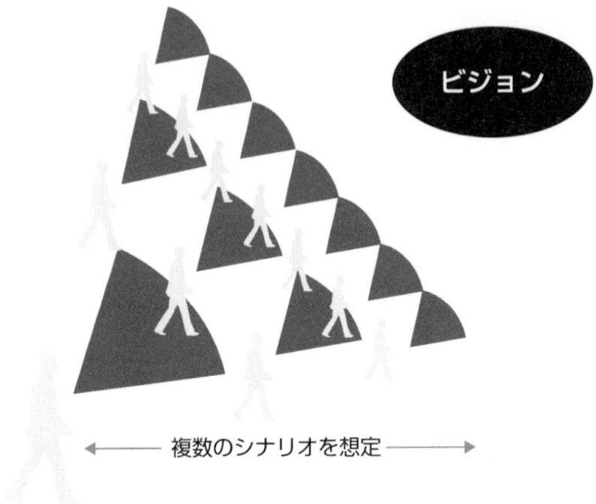

・将来の変化に柔軟に対応する経営が可能
・将来について、主観を排除した議論ができる
・事業のレジリエンスを主張できる

出典：環境省（2020）「TCFDを活用した経営戦略立案のススメ　～気候関連リスク・機会を織り込むシナリオ分析実践ガイド ver2.0～」

6-5 個別分野の報告枠組みなど

最後に本節では個別分野の報告枠組みやSDGs報告を行う際に参考になる制度などを人権、環境、雇用・働き方関連、その他の順で紹介します。これらは、様々なステークホルダー向けおよびESG金融向けの情報開示を強化したり、独立の報告とすることも可能です。また、中小企業の方にも使いやすい内容も取り上げていきます。

人権に関する報告枠組みなど

●国連指導原則報告フレームワーク

企業の人権尊重責任は、国連人権理事会によって承認された「国連ビジネスと人権に関する指導原則」(指導原則) が世界的な標準とされています。本フレームワークは、指導原則に則った人権パフォーマンスについての報告を行うために、人権研究機関であるShift (シフト) とアカウンティングファームであるMazars (マザー) によって作成され、日本語版も公表されています。

本フレームワークは3つのパート (A〜C) で構成されており、利用したことを表明するには、以下の表7で示すパートAおよびパートCの包括的質問への実質的な回答とパートBの情報要件を満たす必要があります。また、この最低基準に加えて、パートAとCには補助的質問も設定されており、それらの回答の質を高めていけるよう、人権への取り組みの努力が求められています。

各企業は本フレームワークを用いることで、「その規模や「指導原則」実施のどの段階にあるかに関わらず報告を開始することができ、経時的に進捗を示すこともできるようになる」と記載されています。また、報告の手順だけでなく、指導原則の解説や人権尊重について報告することの重要性についても記載されていますので、人権について学びたい方にも強くお勧めしたいテキストです。

表8 国連指導原則報告フレームワークを活用した情報開示の最低基準	
パートA 人権尊重のガバナンス	
A1：方針のコミットメント	企業が、人権尊重へのコミットメントとして公式に述べていること（パブリック・コミットメント）は何か？
A2：人権尊重の組み込み	企業は、人権尊重のコミットメントの実施を重視していることを、どのように説明しているか？
パートB 報告の焦点の明確化	
B1：顕著な人権課題の提示	報告対象期間の企業の活動および取引関係に関連した、顕著な人権課題を提示する。
B2：顕著な人権課題の確定	顕著な人権課題がどのように確定されたかを、ステークホルダーからの意見も含めて説明する。
B3：重点地域の選択	顕著な人権課題に関する報告が特定の地域に重点をおく場合、どのようにその選択を行ったかを説明する。
B4：追加的な深刻な影響	報告対象期間に発生し、または引き続き取り組まれている人権への深刻な影響のうち、顕著な人権課題以外のものを特定し、その取り組みの方法について説明する。
パートC 顕著な人権課題の管理	
C1：具体的方針	企業は顕著な人権課題に取り組む具体的な方針を有しているか、またそれはどのような方針か？
C2：ステークホルダー・エンゲージメント	顕著な人権課題のそれぞれに関し、企業はステークホルダー・エンゲージメントをどのように実施しているか？
C3：影響の評価	顕著な人権課題の性質が時間の経過とともに変化する場合、企業はそれをどのように特定するか？
C4：評価結果の統合および対処	企業は顕著な人権課題それぞれについての評価結果を、自社の意思決定過程および行動にどのように統合しているか？
C5：パフォーマンスの追跡	企業は、顕著な人権課題それぞれへの取り組みが実際に効果をあげているかどうかをどのように確認しているか？
C6：是正	企業の行動や意思決定が、顕著な人権課題に関連して人々の人権を侵害している場合、企業は効果的な救済をどのように実行可能なものにしているか？

出典：Shift・Mazars LLP（2015）「国連指導原則 報告フレームワーク 実施要領」（日本語版、2017）より著者作成

環境に関する報告枠組みなど

●環境報告ガイドライン2018年版

環境報告ガイドライン2018年版は、名前のとおり環境に特化した報告枠組みで、環境省が作成したものです。本ガイドラインの歴史はGRIよりも長く、1997年に初めて作成された後、数回にわたり改定が繰り返されてきました。

最新となる2018年版は、環境情報だけでなく、組織体制などの非財務報告にも

共通する基礎情報の報告指針も提供しています。そのため、GRIスタンダードや国際統合フレームワークなど他の報告枠組みと合わせて読むと、非財務情報の開示のあり方について、より理解が深まるでしょう。本ガイドラインは、本体と解説書で構成され、解説書は「本文」「詳細解説」「参考資料」という３つのパートに分かれています。なお、ガイドライン本体は、報告事項と報告に際しての留意点のみが示されたコンパクトな内容で、環境報告の全体像をつかむのにも適しています。

表９　３つのパートに分かれた解説書

解説書	概要
解説書「本文」	ガイドライン本体に沿った環境報告を行う際の手順、書き方、情報開示の事例など（そのため、報告書の事例集としても参考になります）
解説書「詳細解説」	報告を行うにあたってのいわゆる難解な事項、重要な環境課題の特定方法についての解説。具体的には、ガバナンス、ステークホルダー・エンゲージメント、リスクマネジメント、ビジネスモデル、バリューチェーンマネジメント、戦略（シナリオ分析）について解説
解説書「参考資料」	事業者が重要な環境課題を特定する際に参考とできるよう、主な環境課題とその実績評価指標を例示し、解説。具体的には、気候変動、水資源、生物多様性、資源循環、化学物質、汚染予防について解説

出典：著者作成

●エコアクション21

中堅・中小企業や報告に不慣れな企業の方は、まずは第５章で紹介したエコアクション21や後述する各種認証制度の取り組みを通じて、報告を実施していくことも一案です。

エコアクション21では、認証・登録の基本要件の中に「環境経営レポートを定期的に作成し公表していること」が定められており、以下に示す９つの項目を最低限レポートに含めることを求めています。

計画の策定（Plan）

①組織の概要（事業者名、所在地、事業の概要、事業規模など）

②対象範囲（認証・登録範囲）、レポートの対象期間および発行日

③環境経営方針

④環境経営目標

⑤環境経営計画

計画の実施（Do）

⑥環境経営計画に基づき実施した取組内容（実施体制を含む）

取組状況の確認及び評価（Check）

⑦環境経営目標及び環境経営計画の実績・取組結果とその評価（実績には二酸化炭素排出量を含む）、並びに次年度の環境経営目標及び環境経営計画

⑧環境関連法規などの遵守状況の確認及び評価の結果、並びに違反、訴訟などの有無

全体の評価と見直し（Act）

⑨代表者による全体の評価と見直し・指示

なお、環境省では地球・人間環境フォーラムとの共催で、「環境コミュニケーション大賞」を1997年度から毎年選定しています。本表彰制度は、事業者の環境経営や環境情報開示の質の向上を図ることを目的として、環境報告部門と環境経営レポート部門から大賞（環境大臣賞）と各種の優秀賞・優良賞を表彰しています。近年ではSDGs要素を統合する報告も増えているため、受賞企業から多くを学べることでしょう（この他にも環境省では、「ESGファイナンス・アワード」なども行っています）。

雇用・働き方関連に関する報告枠組みなど

●WEPsジェンダーギャップ分析ツール、WEPs問診票

日本は国全体でジェンダー平等の取り組みが遅れています。世界経済フォーラムによる2019年の調査では、153カ国中121位となっているのが現状です。そもそも**ジェンダー平等**とは、「生まれうけた性に関わらず平等に権利、責任、機会を持つこと」と定義されているとおり[*4]、人権の問題であり、持続可能な開発の前提状況でもあります。それのみならず、女性をはじめとする多様な人材の確保は、企業の競争力やイノベーションの観点からも近年ますます重視されています。

＊4 UN WOMENウェブページ「Gender Equality Glossary」のGender equality (Equality between women and men)より。

企業におけるジェンダー平等の実現に向けて、2010年に国連グローバル・コンパクト（UNGC）と国連女性開発基金（現在は**国連女性機関**（**UN Women**）に改組）は、職場、市場、コミュニティにおいて女性のエンパワーメントを実践するために**女性のエンパワーメント原則（WEPs）**を発表しました。ここで紹介する**WEPsジェンダーギャップ分析ツール（WEPsツール）**と**WEPs問診票**は、いずれも質問形式でWEPsの取り組み状況を確認するツールです。

前者のWEPsツールはUNGCとUN Womenが推進するもので、企業の経営や取り組みを女性活躍推進の観点から詳細に把握・分析し、改善を検討するのに活用できます（日本語訳も作成されています）。また、WEPsに署名することで企業としてジェンダー平等へのコミットメントを表明することができます。

後者のWEPs問診票は、内閣府が事務局を務める「国際的に連携した女性のエンパワーメント促進」チームにより作成されました。企業の経営や取り組みを女性活躍推進の観点から簡易に振り返り、改善を検討するもので、中小企業の方にも使いやすくなっています。

報告においては、これらのツールで問われている質問項目に答える形で、取り組み状況を解説していくことでジェンダー平等・働き方関連の内容を充実させられると考えられます。次ページではご参考までに、WEPs問診票（2017年7月版）を掲載しました。

● くるみん認定、えるぼし認定、ユースエール認定、健康経営優良法人認定

第5章で説明したとおり、企業の働き方改革を推進するために、厚生労働省は「くるみん認定」、「えるぼし認定」、「ユースエール認定」を、経済産業省は「健康経営優良法人認定」を推進しています。これらは企業規模に合わせた認定基準となっていたり、規模を問わず取得できるものばかりですので、そこで使われる認定基準や認定実績を報告に活用することも有効な方策といえるでしょう。

図11　WEPs問診票

WEPs問診票

【回答】当てはまる項目に「○」をつけてください
1：質問の趣旨がわからない。
2：質問の趣旨はわかるが、取り組んでいない。
3：質問の趣旨がわかり、1年以内に実行するよう検討中である。
4：質問の趣旨がわかり、取り組んでいる。

原則1　トップのリーダーシップによるジェンダー平等の促進

（1）女性のエンパワーメントを進めるためのしくみ				
○　女性をエンパワーするための経営戦略はありますか	1	2	3	4
○　女性をエンパワーするための数値目標はありますか	1	2	3	4
○　経営トップ直轄の取組はありますか	1	2	3	4
○　経営者のコミットメントを対外的に示す宣言に署名または賛同していますか。	1	2	3	4
○　その取組は取締役が担当していますか	1	2	3	4
○　女性のエンパワーメント促進計画の実施担当者はいますか	1	2	3	4
（2）取締役の男女比				
○　取締役の男女比は	男		女	
○　取締役の候補者選定について、男女比を配慮する方針はありますか	1	2	3	4
○　役員レベルに女性を増やすための具体的な取組はありますか	1	2	3	4

原則2　機会の均等、インクルージョン、差別の撤廃

（1）職域、職階別の男女比				
○　女性の採用に関するポジティブ・アクションを実施していますか	1	2	3	4
○　雇用形態別の男女比は	正社員		男	女
	契約社員		男	女
	パート		男	女
	派遣社員		男	女
○　職域別社員数の男女比は	製造		男	女
	管理		男	女
	営業		男	女
○　職階別社員数の男女比は	部長級		男	女
	課長級		男	女
	上記以外		男	女
○　管理職の男女比は	男		女	
○　海外事業所における上記データを把握し、日本のデータと比較していますか	1	2	3	4
（2）男女平等賃金				
○　男女の賃金格差の実態を定期的に把握していますか	1	2	3	4
○　実質的な男女平等賃金を実現するための特別な方策はありますか	1	2	3	4
○　賃金に関する透明性・公開性は確保していますか	1	2	3	4
（3）ワーク・ライフ・バランス				
○　育児休業、介護休業、看護休業の制度を利用しやすいような方策はありますか	1	2	3	4
○　妊娠している女性社員や出産後復職した女性社員に対する支援策を実施していますか	1	2	3	4
○　企業内保育所を設置していますか	1	2	3	4
○　社員への保育料の補助はありますか	1	2	3	4
○　フレックスタイム制を導入し、その利用状況を把握していますか	1	2	3	4
（4）調査				
○　WEPsに署名したことの社員周知度調査を実施していますか	1	2	3	4
○　機会均等や差別撤廃等の社員意識調査を行っていますか	1	2	3	4
○　職場における人権及びジェンダー影響評価（アセスメント）を行っていますか	1	2	3	4

原則3　健康、安全、暴力の撤廃

（1）安全への配慮				
○　男女共同参画に配慮した健康・安全に関する企業の方針を作成していますか	1	2	3	4
○　社員の健康・安全に関する男女別調査を行い、その意見を反映していますか	1	2	3	4
○　警備スタッフにおける男女別人数は	男		女	
○　警備スタッフに性暴力やハラスメントの申立に対応するための研修を行っていますか	1	2	3	4
○　男女別のトイレはありますか	1	2	3	4
（2）セクシュアル・ハラスメントへの対応				
○　セクシュアル・ハラスメントや性暴力をなくすための方針はありますか	1	2	3	4
○　社内に苦情申立手続きはありますか	1	2	3	4
（3）健康、母性保護				
○　会社の医療・健康分野における福利厚生に男女別ニーズを反映していますか	1	2	3	4
○　妊娠している女性や出産後復職した女性社員の健康に配慮する方針はありますか	1	2	3	4
（4）性風俗店等				
○　接待において性風俗店等の使用を禁止する方針を作成し、社内に通知していますか	1	2	3	4

原則４　教育と研修

（１）研修	
○　男性社員、女性社員の双方が教育や研修を受けることを支援していますか	1 2 3 4
○　女性のエンパワーメントに関連する研修はありますか	1 2 3 4
※「４」の場合、その内容、頻度、対象、時間数、出席者を自由にお書きください	
○　研修の受講機会が、男女に偏りがないよう配慮していますか	1 2 3 4
○　研修の受講日時を設定する際は、家庭生活に配慮していますか	1 2 3 4
（２）キャリア相談	
○　キャリア・コンサルティングやメンタリングの取組を実施していますか	1 2 3 4
※「４」の場合、その内容、対象者を自由にお書きください	

原則５　事業開発、サプライチェーン、マーケティング活動

（１）サプライチェーン	
○　調達において、男女共同参画の推進及び女性のエンパワーメントに配慮したサプライヤーを選定する指針がありますか	1 2 3 4
○　サプライヤーの育成支援の中に、男女共同参画の推進に配慮した要素はありますか	1 2 3 4
○　男女共同参画推進や女性活躍促進について計画を策定しているサプライヤーの数は	社
○　サプライヤーにおける女性が経営する企業の割合は	割
（２）女性の起業家（社外）への支援	
○　女性の経営者や起業家を支援する方策はありますか	1 2 3 4
○　女性の経営者や起業家を支援するため、市民社会や政府と連携していますか	1 2 3 4
（３）マーケティング戦略	
○　次の活動において、男女共同参画の推進に配慮していますか	
・マーケティング戦略	1 2 3 4
・広告等のマーケティング・コミュニケーション	1 2 3 4
・製品やサービスの開発	1 2 3 4
○　製品やサービスが男女共同参画の推進に障壁になるかどうかについて考慮していますか	1 2 3 4

原則６　地域におけるリーダーシップと参画

（１）地域との関わり	
○　地域における女性のエンパワーメントを促進するプログラムはありますか	1 2 3 4
○　民間団体や教育研究機関といったステークホルダーとの対話を通じて得た知恵を、女性の参画推進方策に生かしていますか	1 2 3 4
○　地域でプログラムを実施した場合の、女性の参加割合は	男　女
○　ボランティア活動をする社員の女性割合は	男　女
（２）企業が参加するまちづくり	
○　まちづくりに参画するとき、女性の参加に配慮していますか	1 2 3 4
○　女性や少女をターゲットとしたまちづくりの方針の作成に貢献していますか	1 2 3 4

原則７　透明性、成果の測定、報告

報　告	
○　ジェンダー平等促進のための指標を作成していますか	1 2 3 4
○　取組についての評価、分析、議論の機会はありますか	1 2 3 4

出典：内閣府男女共同参画局（2017）「WEPs問診票（2017年７月版）」

その他：VNRハンドブック

第1章で、国によるSDGsの取り組みは、**持続可能な開発のためのハイレベル政治フォーラム（HLPF）**で**自発的国家レビュー（VNR）**を通じて進捗報告が行われることを記載しました。各国はVNRを実施するにあたりVNRレポートを作成するのですが、その際に参照しているのが、**国連経済社会局（UNDESA）**が作成した**VNRハンドブック**とその中に含まれる共通報告ガイドラインです。

このVNRハンドブックに準じた構成でSDGs報告書を作成したのが第7章で紹介する太陽住建です。いわゆる企業向けの開示枠組みではないものの、個別企業の取り組みを国の実施レビューと同等の枠組みで捉えることで、同社のSDGsの取り組みを効果的に説明しています。エコアクション21での環境経営レポートとならび、中小企業の方にも使いやすい枠組みといえます。

表10　共通報告ガイドラインと太陽住建SDGsレポートの構成

共通報告ガイドライン	太陽住建SDGsレポート
1.オープニングステートメント	1.ご挨拶／発刊に寄せて
2.ハイライト（要約）	2.太陽住建について
3.イントロダクション	3.2030年に向けた目標とターゲット
4.レビュー作成の方法とプロセス	4.経営へのSDGsの統合
5.政策と可能にする環境	5.SDGsのオーナーシップの醸成
(a)持続可能な開発目標とVNRのオーナーシップの創出	6.経済・社会・環境の同時解決に向けた取り組み事例［1］
(b)持続可能な開発目標の国の枠組みへの組み込み	7.経済・社会・環境の同時解決に向けた取り組み事例［2］
(c)経済的、社会的、環境的側面の統合	8.実施のための組織
(d)制度的なメカニズム	9.太陽住建従業員からのメッセージ
(e)構造的な問題	10.SDGs達成のためのパートナーシップ事例
6.目標と目標の進捗状況	11.ゴール・ターゲットと実施の手法
7.実施の手段	12.今後に向けて
8.結論と次のステップ	

出典：著者作成

第7章

SDGsへの先進的な取り組み事例

第6章までは、企業がSDGsを実践する上で役立つステップを紹介してきました。しかしながら、これらのステップを進めてもSDGsの実践が完結するわけではありません。これらのステップを何度も繰り返すことによって、自社らしいSDGsの取り組み方が見つかり、それを進化することができます。また、他社の考え方や実践方法は、自社らしい取り組み方を見つける上でとても参考になります。

本章では規模も業種も異なる9社の先進的な取り組み事例と、企業のSDGsへの取り組みを後押しする2つのプラットフォームの事例を紹介します。

※ここで紹介するSDGsの取り組みの全体像を把握されたい場合は、各社ウェブサイトなどをご参照ください。

7-1 花王株式会社

花王株式会社（以下、花王）は、世界の代表的な社会的責任投資（SRI）指標である「Dow Jones Sustainability World Index」に5年連続で選定されるなど、持続可能な暮らしの実現に向けた取り組みについて、世界的に高い評価を受けています。

花王の2030年に向けてのESG戦略「Kirei Lifestyle Plan」

花王は、創業以来130年にわたって社会に貢献することを使命として活動してきました。その企業理念は、正道を歩みつつ、よきモノづくりを通して、世界の人々の喜びと満足のある豊かな生活文化を実現するという「花王ウェイ」に示されています。2019年にはこの花王ウェイに基づいて2030年に向けてのESG戦略「Kirei Lifestyle Plan」を発表しました。ESG戦略は、SDGsにも示されている社会の持続可能性にどう貢献し、より持続可能なライフスタイルを送りたいという消費者のニーズや願いに、どう応えるかという視点でまとめられました。

Kirei Lifestyle Planは、ビジョン、①人、②社会、③地球に関する3つのコミットメント、重点取り組みテーマである19のアクションで構成されています。例えば、③の「よりすこやかな地球のために」というコミットメントの下には、脱炭素やごみゼロ、大気などの4つのアクションが掲げられています。アクションは、各コミットメントに紐づく12のアクションに加え、基盤となる7つのアクション（徹底した透明性、人権の尊重など）が設定されています。

アクションの設定にあたっては、まずISO26000やGRI Standard、SDGsなどで示されている世界のトレンドを考慮しつつ社会の様々な課題を78個特定し、社外そして海外の顧客、投資家、環境専門家、その他の有識者、サプライヤーなどから評価を受けました。その結果をもとに、ステークホルダーにとっての重要度、花王にとっての重要度の二つの軸でそれらの課題をマッピング。その後、以下で示すESG推進会議、ESG委員会で審議を続け、最終的に19のアクションにまで絞り込まれました。

図1 花王のESGコミットメントとアクション

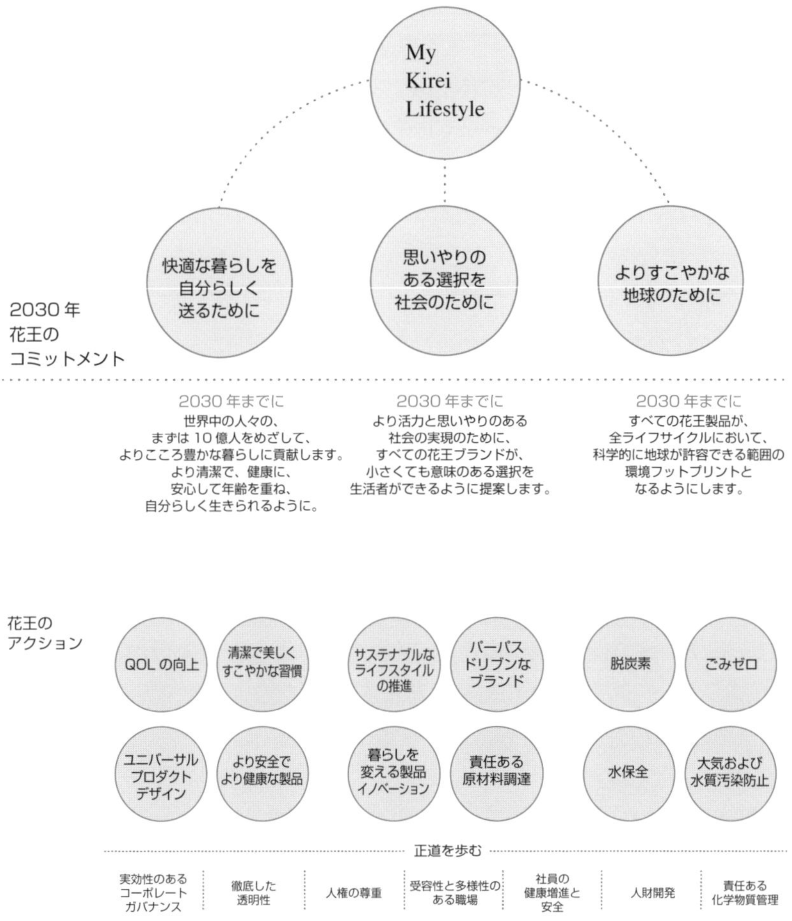

出典：花王HP

ビジョンと戦略を実施するための推進体制

ビジョンを含むESG戦略の内容を確実に実践していく花王の姿勢は、新たに導入された推進体制からも見て取ることができます。2018年にはESG活動を本格化するため、サステナビリティ推進部を刷新し、ESG部門を設置しました。また、取締役会の下にはESG戦略に関する活動の方向性を議論、決定する機関であるESG委員会を設置し、その直下に各部門のESG戦略を遂行する責任者で構成されるESG推進会議を新設しました。ESG推進会議は事業部門、および各リージョンの責任者で構成され、ESGを事業戦略や活動に統合していく上で重要な役割を果たすことが期待されています。また、注力テーマに関する計画を迅速に策定し推進するためにESGタスクフォースを立ち上げる役割も担っています。さらに、様々な分野の有識者で構成されるESG外部アドバイザリーボードも設置し、グローバル視点での計画策定と実行への助言、外部とのコラボレーションやパートナーシップの機会を広げることを目的としています。

これらはESGを完全に経営の中核に置くことを意図したものです。それによって、花王では環境によいパッケージを製造するためのラインの変更や工場で使用する電力を再生可能エネルギーに転換するなど、経営レベルで求められる大規模な投資を伴う決定をより積極的に行えるようになりました。このような推進体制は、外部からも高い評価を受けています。

海洋プラスチック問題への先導的取り組み

現在、花王が注力している活動の一つが、海洋プラスチック問題です。2019年には、プラスチック包装容器に対する考え方を「私たちのプラスチック包装容器宣言」で示し、以下を実施していくことを宣言しました。

・素材技術と容器設計技術により、画期的な包装容器を開発します。
・容器に使用するプラスチックの量を最小限に抑えます。
・使用するプラスチックは、地球が受容できる範囲にとどめます。
・生活者のみなさんが、プラスチック量のより少ない容器を使用したり、リサイクルしやすくなるような取り組みを進めます。
・包装容器の循環型社会をめざして、広く連携を進めます。
・プラスチックへの取り組みの進捗を、毎年、責任をもって報告します。

この宣言のもとでは、Reduce（減らす）、Replace（置き換える）、Reuse（再利用する）、Recycle（リサイクルする）からなる4Rの視点から、容器に使われるプラスチックの量を減らす試みが続けられています。具体的には、新しいつめかえ容器「ラクラクecoパック」の開発や、それに直接ポンプをさして使用する「スマートホルダー」の提案により、プラスチック削減、ライフ・サイクル・アセスメント全体での製造から廃棄までのCO_2排出量削減などに貢献しています。

この他にも、社長の澤田氏が業種を超えた連携強化とイノベーションのためのプラットフォームである「クリーン・オーシャン・マテリアル・アライアンス」（CLOMA）の会長を務めるなど、世界的問題である海洋プラスチックごみ問題の解決に向けた取り組みを先導しています。

図2　花王の包装容器開発の取り組み

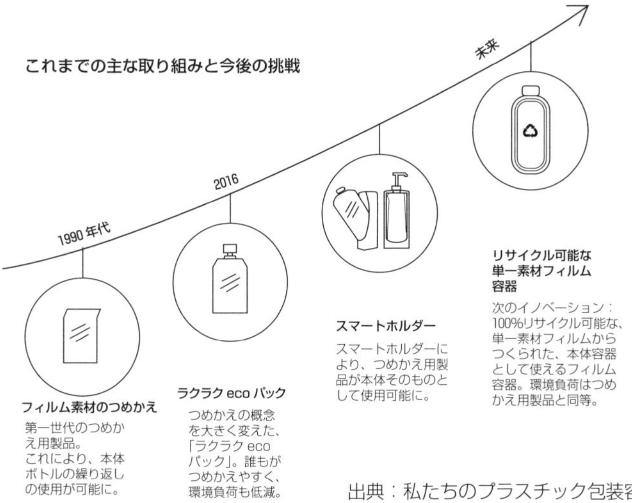

これまでの主な取り組みと今後の挑戦
1990 年代
2016
未来
フィルム素材のつめかえ
第一世代のつめかえ用製品。これにより、本体ボトルの繰り返しの使用が可能に。
ラクラク eco パック
つめかえの概念を大きく変えた、「ラクラク eco パック」。誰もがつめかえやすく、環境負荷も低減。
スマートホルダー
スマートホルダーにより、つめかえ用製品が本体そのものとして使用可能に。
リサイクル可能な単一素材フィルム容器
次のイノベーション：100%リサイクル可能な、単一素材フィルムからつくられた、本体容器として使えるフィルム容器。環境負荷はつめかえ用製品と同等。

出典：私たちのプラスチック包装容器宣言より

◆◆◆ **筆者の視点：ここがポイント！**

・アウトサイド・インの視点で、かつステークホルダーも考慮して定められた2030年の野心的なコミットメントと19のアクション

・ESGを完全に経営の中核に置いた推進体制の整備

・開発、使用、連携、報告までを含めた、海洋プラスチック問題への先導的取り組みの推進

7-2 有限会社川田製作所

有限会社川田製作所（以下、川田製作所）は「良い雇用の場」を作り出すことで、多様な人材が活躍している金属加工・金型製作企業です。2018年には、新・ダイバーシティ経営企業100選に選ばれました。

業務効率化と働きやすい環境の整備で事業の安定と雇用継続を確保

川田製作所（神奈川県小田原市）は、昭和44年に創業した金属加工・金型製作企業です。現在の社員数はパートを含めて19名です。川田製作所が製造するのは、主に微細な金属部品で、自動車、パソコン、ディスプレイ、プリンタ、工場で使用するロボットなどに使われます。電機・電子部品の精密加工業界は、技術革新による事業環境の変化が激しい業界です。部品の量産が可能になると、労働コストの安い新興国に生産拠点が移転することも多く、事業の安定と雇用継続を確保することが大きな課題です。川田製作所では、社長がIT業界出身ということを活かして、様々な事業領域において、IT技術の活用に取り組みました。クラウドサービスを活用した生産管理システム、生産記録の電子保管などに切り替え、大幅にペーパーレス化や業務効率化を進めています。

図3　製造している金属部品の例

出典：川田製作所より提供

ITによる業務効率化の他に、働きやすい環境の整備も進め、平均残業時間は月当たり1.27時間、有給取得率100%を達成しています。これにより、人手不足に陥りがちな中小企業でありながら、従業員は育児・介護などの家庭の事情に合わせてフレキシブルに働くことができています。

「良い雇用の場を作る」ことで多様な人材が活躍

川田製作所では多様な人材が活躍しており、2018年には経済産業省の新・ダイバーシティ経営企業100選に選ばれました。「多様な人材を活かし、その能力が最大限発揮できる機会を提供することで、イノベーションを生み出し、価値創造につなげている経営」をダイバーシティ経営といいます。ダイバーシティ経営は一面で、SDGsの理念である「誰一人取り残さない」を職場で実践する考え方といえるでしょう。川田製作所では、全社員の70%を高齢者、障がい者、外国人、女性が占めていますが、「良い雇用の場」を作ることで多様性を受け入れています。また、一人ひとりの活躍の場を作ることで、多様な人材の雇用が「人材の確保」にとどまることなく、自社の活性化にもつながっています。さらに、多様性を生かすことで、顧客により高い付加価値を提供することを目指しています。

図4　社員の活躍がSDGsに貢献するという考え方

出典：川田製作所

一人ひとりの活躍の場を作るための社員との密なコミュニケーション

ダイバーシティ経営を推進する川田製作所は、社員の属性（性別、国籍、障がいの有無など）にとらわれることなく、一人ひとりのニーズ、得意、不得意を把握して、仕事を分配することが多様性を生かす鍵だといいます。例えば、残業が発生したときは、残業をして稼ぎたい社員が残業できるようにしています。パソコン作業が得意な発達障害を持つ従業員には通常より大きいスクリーンを支給して、能力を発揮してもらいます。また、日頃から各社員の良いところを積極的に見つけて褒め、社内表彰制度を導入して、やる気を引き出しています。社員が不得意な業務はできる限り補助しています。例えば、日本語が不得意な外国出身の社員のために掲示物に読み仮名をふり、数を数えるのが苦手な知的障がいを持つ従業員には数取器を支給して歩留まり率の算出に役立てています。こうした取り組みの基盤は、社員との密なコミュニケーションだということです。

図5　社員一人ひとりの活躍の場作り

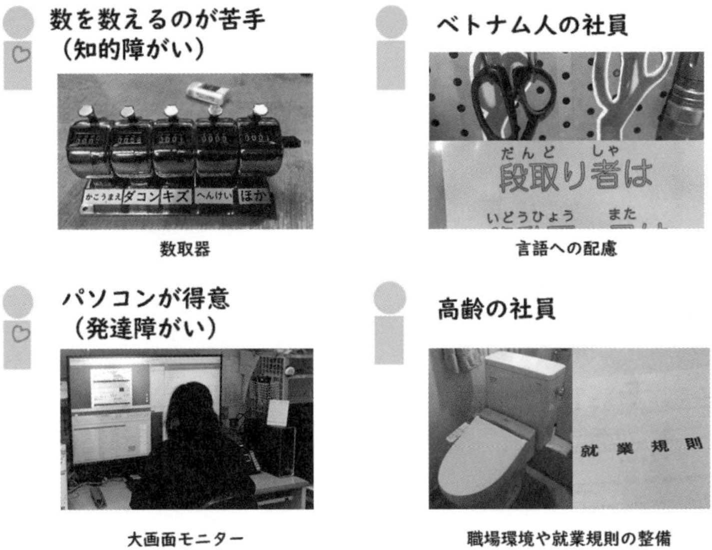

出典：川田製作所

川田製作所が一人ひとりの活躍と並んで大事だと考えているのが職場の一体感です。チームで成果を競ったり、季節のイベントなどを通じて、社員と共に社風を作っています。

パートナーシップを通じた地域社会への貢献

モノづくりの技術と設備を持つ町工場は、地域の重要な雇用の創出源ですが、川田製作所ではもっと大きく地域社会に貢献ができるのではないかと考え、地域のパートナーシップを通じて積極的に行動し、模索しています。例えば、2014年4月に「出張まち工場」（神奈川県西部の町工場、デザイナー、職人など、モノづくりに関わる種々の事業者で構成）を結成し、地域のイベントでモノづくり活動を実演したり、小学生を対象にしたワークショップを開催したりと、地域住民とモノづくりを楽しむ活動を続けています。こうした場でのふれあいや会話から新たなモノづくりや交流が始まり、地域を通じたモノづくりが生まれるきっかけとなっています。

近年のモノづくりにおいては、自分が作りたいと思った機器を自分で作る「メイカーズ」やハンドクラフト愛好者の増加、3Dプリンタに代表されるデジタルファブリケーションの登場など、脱大量生産時代とも呼べる流れが見られます。この流れの中、「出張まち工場」は、地域の中で地域のモノづくり事業者が担う役割や町工場による地域貢献を模索する機会にもなっています。

川田製作所ではこのほか、中学、高校、大学からのインターンシップを受け入れて、若い人材の育成を通じて、地域社会に貢献しています。

◆◆◆ 筆者の視点：ここがポイント！

・ITによる業務効率化と働きやすい環境の整備により、地域と共生し、多様な人材が活躍できる「良い雇用の場」を提供
・丁寧なコミュニケーションを通じて、社員一人ひとりのニーズを可能な限り満たし、得意を伸ばし、不得意を補う職場環境や仕組みを整備
・地域でモノづくりに携わる人々とのパートナーシップを通じた地域社会への貢献と今後の町工場の在り方の模索

7-3 コニカミノルタ株式会社

課題提起型デジタルカンパニーを目指すコニカミノルタ株式会社は、企業価値の向上と企業活動を通したSDGsへの貢献を高いレベルで両立しています。なお、同社は日経SDGs経営大賞2019を受賞しました。

逆算思考でSDGsが描く未来に向けた経済的・社会的価値を創造

「新しい価値の創造」を経営理念として掲げるコニカミノルタ株式会社（以下、コニカミノルタ）は、事業を通して経済的価値を生み出すと同時に、社会課題の解決に寄与することで社会的価値を創出し、人間社会の進化に貢献することを目指しています。数十年先のあるべき未来像から**逆算（バックキャスティング）**し、いますべきことを明確にすることで課題を見つけ、それを解決する事業を生み出すことでSDGsが描く未来に向けて価値を創造しています。解決を目指す課題は顕在化したものだけでなく、潜在的なものも含み、こうした課題に対し、顧客と共にその解決に取り組む、「課題提起型デジタルカンパニー」を目指しています。

IoTを使った働く現場の課題解決

コニカミノルタが経済的価値の創出と社会課題の解決を両立している例にIoTを使った介護現場におけるワークフローの変革があります。超高齢社会を迎えた日本では、介護のニーズが高まる一方で、介護労働者が不足しています。コニカミノルタはすべてのモノがインターネットにつながるIoTを活用したケアサポートシステムを開発・販売し、介護施設における介護スタッフのワークフローを変革しています。このシステムでは、天井に設置した近赤外線カメラとセンサーにより入居者の行動を認識し、介護スタッフのスマートフォンに通知します。介護スタッフはその通知を基に対処することができます。例えば、アクシデントが起こった場合、記録された映像を基に入居者に合わせた改善が可能になります。また、情報はリアルタイムにスタッフ間で共有でき、記録の手間が省けます。こうしたワークフローの変革によって、介護業務の効率は平均で約30%向上したといいます。また、介護業務効率の改善で生まれた時間やゆとりは介護の質の向上につながり、入居者の生活の質の向上につながります。このように、自社のコア技術とIoTを使ってイノベーションを起こすことで、事業を通じて社会課題の解決に貢献しています。

図6　ケアサポートシステムによるワークフロー変革

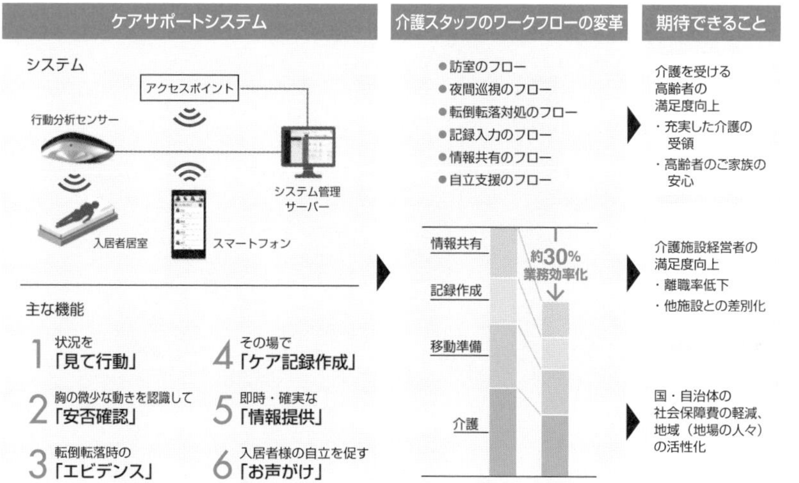

出典：コニカミノルタ株式会社CSRレポート2019

カーボンマイナスに向けて他社と連携

事業を通じて経済的価値と社会的価値の創出を両立させる考え方は、コニカミノルタの長期環境ビジョン「**エコビジョン2050**」とその達成に向けた取り組みに顕著に表れています。「エコビジョン2050」では、2050年までに自社製品のライフサイクル全体におけるCO_2排出量を2005年度比で80%削減することに加え、調達先や顧客など社外のCO_2削減に貢献した量が、自社の排出量（残りの20%に相当）を上回る「カーボンマイナス」を掲げています。

コニカミノルタは既に、グリーンサプライヤー活動を通じて、取引先に自社の環境技術・ノウハウを提供することで、省エネ・省資源による環境負荷低減（環境価値創出）とコストダウン（事業価値創出）の両立を進めてきました。また、グリーンマーケティング活動によって、顧客に環境ノウハウを提供し、顧客の環境課題解決を支援してきました。しかし、カーボンマイナスの実現には、これまで以上に多くの企業と連携する必要があるとの考えから、ステークホルダーとの連携の輪を広げるために、環境デジタルプラットフォームを構築しました。

図7　CO_2排出量削減目標、カーボンマイナス目標

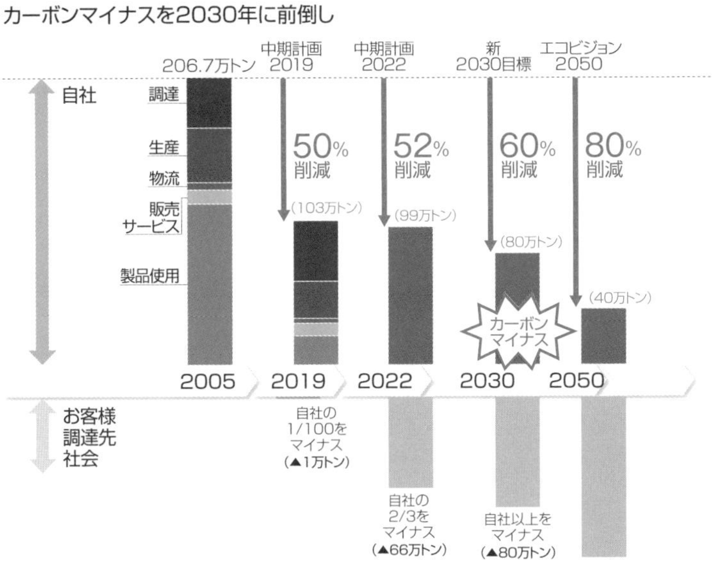

出典：コニカミノルタ株式会社

環境デジタルプラットフォームは、環境ノウハウをデジタル化し、提供するプラットフォームで、他社と価値を共創する取り組みです。コニカミノルタが実践してきた省エネ手法などのノウハウをプラットフォーム上で参加企業と共有することで、参加企業自身が省エネ施策を考え、実行できるようになります。その経験を各参加企業がプラットフォーム上で他の参加企業と共有することで、コニカミノルタと参加企業の環境ノウハウが蓄積され、プラットフォームが成長します。このように、企業間の連携を、プラットフォームを通じてグローバルに拡大していくことで、地球環境問題の解決に対する貢献を飛躍的に大きくすることを狙ったエコシステムです。これは同時にコニカミノルタや参加企業の事業価値向上にもつながる取り組みです。

図8　環境デジタルプラットフォーム

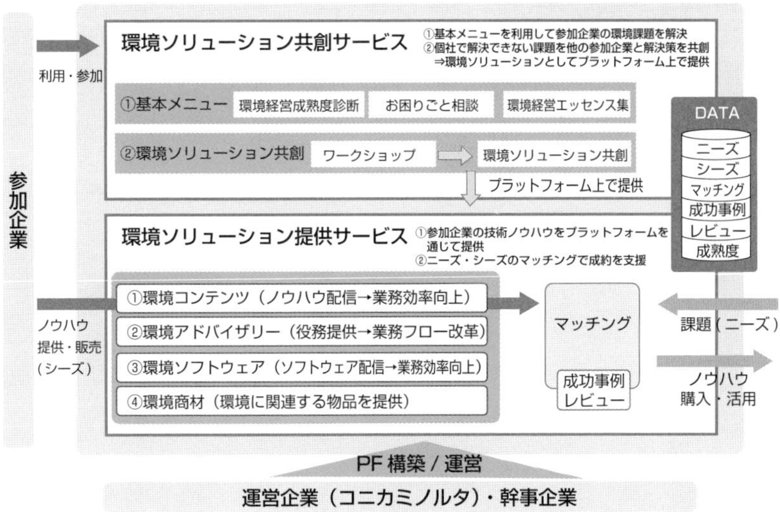

出典：コニカミノルタ株式会社

◆◆◆筆者の視点：ここがポイント！

・あるべき持続可能な未来からの逆算で現在取り組むべき課題を見つけ、課題解決をビジネスに
・強みであるコア技術とIoTを使ったイノベーションで介護スタッフのワークフローを変革するなど課題解決に貢献
・カーボンマイナスという2050年をターゲットとした野心的な長期ビジョン達成に向けてステークホルダーと連携し、環境価値と事業価値を共創・両立

7-4 株式会社太陽住建

株式会社太陽住建（以下、太陽住建）は、SDGsを手がかりとして2030年にむけた事業の目標を策定するとともに、SDGsの視点から自社の取り組みをレビューしたSDGsレポートを作成・発表するなど、積極的にSDGsを活用し、経営に統合しています。

本業を通じて地域課題の解決

太陽住建は、2009年に神奈川県横浜市で創業した、従業員８名の企業です。住宅用・産業用太陽光発電、リフォームの施工を主たる業務とし、地域を意識した経営・社会的事業に取り組む「横浜市型地域貢献企業」に認定されるなど、本業を通じて地域社会の課題の解決に取り組んできました。

同社では、地元の支援団体と協力して、太陽光発電設備設置に障がい者を雇用する就労支援を行っています。単に就労機会を提供するだけではなく、一般的な障がい者賃金よりも高い時給を設定したり、設置作業のマニュアル化、事前の研修の実施などを通じて、障害を持つ人が「働きがい」をもって仕事に従事できる環境・動機付けを行っています。また、このような就労支援活動を、障がい者施設など大規模災害時に福祉避難所となる場所で実施することによって、再生エネルギーの普及、障がい者の就労支援、災害に強い避難所の増加という相乗効果を図る活動を進めています（図9）。

また、少子高齢化を背景に多くの地域で社会課題となっている「空き家」対策の一環として、持ち主から借りた空き家をリフォームして、ワーキングスペースとして貸し出すとともに、コミュニティスペースとして活用する「solar crew（ソーラークルー）」を実施しています。この事業は、地域で活動する団体、自治体、企業など様々な立場や意見を持つ人々が地域課題を共有し、ともに解決方法を考える会議「井土ヶ谷リビングラボ」で共有された課題に対応する形で生まれ、地域のニーズを踏まえながら運営されています（図10）。

これらの事業活動は、異なる課題の同時解決を通じた、持続可能なまちづくり、SDGsの実践に結びつくものです。

図9　災害につよいまち作りに貢献する事業モデル

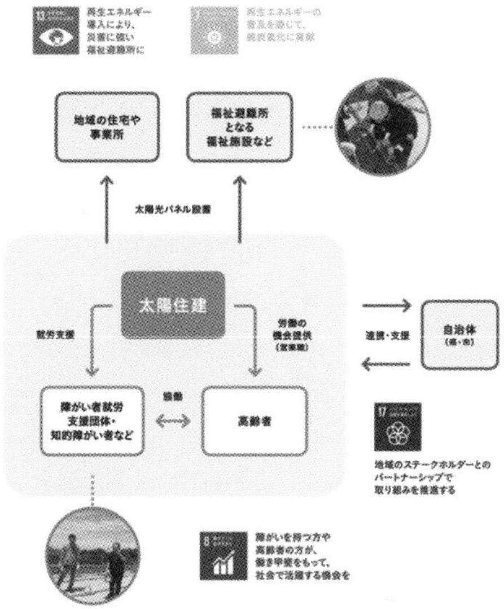

出典：IGES・太陽住建「太陽住建SDGsレポート」(2019年7月)

図10　持続可能なまちづくりを目指す事業モデル

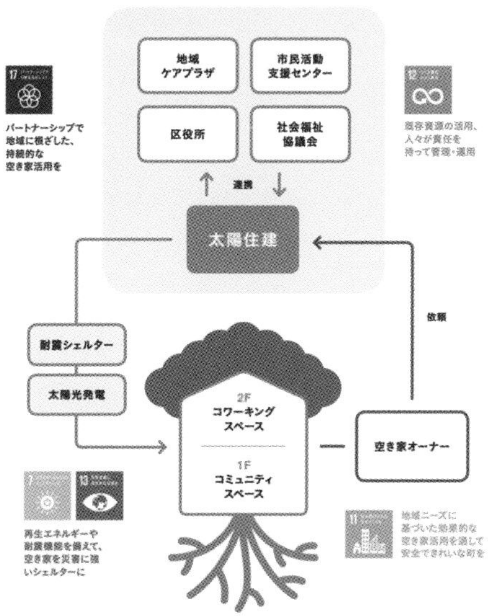

出典：IGES・太陽住建「太陽住建SDGsレポート」(2019年7月)

地元自治体の温暖化対策目標への貢献を明示

太陽住建は、SDGsを手掛かりにしながらリフォーム事業と太陽光発電施工事業の二つのビジネスの柱それぞれに、2019年を基準年とした自社の2030年経営目標を、具体的なターゲット（指標）とともに設定しました（図12）。このうち、自社が福祉避難所に施工する太陽光発電パネルによる発電量目標については、地元自治体である横浜市がゼロカーボン（脱炭素）を目指すことを掲げた「横浜市地球温暖化対策実行計画」（2018年 10月策定）の中で目標目安とした再生エネルギー発電量の12.15%に貢献することが謳われています。このように、自社の経営にSDGsを組み入れるだけでなく、具体的な目標設定をし、それを地域社会、国際社会の目標と関連づけることで「自分ゴト」化するとともに、自社のSDGsレポートなどを通じて発信していることが、太陽住建のSDGsの取り組みの特徴となっています。

図11　2030年の経営目標・指標

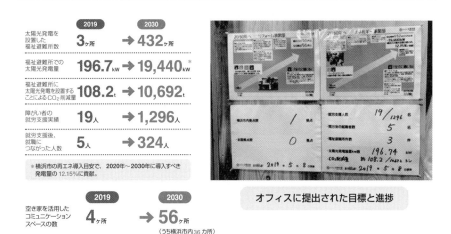

	2019	2030
太陽光発電を設置した福祉避難所数	3ヶ所	➔ 432ヶ所
福祉避難所での太陽光発電量	196.7kW	➔ 19,440kW*
福祉避難所に太陽光発電を設置することによるCO_2削減量	108.2t	➔ 10,692t
障がい者の就労支援実績	19人	➔ 1,296人
就労支援後、就職につながった人数	5人	➔ 324人

＊横浜市の再エネ導入目安で、2020年～2030年に導入すべき発電量の12.15%に貢献。

	2019	2030
空き家を活用したコミュニケーションスペースの数	4ヶ所	➔ 56ヶ所（うち横浜市内36カ所）

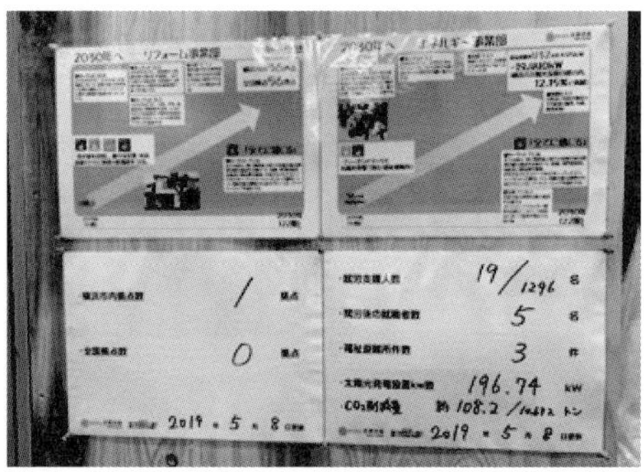

オフィスに提出された目標と進捗

出典：IGES・太陽住建「太陽住建SDGsレポート」（2019年7月）

図12　SDGsを経営に統合していったステップ

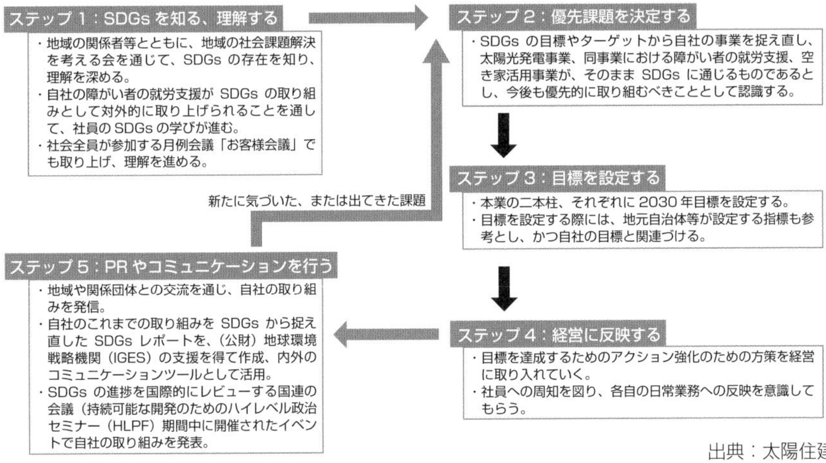

ステップ１：SDGsを知る、理解する
・地域の関係者等とともに、地域の社会課題解決を考える会を通じて、SDGs の存在を知り、理解を深める。
・自社の障がい者の就労支援が SDGs の取り組みとして対外的に取り上げられることを通して、社員の SDGs の学びが進む。
・社会全員が参加する月例会議「お客様会議」でも取り上げ、理解を進める。
ステップ２：優先課題を決定する
・SDGs の目標やターゲットから自社の事業を捉え直し、太陽光発電事業、同事業における障がい者の就労支援、空き家活用事業が、そのまま SDGs に通じるものであるとし、今後も優先的に取り組むべきこととして認識する。
ステップ３：目標を設定する
・本業の二本柱、それぞれに 2030 年目標を設定する。
・目標を設定する際には、地元自治体等が設定する指標も参考とし、かつ自社の目標と関連づける。
ステップ４：経営に反映する
・目標を達成するためのアクション強化のための方策を経営に取り入れていく。
・社員への周知を図り、各自の日常業務への反映を意識してもらう。
ステップ５：PR やコミュニケーションを行う
・地域や関係団体との交流を通じ、自社の取り組みを発信。
・自社のこれまでの取り組みを SDGs から捉え直した SDGs レポートを、（公財）地球環境戦略機関（IGES）の支援を得て作成、内外のコミュニケーションツールとして活用。
・SDGs の進捗を国際的にレビューする国連の会議（持続可能な開発のためのハイレベル政治セミナー（HLPF）期間中に開催されたイベントで自社の取り組みを発表。
新たに気づいた、または出てきた課題

出典：太陽住建

パートナーシップで取り組む持続可能なまちづくり

設定した目標を達成し、事業を推進していく上で人材や資金が十分でないことが活動・事業の制約条件になります。太陽住建では、このような制約条件を、地域の人々や関係する団体とのパートナーシップで克服していくことを目指しています。これまでの「リビングラボ」の活動や2018年9月にSDGsに関心の高い地域の企業・団体とともに立ち上げた「川でつながるSDGs交流会」はそのようなパートナーシップの基盤となっています。地域における人的ネットワークを構築し、これを通じて地域課題を共有し、検討し、解決のための取り組みを他の企業・団体・個人とパートナーシップで実施、事業化していく太陽住建のビジネスモデルは、SDGsが掲げる「パートナーシップを通じた目標を達成」と軌を一にするものです。

◆◆◆ 筆者の視点：ここがポイント！

・本業を通じた、複数の地域社会課題の同時解決を図る取り組み
・地域社会や国際社会が設定する目標との関連付けを明確にし、「自分ゴト」化した2030年目標の設定
・住民や地域企業・団体とのパートナーシップを基盤としたビジネスモデル

7-5 日本生命保険相互会社

日本生命保険相互会社は、あらゆる企業活動を通じて、貧困・格差、人口減少、高齢化の進展などの深刻で多様な社会課題解決へ貢献し、その一環として、自治体との連携を通じて地域社会への貢献に取り組んでいます。

SDG Compassのステップに沿った着実なSDGsの取り組み

日本生命保険相互会社（以下、日本生命）は、創業から今日にいたるまで、「共存共栄」、「相互扶助」の精神に基づき経営に取り組み、国民生活の安定と向上に寄与すべく努めてきました。民間企業ではありますが、生命保険事業は顧客、国民生活、社会を支える使命を帯びた公共性の高い事業であるという認識の下、あらゆる企業活動を通じて安心・安全で持続可能な社会の実現に貢献することを目指しています。

SDGsの理念は「共存共栄」、「相互扶助」の精神に通じるものであることから、SDG Compassが提示する5つのステップに沿って、SDGsの達成に向けた取り組みを着実に進めています。ステップ1「SDGsを理解する」では、SDGsの勉強会や、教材作成などを通じて役員・職員の理解を促しました。ステップ2「優先課題を決定する」では、17のゴール・169のターゲットと日本生命の取組をマッピングし、優先的に取り組む目標を選定しました。そして、ステークホルダーからの期待と自社の事業との関連性の両軸から特定した16のCSR重要課題を、SDGsの採択やパリ協定の発効といった世界動向に鑑み、2018年に18のサステナビリティ重要課題に改定しました。ステップ3「目標を設定する」では、ステークホルダーとの対話もふまえ、日本生命ならではの新たな価値を創造するため、「SDGs達成に向けた当社の目指す姿」を設定しました。安心・安全で持続可能な社会の実現に向けて、「貧困や格差を生まない社会の実現～次世代を社会で育む仕組づくり～」「世界に誇る健康・長寿社会の構築～健康寿命の延伸に資する取組～」「持続可能な地球環境の実現～気候変動問題への取組～」の3つのテーマと、「ESG投融資～資金提供やスチュワードシップ活動を通じた社会・企業行動への働きかけ～」に重点を置くことを決定しました。ステップ4「経営へ統合する」では、上記の内容を部門による取り組みに反映し、ステップ5「報告とコミュニケーション」では、取り組みの内容と進捗を公式HPなどを通じて報告しています。

また、「SDGs達成に向けた当社の目指す姿」で掲げる重点分野の中では、「貧困や格差を生まない社会の実現」への貢献があります。元来、生命保険には病気や事故などにより経済的弱者が生まれることを防ぐセーフティネットの機能があり、生命保険の事業は「貧困をなくそう」というSDGsの目標に通底しているのです。

表1　18項目のサステナビリティ重要課題

お客様・地域社会	従業員
・お客様満足度の向上・情報提供の充実 ・商品・サービス提供を通じた社会的課題への対応 ・ユニバーサル・サービスの提供 ・資産運用を通じた持続可能な社会形成への寄与 ・地域社会発展への貢献・強調関係の構築	・多様な人材の採用・育成・定着 ・ダイバーシティ＆インクルージョンの推進 ・働き方の変革・健康経営の推進
環境	**コーポレートガバナンス・コンプライアンス・人権・リスク管理**
・気候変動問題への取組	・相互会社形態による長期的・安定的な経営 ・適切な経済的価値分配 ・コーポレートガバナンスの強化 ・CSR課題の経営への統合 ・ステークホルダー・エンゲージメント ・コンプライアンス体制の強化 ・すべての人々の人権を尊重する経営 ・ERM態勢の高度化

出典：日本生命のウェブサイト資料を基に作成

図13　SDGs達成に向けた当社の目指す姿

出典：日本生命ウェブサイト

自治体との連携で、本業を通して地域の課題解決に貢献

日本生命は「世界に誇る健康・長寿社会の構築」に向けた保険商品・サービスを販売・提供しています。この背景には、「人生100年時代」を迎える日本において、平均寿命と健康寿命に差（男性は9年、女性は12年*1）があることから、健康寿命の延伸が課題となっています。この課題に対して、日本生命は長生きや認知症のリスクに備えた保険商品を販売している他、介護・認知症の相談窓口を設けるなど、様々なサービスを提供する「Gran Age プロジェクト」を推進しています。このプロジェクトは、「人生100年時代」を、一人ひとり、そしてその家族が、「安心して・自分らしく」より豊かに生き、"明るい長寿社会"にすることを目指しています。

また、日本生命は全国で約5万名の営業職員を有しているという強みと、都道府県や市町村との「連携協定」を生かして、高齢社会において地域が抱える社会課題解決などに取り組んでいます。具体的な取り組みは地域ごとに異なりますが、ある地域では自治体との連携を通じて高齢者の見守り活動を行っています。日本生命の営業職員が契約者の自宅を訪問した際、何日も洗濯物が出しっぱなしになっていたり、郵便物が溜まっているなどの異変に気付くと、自治体に速やかに連絡を入れます。こうした取り組みは、高齢者の孤立を防ぎ、住民の救護や犯罪の抑制にもつながることから、健康や福祉の向上、住み続けられる街づくりというSDGsの目標にもつながる取り組みといえるでしょう。

男性の育児休業取得100%で多様な人材を受け入れる風土を醸成

日本生命は、多様な人材の多彩な活躍を推進することで、将来の事業展開を支え、業界をリードする組織を構築していくとともに、多様性を受容しお互いを認め合う風土の醸成により、活力あふれる組織の実現を目指しています。その一つとして、男性の育児休業（育休）取得100%を目指す取り組みを2013年に始めました。この取り組みを進める上では、特定の男性が長く育休を取ることより、取得期間は短くても該当する男性全員が育休を取得することで風土を変えようとしました。そのため、取得期間は男性が取りやすい1週間を奨励し、トップのコミットメントの下、取得率100%を目指しました。この目標を達成するには、管理職の意識・行動を変える必要もあったため、組織と自らを成長させる管理職像として「ニッセイ版イクボス」を掲げ、行動の定着に取り組みました。また、育休を取得する本人の意識・行動

---

*1 厚生労働省「平成28年版厚生労働白書」

を変えるために、イクメンハンドブックや体験談を作成し、育休取得によるメリットを伝えました。さらに、取得資格を持つ男性を人事部門と所属長がサポートする体制を構築しました。こうした努力の結果、2013年度から7年連続で男性の育休取得率は100%を達成し、これまでに取得した男性は男性従業員の約4人に1人となりました。育休を取得した男性からは、「短時間で効率的に働く習慣が身についた」「子育てする女性の大変さが理解できた」との声が寄せられています。

図14 男性従業員育児休業取得促進の取り組み

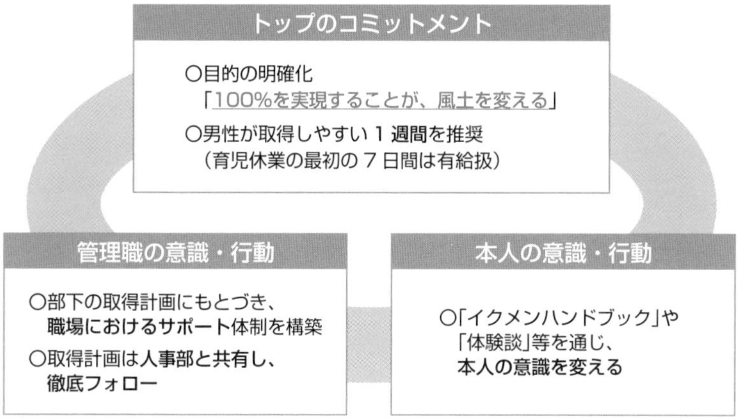

トップのコミットメント
○目的の明確化
「100%を実現することが、風土を変える」
○男性が取得しやすい1週間を推奨
（育児休業の最初の7日間は有給扱）
管理職の意識・行動
○部下の取得計画にもとづき、
職場におけるサポート体制を構築
○取得計画は人事部と共有し、
徹底フォロー
本人の意識・行動
○「イクメンハンドブック」や
「体験談」等を通じ、
本人の意識を変える

出典：日本生命発表資料

◆◆◆ 筆者の視点：ここがポイント！

・本業である生命保険業を通じて、病気療養者や死亡者遺族の貧困防止に貢献
・自治体と連携して、高齢者の見守り活動など、地域の課題解決に貢献
・顧客の多様なニーズに対応するため、管理職および男性の意識改革による職場環境の向上と、多様な人材を受け入れる風土を醸成

7-6 株式会社ハートフルタクシー

株式会社ハートフルタクシーは、タクシー業界のサービスに関する課題解決を目指して創業されました。顧客に徹底的に寄り添ったサービスは好評を博しているだけでなく、地域の課題解決にも貢献しています。

SDGsに通じる経営理念

株式会社ハートフルタクシー（以下、ハートフルタクシー）は、2006年に神奈川県海老名市にて創業したタクシー会社です。タクシーはサービス業でありながら、他のサービス業界では当然求められるような接客態度が欠けている、顧客の要望に応えていない、などのケースが多々見られたことに対して問題意識を持った創業者が、もっと顧客のニーズに寄り添ったサービスを提供するべきとの想いから、「おもいやり・やさしさ日本一」を目指すタクシー会社を設立しました。

ハートフルタクシーには、地域社会への貢献、顧客・取引先・社員など会社にとってすべてのステークホルダーの幸せの追求、社員の誇りと生きがい、すべての社員が平等かつ対等であるなど、SDGsに通じる経営理念があります。入社選考ではこれらの理念を説明し、共感できない人は採用を固辞しています。社員に対しては丁寧に理念教育を施しています。こうした経営理念の徹底が、高いサービス水準の維持、顧客の満足、好業績につながっているといいます。

ハートフルタクシーに対する顧客の支持は強く、同じエリアの同業他社を大きく上回る売り上げを記録しています。他社は駅などの待機場での乗り込みを主な集客方法としているのに対し、ハートフルタクシーは固定客が多く、配車の85%を電話予約が占めています。

「誰一人取り残さない」地域社会の実現に貢献するサービス

ハートフルタクシーが営業エリアとする海老名・座間・綾瀬・大和は電車・バスが利用しにくい地区も多く、タクシーの需要があります。近年は、高齢化の影響もあり、高齢者のニーズが増えています。ハートフルタクシーは高齢者に加えて、障がい者、子育て中の親や子供といった地域のあらゆる顧客の要望に対処できるよう、タクシーサービスを「総合的な生活移動手段」として提供しています。

例えば、介助を必要とする乗客への対応として、UDタクシー（車いすのまま乗車できるユニバーサルデザインタクシー）を2車両用意し、介助付きで通院・退院や買い物を手助けしています。顧客が安心して利用できるよう、ホームヘルパーの資格を有するドライバーを派遣しています。

図15　介護タクシー

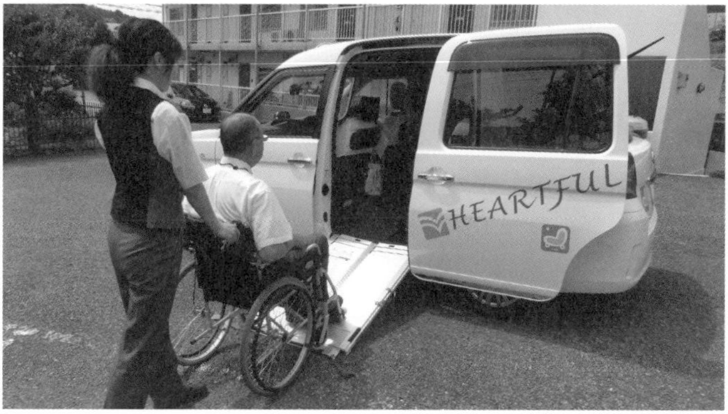

出典：ハートフルタクシーウェブサイトより

また、運転免許証を返納した高齢者や一人で出かけることが不安な高齢者が、共にタクシーを利用することで、安心して手ごろな価格で買い物や観光に出かけられるようなサービスも提供しています。ドライバーは運転だけでなく、荷物運びや買い物支援も併せて行います。海老名市の行政や社会福祉団体とも相談の上で行っているこのサービスは、高齢者の外出を促進することで地域経済の活性にもつながります。また、高齢者の外出の頻度と健康寿命は正比例することが知られており、高齢者の外出促進が高齢者の生活の質の向上につながっているとともに、社会福祉の負担を減らすことにも貢献すると考えられています。

子供を対象とした子育て支援タクシーというサービスもあります。保護者が働いていて子供を送迎できない場合などに、子供を安全に保育所や自宅まで送迎するサービスで、毎月1,000人ほどの乗客に利用されています。ドライバーは子供を目的地まで送るだけでなく、家族または保育担当者に預けるまで引率します。ハートフルタクシーはこのサービスを提供するにあたり、子供だけでも安心安全にタクシーを利用できるよう、保護者、保育担当者との信頼関係構築に力を注いだといいます。子育て支援タクシーを運転するすべてのドライバーは全国子育てタクシー協会主催の研修を受講し、キッズドライバーの認定を受けています。特に子どもの保護者と同じ世代の女性ドライバーが多く活躍しています。キッズドライバーの一覧が専用のファイルに掲載されており、保護者や保育担当者が子供を預ける時に確認できるようになっています。運賃の支払いは子どもが行うのではなく、保護者がまとめて後払いできます。

さらに妊婦を対象としたサービスとして陣痛119番があります。家に誰もいないときに陣痛がきた場合には、事前に登録しておけば、電話をするだけで、病院まで連れて行ってもらえるサービスです。

ハートフルタクシーは、従来、利用できる交通手段が限られていた人々の個別のニーズに合わせたサービスを提供することで、こうした人々の生活の自立や福祉向上に貢献しているといえるでしょう。また、サービスを提供するために、多様な関係者と緊密な連携を取っていることは、SDGsにおけるパートナーシップの実践例といえるでしょう。

女性ドライバーの活躍を支える労働環境の整備

タクシー業界においてはほとんどのドライバーが男性ですが、ハートフルタクシーでは女性ドライバーが約４割と、数多く活躍しています。その理由は、子育てを担う女性でも働きやすい労働環境を整備したためです。元々、ハートフルタクシーでは、子供を持つ女性の従業員は子どもを保育所に預けて働いていましたが、子供の発熱などで急に休まざるをえないことが多々ありました。通常、タクシー業界は歩合制であるため、こうした場合、給料を減らさざるを得ず、就労上の課題になっていました。そこで、ハートフルタクシーは業界では珍しい固定給制を導入したり、タクシー業界で初めて事業所内に無料の保育施設（神奈川県労働局認定）を設置するなどの対応をすすめることで、女性ドライバーを増やしました。こうすることで、人手不足のタクシー業界において従業員を確保できただけでなく、女性従業員の発案から上記の介護タクシー・子育て支援タクシー・陣痛119番のようなサービスが生まれ、それまで以上に女性や高齢者のニーズに応えることができるようになったのです。また、ハートフルタクシーのドライバーは顧客の買い物を手伝ったり、通院の介助をすることがありますが、こうしたサービスを受ける顧客は、女性ドライバーを要請する場合が多いといいます。陣痛119番を利用する妊婦の破水や出血などでも女性ドライバーの方が対応に慣れていることが多く、女性ドライバーの雇用はサービス向上にもつながっているといいます。一方、大きな荷物を運んだり、酔った乗客に対応する際は男性ドライバーが対処するなど、適材適所でドライバーを派遣しているといいます。こうした女性が働きやすい環境の整備や、女性の積極的な雇用などが評価され、ハートフルタクシーは2016年にかながわ「産業Navi大賞」2016奨励賞を受賞しました。

図16　ハートフルタクシーの託児所

出典：ハートフルタクシーウェブサイト

◆◆◆ 筆者の視点：ここがポイント！

- SDGsに通じる経営理念に基づいて、顧客第一に徹したサービスを提供
- 多様な主体との連携を通じて、顧客のニーズに対応するだけでなく、地域の課題解決にも貢献
- 労働環境の徹底改善で女性の雇用を促進し、女性目線でサービスを拡大・向上

7-7 不二製油グループ本社株式会社

不二製油グループ本社株式会社は、継続的な企業価値向上と社会の持続可能な発展に貢献することを目指すESG経営を推進しており、日本企業として初めてCDPフォレスト[*2]のAリストに選ばれるなど、その取り組みは国内外で高い評価を得ています。

不二製油グループのESG経営の推進体制

不二製油グループは1950年に大阪市で創業した、植物性油脂、業務用チョコレート、乳化・発酵素材、大豆加工素材の事業に関する食品の開発製造販売を行う会社です。同社グループは2015年10月に、ミッション（使命・存在理由）ビジョン（目指す姿）、バリュー（行動する上での価値観）、プリンシプル（行動原則）で構成される「不二製油グループ憲法」を制定しました。このグループ憲法は、「バリュー」で掲げる「人のために働く」という言葉に象徴されるように、社会の一員として、社会から必要とされる会社であるように事業活動を展開することを中核的な考え方に据えています。

同社グループは、植物性食品素材を通して社会課題を解決するという意思を「Plant-Based Food Solutions（PBFS）」として表しており、このPBFSを実現するためにESG経営の重点領域・重点テーマと「中期経営計画 Towards a Further Leap 2020」を策定しています。

また、PBFSをキーワードとしてグループ全体でESG経営を推進するため、2019年4月にはグループ本社に最高ESG経営責任者（C"ESG"O）を設置しました。C"ESG"Oは、「持続的な企業価値向上」と「社会の持続可能な発展」との両立を図るため、取締役会と連携しながらESG経営を統括し、ステークホルダーの期待に応える役割を担っています。これにより同社グループでは、技術、経済価値に加えて、サステナビリティの追求も図る三軸経営（MOT+MOE+MOS）[*3]を推し進めています。

現在は、次の経営計画を視野に議論を始めています。2050年を見据え、バックキャスティングによって目指す姿を明確化するともに、MOT・MOEにMOSおよび時間軸を加味した観点から導かれる事業ポートフォリオを、2030年・2050年

＊2 CDPはCarbon Disclosure Projectの略称で、企業が環境情報を測定し、開示し、管理するためのプログラムを提供する国際NGOのことです。「CDPフォレスト」は、木材・パーム油・畜牛・大豆に関連する事業を行う企業を対象として、A～Fでスコアを評価しています（Aが最高評価）。CDPには他に、「気候変動」「ウォーター」「シティ」「サプライチェーン」があります。

といった具体的なロードマップに落とし込むことを検討しているとのことです。

図17　不二製油のESG経営

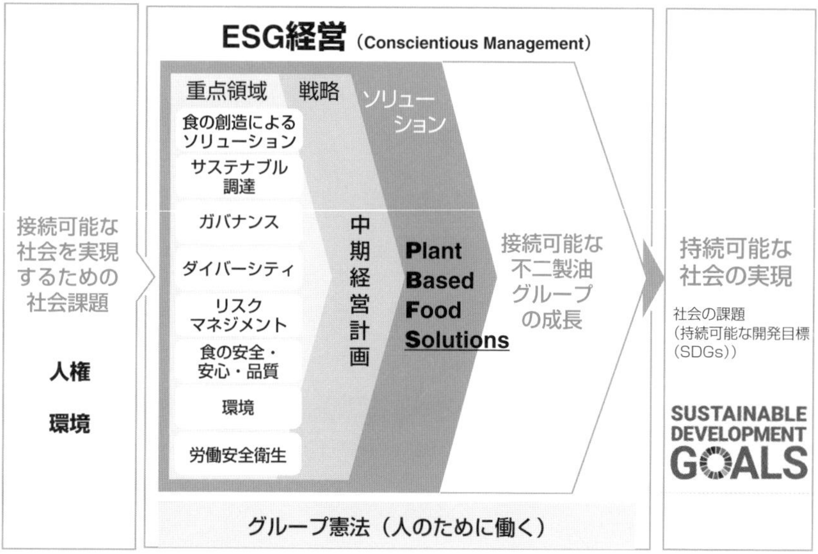

環境ビジョン2030

環境面については、同社グループは、パリ協定やSDGsの実現に貢献するため、2018年度に新たなビジョン「環境ビジョン2030」を策定しました。CO_2排出量（SBTの考え方に基づく）、水使用量、廃棄物発生量の削減や資源リサイクル率向上の目標を定め、環境保全活動を推進しています（表1）。

表2　環境ビジョン2030

項目	目標
CO_2排出量の削減（グループ全体）	スコープ1＆2：40%削減 スコープ3（カテゴリ1）：18%削減（基準年※対比）
水使用量の削減（グループ全体）	2030年に原単位で20%削減（基準年※対比）
廃棄物量の削減（グループ全体）	2030年に原単位で10%削減（基準年※対比）
資源リサイクル（国内）	2030年まで再資源化率99.8%を維持

※基準年：2016年

＊3　MOT (Management of Technology)、MOE (Management of Economics)、MOS (Management of Sustainability)

大豆素材で食資源不足に貢献

不二製油グループのESG経営における重点テーマは、大きく「製品を通じて解決に貢献する社会課題」と「事業プロセスを通じて解決に貢献する社会課題」の２種類に分けて整理されています。

前者の「製品を通じて解決に貢献する社会課題」の一つに、「食資源不足」へのソリューション提供があります。世界人口の爆発的な増加と食料資源不足の深刻化が危惧される中で、動物性たん白源に比べて少量の水と資源で生産可能な大豆に早くから注目し、赤字が続いた時期もありながらも50年にわたって技術革新を重ねてきました。そして2012年に、生乳の分離法に近い方法で、大豆を豆乳クリームと低脂肪豆乳に分離するUltra Soy Separation（USS）製法を開発し、特許を取得。チーズ風豆乳素材や豆乳クリームホイップなどの様々な加工品への展開を可能にしました。また、2018年には、ミンチ肉のような不連続な食感を付与し、牛肉さながらに満足できるミートレスハンバーグを開発。将来の動物性たん白源の代替となる大豆素材を社会に提案するこの取り組みは、PBFSの代表例の一つといえるでしょう。

図18　大豆の特徴

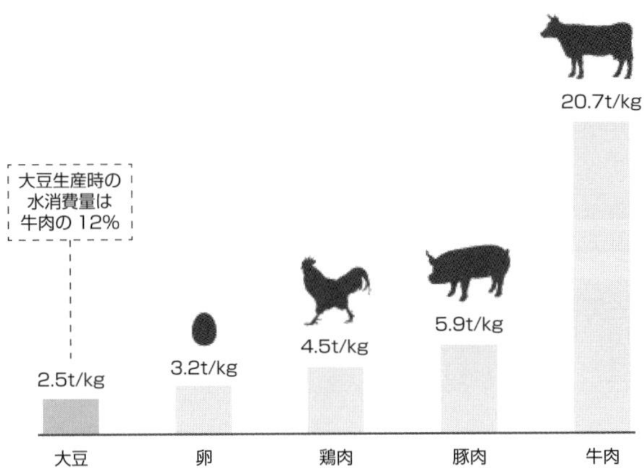

出典：東京大学　生産技術研究所　沖研究室

パーム油のサステナブル調達の取り組み

「事業プロセスを通じて解決に貢献する社会課題」の一つには、パーム油のサステナブル調達の取り組みがあります。パーム油の原料であるヤシは東南アジアなどの熱帯地域に生息しています。食品から化学品まで多用途に使われ、途上国の重要な収入源になっています。その一方で、農園開発に伴う環境破壊、児童労働などが問題になっています。

同社グループでは、2004年にRSPO（持続可能なパーム油のための円卓会議）に加盟し、認証油の取り扱い体制を整え、取り組みを進めてきました。2016年には「責任あるパーム油調達方針」を定め、パーム油サプライチェーン上の「森林破壊ゼロ」「泥炭地開発ゼロ」「搾取ゼロ」の実現に向けて取り組んでいます。さらに、2018年からはグリーバンス（苦情処理）メカニズムを運用しています。同社グループは農園や搾油工場を所有しておらず、現地の農園に対してはサプライヤーを通しての関わりのみであるため、直接的なやりとりがなく、直接接点を持つことは非常に難しい状況です。しかし、SDGsという世界が掲げる共通の目標に基づいて直接取引のあるサプライヤーとのエンゲージメント（積極的働きかけ）を行うことでサプライチェーン上の問題の改善に取り組んでいるとのことです。

そうした中、あるパーム油の農園において環境問題や人権侵害があるとして、同社グループはサプライヤーを通して改善を求めてきましたが、改善が見られなかったことから、2018年9月に当該農園会社からの調達を停止したことを表明しました。問題に対する真摯な姿勢がうかがえます。

◆◆◆筆者の視点：ここがポイント！

・「人のために働く」の価値観を表明するグループ憲法
・バックキャスティング、アウトサイド・インを踏まえた事業戦略・目標の策定
・C"ESG"Oを設置するなど、サステナビリティと経営との一体化
・大豆事業を成長させ、製品を通じて社会課題の解決に貢献
・パートナーと連携したパーム油の持続可能な調達への取り組み

7-8 株式会社ユーグレナ

株式会社ユーグレナは、世界で初めて微細藻類ユーグレナ（和名 ミドリムシ）の食用屋外大量培養技術を成功させ、持続可能な社会を目指し、様々な事業や活動を展開するベンチャー企業です。

ユーグレナの特徴と株式会社ユーグレナの事業

株式会社ユーグレナ（以下、ユーグレナ社）は、2005年に設立されたバイオテクノロジー企業です。社名であるユーグレナは微細藻類の一種で、いわゆる「ミドリムシ」のことです。

ユーグレナは植物と動物の両方の特徴をもつ特異な生物といわれています。栄養学的には、必須アミノ酸、ビタミン類、ミネラル、不飽和脂肪酸など植物と動物の両方の栄養素を併せ持っており、かつ、細胞壁を持たないために栄養成分の消化率が細胞壁を持つ植物などに比べて高いといった特徴があります。また、油分を燃料として活用可能で、バイオマスとしての特性も併せ持っています。

表3　ユーグレナに含まれる59種類の栄養素

《ビタミン》	《ミネラル》	《アミノ酸》	《その他》	《不飽和脂肪酸》
α-カロテン	亜鉛	バリン	β-グルカン	DHA
β-カロテン	リン	ロイシン	パラミロン	EPA
ビタミンB1	カルシウム	イソロイシン	クロロフィル	パルミトレイン酸
ビタミンB2	マグネシウム	アラニン	ルテイン	オレイン酸
ビタミンB6	ナトリウム	アルギニン	ゼアキサンチン	リノール酸
ビタミンB12	カリウム	リジン	GABA	リノレン酸
ビタミンC	鉄	アスパラギン酸	スペルミジン	エイコサジエン酸
ビタミンD	マンガン	グルタミン酸	プトレッシン	アラキドン酸
ビタミンE	銅	プロリン		ドコサテトラエン酸
ビタミンK1		スレオニン		ドコサペンタエン酸
葉酸		メチオニン		ジホモγ-リノレン酸
ナイアシン		フェニルアラニン		アラキドン酸
パントテン酸		ヒスチジン		ドコサテトラエン酸
ビオチン		チロシン		ドコサペンタエン酸
		トリプトファン		
		グリシン		
		セリン		
		シスチン		

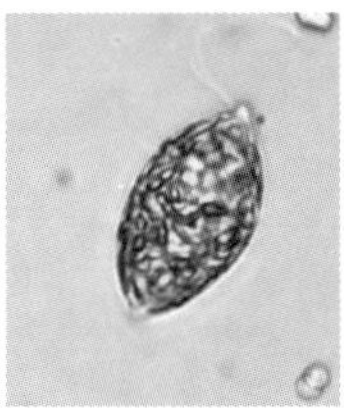

出典：ユーグレナ社より提供

このような優位性をもつユーグレナには50年以上の研究の歴史がありますが、以前は食品として流通させることが可能なレベルでの大量培養は実現されていませんでした。そうした中、ユーグレナ社は、過去に行われていた研究の論文などを活用して、2005年12月に世界で初めてユーグレナの食用屋外大量培養に成功しました。

現在、ユーグレナ社はグループ各社とともに、微細藻類ユーグレナの大量培養技術をコア技術として、ユーグレナをはじめとする微細藻類に関する様々な研究開発活動を行っています。また、その研究開発の成果を活かしてヘルスケア事業（食品製造販売及び化粧品製造販売）、エネルギー・環境事業（バイオ燃料開発など）といった事業を展開しています。

バングラデシュの栄養問題を解決するユーグレナGENKIプログラム

ユーグレナ社の創業のきっかけは、社長の出雲氏が学生時代に訪れたバングラデシュで、栄養失調となっている子どもたちを目の当たりにしたことでした。「ユーグレナGENKIプログラム」では、この創業理念の地であるバングラデシュの子どもたちを対象に、豊富な栄養素を持つユーグレナ入りクッキーを配布しています。1食分のクッキーは6枚で、現地の子どもたちに特に不足している栄養素1日分を提供できます。本プログラムは、対象商品の売上金の一部を協賛金として充てることで運営されており、消費者は、これらの商品を購入することでプログラムに参加できるという仕組みとなっています。

図19　ユーグレナGENKIプログラム

出典：ユーグレナ社HP

バイオ燃料事業の取り組み

ユーグレナ社のバイオ燃料事業は、持続可能な地球環境のために、オープンイノベーションで進められている事例の一つです。

まず、背景から説明しましょう。国際民間航空機関（ICAO）は2016年の総会で、2021年以降は世界の飛行機からのCO_2排出量が2020年レベルを上回ることなく国際航空が成長するための枠組みを決定しました。もし排出量が目標値よりも上回ってしまう場合には、各航空会社はお金を支払って排出する権利を購入しなければいけなくなります。

現在の技術では、電気で飛行機を飛ばすことは難しいため、液体燃料の低炭素化が不可欠です。既に海外ではバイオジェット燃料を使った商業フライトが当たり前になりつつありますが、日本での実績はありません。また、国内大手航空会社2社が海外からのバイオジェット燃料の購入を決めていますが、日本発のフライト向けに国内でバイオジェット燃料を供給できる製造者・供給者は不在のままです。

そこでユーグレナ社では、他のバイオマスと比べて面積当たりの収穫油量が極めて多いユーグレナの特性を活かし、バイオ燃料に適したユーグレナを培養する研究を開始。2015年12月1日には、横浜市、千代田化工建設、伊藤忠エネクス、いすゞ自動車とANAホールディングスの協力のもと、2020年に向けた国産バイオ燃料計画の始動を発表しました。そして、2017年6月1日に日本初のバイオジェット・ディーゼル燃料の製造実証プラント建設に着工し、2018年10月31日に竣工を迎えました。

この竣工を機に、ユーグレナ社は国産バイオ燃料計画にともに取り組んできたパートナー企業・団体と『GREEN OIL JAPAN』宣言を行いました。この宣言では、バイオ燃料製造実証プラントで製造したバイオ燃料を陸・海・空における移動体に導入し、2030年までにバイオ燃料事業を産業として確立することを目標に掲げています。そのためにユーグレナ社は、2025年までに25万KL/年のバイオジェット・ディーゼル燃料を製造する商業生産体制を整え、2030年までにバイオ燃料100万KL/年を供給することを目指しています。

図20　バイオ燃料事業の商業化ロードマップ

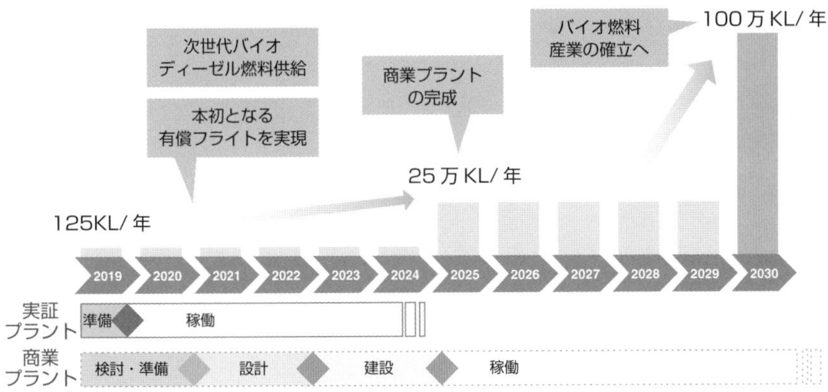

出典：ユーグレナ社より提供

ユーグレナ社の未来を見据えた取り組み

ユーグレナ社は、未来をよりよくするため持続可能な社会を目指し、事業を展開しています。しかし、未来の社会や経営を考えるにあたり、いまの経営陣だけでは不十分であると考え、未来の経済や社会の中心となる社会課題意識の強い次世代の考えを経営に反映させるため、2019年8月9日に、18歳以下という条件で「Chief Future Officer（最高未来責任者）」を募集しました。将来世代の考えを経営に生かし、SDGsの目標達成や将来選ばれる会社を目指すとしています。

◆◆◆筆者の視点：ここがポイント！

- 創業精神とコア技術を掛け合わせ、消費者参加型の仕組みで、世界の貧困・飢餓問題に貢献
- 自社の強みを生かし、パートナーシップで進めるオープンイノベーション
- 気候変動への貢献と自社の長期的発展に向け、市場環境を整備しつつ、バイオ燃料事業を推進
- 会社と地球の未来を見据えた将来世代の若年層との取り組み

7-9 Royal DSM

炭鉱会社として始まったRoyal DSM（以下DSM）は、社会や市場のニーズに応える形で事業転換を続け、現在は事業を通じたサステナビリティへの貢献を高く評価されるグローバル・サイエンス企業です。

「社会課題の解決、サステナビリティへの追及を通じて事業を拡大」を軸に成長領域に事業を転換

Royal DSMは1902年にオランダの国営炭鉱会社として始まりました。祖業は環境や人々に大きな負荷がかかる石炭業でしたが、社会のトレンドやサステナビリティへの貢献を念頭に、事業の売却・買収などを通じて事業ポートフォリオの大転換を遂げてきました。始まりは石炭採掘から石炭化学・肥料会社への転換であり、その後、石油化学会社に事業転換し、1995年には石油化学が売り上げ比率の6割を占めました。しかしその後、石油化学事業をプラントごと売却し、長期トレンドから今後も伸びると判断したビタミン事業を買収しました。また、90年代後半には、より環境に配慮した企業を目指し、オランダ最大のバイオ企業を買収しました。そして現在は、健康、栄養、サステナブルな暮らしを事業ドメインとするグローバル・サイエンス企業として、確固たる地位を築いています。

このようにDSMが事業を大きく変える中で、軸足として変えなかったのは、DSMのバリューでもある「Doing well by doing good - 社会課題の解決やサステナビリティに貢献するビジネスを推進することにより、事業の拡大を目指す」ことです。その取り組みは世界的にも非常に高い評価を受けており、2004年から2019年の16年間で、Dow Jones Sustainability Index（DJSI）の化学業界において1位を8回獲得するなどの実績をあげています。

現在、DSMはpeople（人）、planet（地球）、profit（利益）の持続可能性を目指し、①健康的な生活（栄養と健康）、②気候とエネルギー、③資源と循環型社会の3領域を事業の中核に位置付けています。事業内容は多岐に亘り、例えばSDGsの目標2と3に深く関わる栄養領域では、人の才能や能力の6〜8割が決まるといわれる人類最初の1000日の栄養状態を向上させるため、乳幼児用ミルクの原材料を提案し

ています。目標7と13に深く関わる気候・エネルギー領域では、金属を高機能なエンジニアリングプラスチックに代替することで自動車を軽量化し、燃費を改善しています。目標12と関係の深い循環型社会領域では、サステナブルな塗料に使う樹脂や100%リサイクル可能なカーペット材などを開発、生産しています。

図21　事業ポートフォリオの変遷

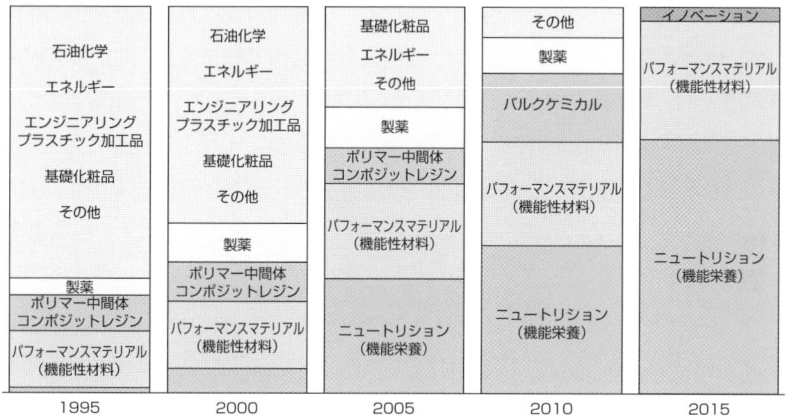

出典：DSM

低炭素社会に向けたルール形成を通じて優位性を持てる市場を創る

DSMはサステナブルな社会を構築する世界の動きを鑑み、環境規制が入りそうなところに先んじて対応しつつ、市場変革への情報を発信し、リードすることで市場でのリーダーシップや優位性を発揮しています。例えば、DSMは低炭素社会の実現を大きく推進すると考えられているカーボンプライシングを社会に先駆けて社内で導入しています。炭素価格は充分にインパクトのある分かりやすい数値としてCO_2を1トンあたり50ユーロに設定し、事業の投資計画を議論する際に必ず炭素価格を考慮したビジネスケースとそうでないケースの両方を検討します。こうすることで、組織内の意識を高め、事業計画の初期段階でエネルギー節減の機会を見出せます。また、炭素税が導入された際のインパクトが理解でき、実際に導入されても対応がしやすくなるという利点もあります。従来はチーフファイナンスオフィサーと別にサステナビリティ担当を立てていましたが、カーボンプライシングを導入したことで経営部門や財務部門もサステナビリティ分野の重要性を認識し、対応できるようになったといいます。

DSMは社内でカーボンプライシングを実践すると同時に、カーボンプライシングが世界全体に導入されるようアドボカシー（提唱）活動を進めています。前CEOであるフェイケ・シーベスマ氏は世界銀行を巻き込んで、カーボンプライシングの統一化された仕組みの導入を目的とする自発的イニシアティブである「カーボンプライシング・リーダーシップ連合（CPLC）」を立ち上げ、2016年からは共同議長として、世界でのカーボンプライシングの普及に努めています。CPLCが目的を達成すれば、低炭素社会の構築に向けた動きが加速するとともに、DSMは自社の製品やサービスがより市場に浸透し、市場で優位性を保つことができると考えているのです。この取り組みを進める背景には、持続可能性に関する課題解決には自社だけでなく、他社や社会全体の取り組みを進める仕組みが必要という考えがあります。

サステナビリティに関する指標の設定

DSMは短期で達成すべき事業目標とは別に、サステナビリティに関する長期的なターゲットと指標を立てることで明確にしています。例えば、指標の一つはDJSIで、ランキングの最上位であるゴールドクラスに入ることを目指しています。その他、温室効果ガス削減効率、社員の満足度、安全性、Brighter living solutions（既存のソリューションより環境・社会面で優れているDSMの製品グループ）といった指標に対して数値目標を掲げ、毎期、検証と報告を行っています。

Brighter living solutionsは、既存のソリューションより環境面で優れている製品グループ（エコプラス）と労働条件や健康状態といった基準に沿って社会影響を測定し、高い評価を得た製品グループ（ピープルプラス）で成り立っており、現在、DSMの製品ポートフォリオの60%以上を占めています。エコプラスは環境ライフサイクルアセスメントに近い考え方で、資源、土地利用、水、エネルギー、温室効果ガスなどの排出に関して製品の環境影響を測定します。ピープルプラスは、原材料の採掘段階から消費者が使用する段階まで、人にかかる30の影響を、健康状態、快適さと満足度、労働条件、コミュニティ構築の観点から点検します。この指標を導入したことで、社員が原材料の調達状況をより細かく考えるようになり、結果として事業リスクの回避につながりました。

図22 Brighter Living Solutions

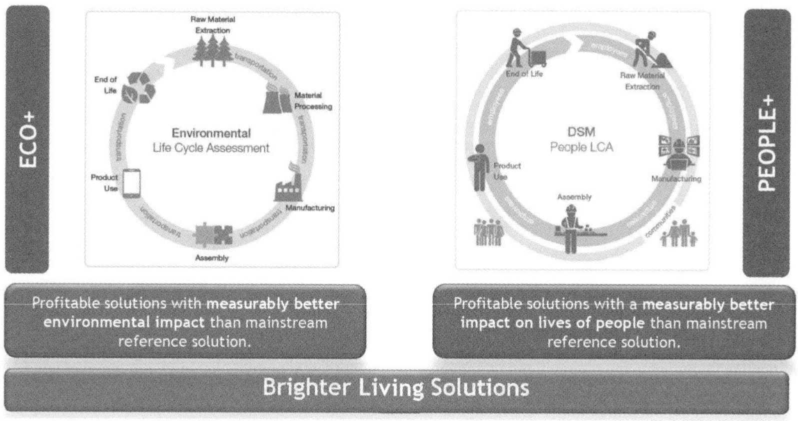

出典：DSM

サステナビリティに関する指標の達成度と役員報酬をリンク

DSMは、サステナビリティに関する指標の達成度が役員のボーナスに影響する仕組みを構築しています。社内のトップ200人を対象として、上の立場になるほど、業績評価においてサステナビリティに関する指標の比重が大きくなり、CEOになると半分がサステナビリティに関する指標の達成度、残り半分が財務収益の達成度で評価されます。各人の業績評価や報酬にサステナビリティへの貢献を反映させることで、サステナビリティをビジネスの中核に根付かせる仕組みといえます。

◆◆◆ 筆者の視点：ここがポイント！

・社会課題解決を通じて事業を拡大することを軸に、社会のニーズやトレンドに応じて、成長領域に事業を転換。
・将来のトレンドを見越して社内でカーボンプライシングを導入。さらに、優位性の持てる市場を生むために世界全体へのカーボンプライシング導入を提唱。
・サステナビリティの取り組みを指標で可視化。サステナビリティ目標の達成度と役員報酬をリンクする制度で、サステナビリティを事業の中核に。

7-10 日本気候リーダーズ・パートナーシップ（JCLP）

日本気候リーダーズ・パートナーシップは、2009年に日本の企業が集まり、持続可能な脱炭素社会の実現に向けてビジネスの視点から行動を起こすために設立されました。

JCLPの概要

日本気候リーダーズ・パートナーシップ（Japan Climate Leaders' Partnership、JCLP）は、持続可能な脱炭素社会を実現するために設立された日本独自の企業グループです。産業界が深刻化する気候変動に対して健全な危機感を持ち、積極的な行動を開始すべきであるという理念に基づいて、様々な活動をしています。

参加企業は、製造業、サービス業、小売業、金融業などにおける日本を代表する有力企業で、業種の垣根を越えて連携活動を行なっています。これらの企業が、脱炭素社会への移行をコストと捉えるのではなく、むしろ新たなビジネスチャンスとして認識し、先導的な行動をとることで、産業界の脱炭素化のための流れを作ろうとしています。また、行政、消費者などとの対話の場を持つなど、社会全体への発信も行っています。

図23　JCLPの正会員（一部）

※ロゴ未掲載企業あり

出典：JCLPより提供

気候変動問題への認識と参加企業の取り組み

気候変動は遠い未来の出来事ではなく、すでに世界各地で異常気象を引き起こしており、その被害を増大させています。JCLPは、脱炭素社会の実現を人類にとって喫緊の課題として捉え、同時に、企業の成長戦略やイノベーションの軸となると認識しています。

このような考えのもと、JCLPに参加する企業は、パリ協定に賛同し、自らネットゼロ目標を掲げる、RE100をはじめ自らの事業プロセスを脱炭素化する、そしてビジネスの力で社会の脱炭素化を進めるソリューションを創出するなど、事業そのものを脱炭素社会と整合するよう、転換を進めています。

JCLPが進める官民連携と参加企業への支援

JCLPでは、企業が気候変動対策を自立的に推進することや、官民連携での活動を展開していくことは極めて重要であり、そのための仕組みづくりを行うよう政府に働きかけをしています。例えば、気候危機の回避に必要な規模感やスピード感、そして日本の持つ技術力や先進国としての責任などを踏まえ、2030年の温室効果ガス排出削減の中期目標（NDC）の引き上げなどを提案しています。また、企業が脱炭素化に向けて行動するには、経済インセンティブが不可欠と考え、カーボンプライシングの導入も求めています。

JCLPでは、参加企業の脱炭素経営の強化に資する具体的支援も行っています。参加企業はJCLPのニュースレターや勉強会を通じて、気候変動の基礎的な知識、日本ではあまり報じられないものの、企業経営にとって重要な世界の出来事（先行指標）の情報を得ることができます。また、企業の担当者・幹部が、実際にCOP（気候変動枠組み条約締約国会議）に出向くことで、気候変動や脱炭素化が経営にどういう影響をもたらすかを自ら理解する機会も提供しています。これらJCLPを通じた知見が、現場の社員に浸透することで、新たなアイデアや改善点が見つかり、行動改善の目標設定をしやすくなります。そして目標の達成を通じて、企業の脱炭素化に近づくことができ、株主・投資家や、顧客・消費者にアピールすることができます。JCLPはこのような一連の活動に対するきめ細やかな支援を用意しています。

図24　JCLPの活動実績（2020年7月7日時点）

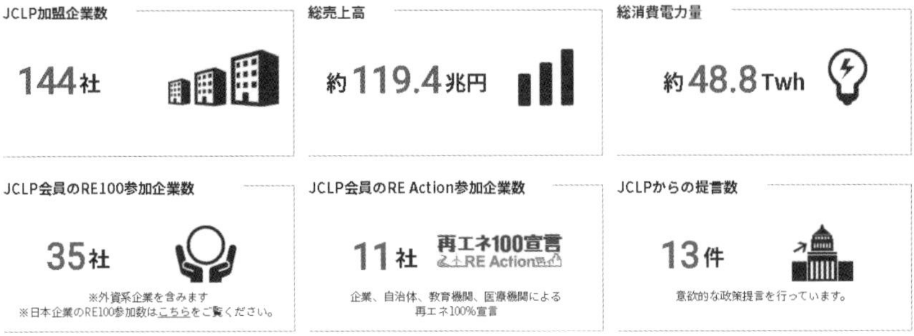

出典：JCLP　HPより

国際企業ネットワークとの連携

JCLPは、国際組織The Climate Groupの公式地域パートナーとして、国際イニシアチブのRE100（事業で用いる電力を100%再エネで調達する）、EP100（事業のエネルギー効率を倍増させる）、EV100（事業活動で用いる輸送手段を100%ゼロエミッションにする）の日本の加盟窓口を務めています。具体的には、これらのイニシアチブに関心がある日本企業の参加を支援することで、日本の企業が海外企業の知識・ノウハウを吸収し、脱炭素化と事業利益の両立を早期に実現することを目指しています。WE MEAN BUSINESS、CARBON PRICING LEADERSHIP COALITIONといった国際企業ネットワークとも連携し、次世代の競争力強化につなげています。また、こうしたネットワークを活用して、国連気候サミットや前述の気候変動枠組条約締約国会合（COP）における公式ビジネス会合などへの参加、そして国際的な提言活動への参画も行っています。

RE100のように、日本を代表する有力な企業が再生可能エネルギーの導入においてリーダーシップをとることは、市場における価格低下や制度の整備などを通じて、再生可能エネルギーの普及推進のための強い推進力を与えることができます。また、JCLPによる働きかけをきっかけとして、2018年5月には外務省と環境省がRE100への参加を表明しました。

国内の中小企業や自治体などに向けた取り組み

2019年10月9日に、RE100の中小企業版として、「再エネ100宣言 RE Action（アールイー・アクション）」が発足しました。これは、自治体・教育機関・医療機関など及び、消費電力量10GWh未満の企業を対象とした使用電力の再エネ100%化に向けたイニシアチブで、JCLPも運営を担う協議会の一員として参加しています。RE Actionの活動内容は、具体的な再エネ導入情報の収集や参加団体間の交流などを目的としたウェブコンソーシアムへの参加、RE100参加企業やJCLP加盟団体などとの交流などです。RE100の対象とならない団体の電力需要は、日本国内の約40～50%、数にして約400万団体とされており、巨大な市場が見込まれます。2020年3月10日時点で参加団体数は57団体まで増えており、今後さらなる拡大を目指して活動が続けられています。

図25　JCLPのパートナーシップ

WE MEAN BUSINESS
THE PRINCE OF WALES'S CORPORATE LEADERS GROUP
CPLC CARBON PRICING LEADERSHIP COALITION
THE °CLIMATE GROUP
CLN CORPORATE LEADERS NETWORK FOR CLIMATE ACTION
再エネ100宣言 RE Action

出典：JCLPより提供

◆◆◆筆者の視点：ここがポイント！

- 気候変動への対応を負担ではなく成長と革新の機会と捉え、業種を超えた有力企業の脱炭素経営実現を支援
- 従来は外部不経済とされ、行政の役割となりがちであった気候変動対策を、企業グループが主体となって牽引し、日本政府や国際社会に提言
- 国際企業ネットワークとも積極的に連携し、知識・ノウハウを吸収、次世代の競争力を強化
- 中小企業なども巻き込み、再生可能エネルギーの巨大市場の創出を目指す

7-11 日本ーインド　技術マッチメイキング・プラットフォーム（JITMAP）

JITMAPは、優れた低炭素技術を有する日本企業と、その技術の需要が見込まれるインド企業を結び付けることで、低炭素技術移転を促進し、相互の利益を実現することを目的としたプラットフォームです。

JITMAP設立の経緯

インドの経済は急速な成長を遂げているものの、エネルギー効率の低い技術が多く利用されていることが、温室効果ガスの排出量が大きくなる要因ともなっています。一方、日本企業は高水準の低炭素技術を多く保有しています。よって、日本企業のこれらの技術をインドの企業に紹介、導入および普及することによって温室効果ガスを効果的に削減することができると考えられます。

日本並びにインドでは、政府や銀行、ビジネス団体など様々な機関がエネルギー効率化や低炭素技術の移転の促進に取り組んでいます。それらの様々な機関の取り組みを調整し、連携させる仕組みを作ることで、民間企業がより利用しやすくなり、大きな成果が期待できます。エネルギー効率化や低炭素技術移転を促進するには、このような多様な機関の連携を促すための技術移転プラットフォームの構築が必要であり、効果的であると考えられました。

このような経緯から、公益財団法人地球環境戦略研究機関（IGES）は2016年7月、環境省のサポートを得て、インドのエネルギー資源研究所（TERI）と連携し、「日本ーインド 技術マッチメイキング・プラットフォーム（Japan India Technology Matchmaking Platform: JITMAP）」を立ち上げました。JITMAPは、低炭素技術を有する日本の企業とインドのエンドユーザー（国営および民間の企業）間のマッチメイキングを支援することで、相互に有益な低炭素技術移転を促進するための二国間のマルチステークホルダー・プラットフォームです。

JITMAPは、IGESとTERIが事務局として、日印両国のビジネス団体、支援機関、中央・州政府などの関係機関を結び付け、ワークショップ、技術適用可能性調査（ウォークスルー調査）、エネルギー診断士向け研修などを通じたサポートの提供により、日本企業からインド企業への技術移転を支援しています。日本企業にとっては、JITMAPを通じてインド企業へのアクセスが可能となるため、インドの巨大かつ複雑な市場から自らに適した顧客を見つけられるメリットがあります。

図26 JITMAPの構成図

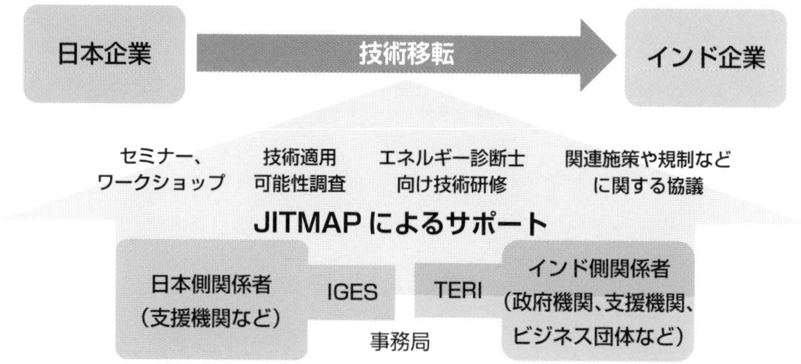

出典:IGES・TERIより提供

そしてその技術の移転は、以下のような日本のクロスカッティングな低炭素技術を対象として、それらの技術の主要な製造企業の協力を得て取り組んでいます。

表4 参加企業と提供する低炭素技術

対象技術	協力企業
圧縮空気システム	株式会社日立産機システム Kobelco Compressors India Pvt. Ltd.
電気ヒートポンプ/冷凍システム	株式会社前川製作所
蒸気管理システム	TLV International, INC.
省エネ伝動ベルト	バンドー化学株式会社

JITMAPの活動内容

これまでの活動から、インドでは日本企業の低炭素技術の需要が大きいものの、この普及には複数の障壁があることがわかりました。主な障壁としては、技術に関する情報と知識のギャップ、コミュニケーション、規制上などの障壁があります。これらの障壁を克服するため、IGESとTERIは低炭素技術適用の流れを下図のとおり４ステップで提案し、各ステップで適切なサポートを実施しています。

図27　JITMAPにおける低炭素技術移転のワークフロー

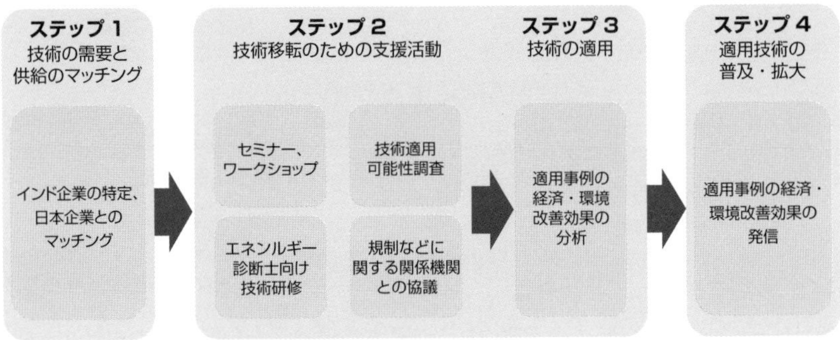

JITMAPの活動事例（圧縮空気システム）

JITMAPの活用により、IGESとTERIは、産業集積地への技術移転の可能性を高めるため、グジャラート州やマハラシュトラ州の地方政府機関やビジネス団体と連携して、インド企業への各種サポート活動を実施しました。エネルギー診断士や管理者向け研修による技術理解度の向上や、技術適用可能性調査による省エネの可能性の提示などのサポートを通じ、日本企業の技術適用に関する支援を行った結果、インド企業２社が日本企業の省エネ・低コストタイプのインバーター式空気圧縮機を導入しました。また多くの現地企業が圧縮空気システムの運用改善に関する提言を採用しました。

JITMAPの今後の取り組み

JITMAPは、今後も日本とインドのビジネスベースでの低炭素技術移転の橋渡し役として、そのネットワークを十分に活用してインドで需要の大きい低炭素技術の選定やその技術を提供可能な日本企業の特定を通じてJITMAPの活動の拡充を図ります。また、これまでの活動を継承し、インドにおいて技術適用可能性調査（FS）、認知度向上のためのワークショップ、エネルギー診断士・管理者向け研修などの活動を通じて日本の低炭素技術の移転を促進し、インドのCO_2排出削減へ寄与していきます。

パートナーシップを通じてビジネス機会の拡大とインドのSDGs達成を支援

このようにJITMAPは、政府機関や研究機関が連携して日本とインドのビジネスベースでの拡大展開が可能な低炭素技術移転のモデルを形成することにより、その技術移転を促進するためのサポートを行っています。そしてそのサポートを通じて、日本企業の海外へのビジネス機会の拡大や低炭素技術及びその技術の運用改善手法の移転によるインド企業のエネルギー効率化、人材育成、雇用拡大、並びにインドのSDGsの達成を支援しています。

◆◆◆筆者の視点：ここがポイント！

・政府機関と研究機関のパートナーシップを通じて企業の低炭素技術の供給側と需要側をマッチメイキング。
・情報提供だけでなく、技術適用可能性調査や技術者へのトレーニングの機会を提供することで日本の低炭素技術が現地に定着することを支援。
・日印のステークホルダーのコミュニケーションを促進し、日本の低炭素ビジネスの海外展開をバックアップすると同時にインドのSDGs達成を支援。

MEMO

Appendix

付録

SDGsの目標、ターゲット、指標一覧

付録では、SDGsへの理解を深め、具体的な取り組みのイメージを持っていただけるよう、目標、ターゲット、指標の一覧を掲載しています。

指標は総務省仮訳（2019年8月版）に、2020年3月までに国連経済社会局統計部門によりアップデートされたSDGs指標のIGES仮訳を追加しました。

目標１　あらゆる場所のあらゆる形態の貧困を終わらせる

ターゲット	指標（仮訳）
1.1　2030年までに、現在1日1.25ドル未満で生活する人々と定義されている極度の貧困をあらゆる場所で終わらせる。	**1.1.1**　国際的な貧困ラインを下回って生活している人口の割合（性別、年齢、雇用形態、および地理的ロケーション（都市/地方）別）
1.2　2030年までに、各国定義によるあらゆる次元の貧困状態にある、すべての年齢の男性、女性、子供の割合を半減させる。	**1.2.1**　各国の定義に基づき、あらゆる次元で貧困ラインを下回って生活している男性、女性および子供の割合（全年齢）
	1.2.2　各国の定義に基づき、あらゆる次元で貧困ラインを下回って生活している男性、女性および子供の割合（全年齢）
1.3　各国において最低限の基準を含む適切な社会保護制度および対策を実施し、2030年までに貧困層および脆弱層に対し十分な保護を達成する。	**1.3.1**　社会保障制度によって保護されている人口の割合（性別、子供、失業者、年配者、障害者、妊婦、新生児、労務災害被害者、貧困層、脆弱層別）
1.4　2030年までに、貧困層および脆弱層をはじめ、すべての男性および女性が、基礎的サービスへのアクセス、土地およびその他の形態の財産に対する所有権と管理権限、相続財産、天然資源、適切な新技術、マイクロファイナンスを含む金融サービスに加え、経済的資源についても平等な権利を持つことができるように確保する。	**1.4.1**　基礎的サービスにアクセスできる世帯に住んでいる人口の割合
	1.4.2　(a)土地に対し、法律上認められた書類により、安全な所有権を有している全成人の割合（性別、保有の種類別） (b)土地の権利が安全であると認識している全成人の割合（性別、保有の種類別）
1.5　2030年までに、貧困層や脆弱な状況にある人々の強靱性（レジリエンス）を構築し、気候変動に関連する極端な気象現象やその他の経済、社会、環境的ショックや災害に暴露や脆弱性を軽減する。	**1.5.1**　10万人当たりの災害による死者数、行方不明者数、直接的負傷者数
	1.5.2　グローバルGDPに関する災害による直接的経済損失
	1.5.3　仙台防災枠組み2015-2030に沿った国家レベルの防災戦略を採択し実行している国の数
	1.5.4　国家防災戦略に沿った地方レベルの防災戦略を採択し実行している地方政府の割合

1.a　あらゆる次元での貧困を終わらせるための計画や政策を実施するべく、後発開発途上国をはじめとする開発途上国に対して適切かつ予測可能な手段を講じるため、開発協力の強化などを通じて、さまざまな供給源からの相当量の資源の動員を確保する。	1.a.1　被援助国の国民総所得（GNI）に占める、貧困削減を目的とした政府開発援助（ODA）総額の割合
	1.a.2　総政府支出額に占める、必要不可欠なサービス（教育、健康、および社会的な保護）への政府支出総額の割合
1.b　貧困撲滅のための行動への投資拡大を支援するため、国、地域および国際レベルで、貧困層やジェンダーに配慮した開発戦略に基づいた適正な政策的枠組みを構築する。	1.b.1　貧困問題を対象とした公共社会支出

目標2　飢餓を終わらせ、食料安全保障および栄養改善を実現し、持続可能な農業を促進する

ターゲット	指標（仮訳）
2.1　2030年までに、飢餓を撲滅し、すべての人々、特に貧困層および幼児を含む脆弱な立場にある人々が一年中安全かつ栄養のある食料を十分得られるようにする。	**2.1.1**　栄養不足蔓延率（PoU）
	2.1.2　食料不安の経験尺度（FIES）に基づく、中程度または重度な食料不安の蔓延度
2.2　5歳未満の子供の発育阻害や消耗性疾患について国際的に合意されたターゲットを2025年までに達成するなど、2030年までにあらゆる形態の栄養不良を解消し、若年女子、妊婦・授乳婦および高齢者の栄養ニーズへの対処を行う。	**2.2.1**　5歳未満の子供の発育阻害の蔓延度（WHO子ども成長基準で、年齢に対する身長が中央値から標準偏差-2未満）
	2.2.2　5歳未満の子供の栄養不良の蔓延度（WHOの子ども成長基準で、身長に対する体重が、中央値から標準偏差+2超または-2未満）（タイプ別（やせおよび肥満））
	2.2.3　15-49歳の妊娠している女性の貧血の有病率（%）
2.3　2030年までに、土地、その他の生産資源や、投入財、知識、金融サービス、市場および高付加価値化や非農業雇用の機会への確実かつ平等なアクセスの確保などを通じて、女性、先住民、家族農家、牧畜民および漁業者をはじめとする小規模食料生産者の農業生産性および所得を倍増させる。	**2.3.1**　農業/牧畜/林業企業規模の分類ごとの労働単位あたり生産額
	2.3.2　小規模食料生産者の平均的な収入（性別、先住民・非先住民の別
2.4　2030年までに、生産性を向上させ、生産量を増やし、生態系を維持し、気候変動や極端な気象現象、干ばつ、洪水およびその他の災害に対する適応能力を向上させ、漸進的に土地と土壌の質を改善させるような、持続可能な食料生産システムを確保し、強靭（レジリエント）な農業を実践する。	**2.4.1**　生産的で持続可能な農業を行っている農地の割合

2.5　2020年までに、国、地域および国際レベルで適正に管理および多様化された種子・植物バンクなども通じて、種子、栽培植物、飼育・家畜化された動物およびこれらの近縁野生種の遺伝的多様性を維持し、国際的合意に基づき、遺伝資源およびこれに関連する伝統的な知識へのアクセスおよびその利用から生じる利益の公正かつ衡平な配分を促進する。	**2.5.1**　中期または長期保存施設に保存されている食料および農業のための植物および動物の遺伝資源の数 **2.5.2**　絶滅の危機に瀕していると分類されている地域の生物種の割合
2.a　開発途上国、特に後発開発途上国における農業生産能力向上のために、国際協力の強化などを通じて、農村インフラ、農業研究・普及サービス、技術開発および植物・家畜のジーン・バンクへの投資の拡大を図る。	**2.a.1**　政府支出における農業指向指数 **2.a.2**　農業部門への公的支援の全体的な流れ（ODAおよび他の公的支援の流れ）
2.b　ドーハ開発ラウンドのマンデートに従い、すべての農産物輸出補助金および同等の効果を持つすべての輸出措置の同時撤廃などを通じて、世界の市場における貿易制限や歪みを是正および防止する。	**2.b.1**　農業輸出補助金
2.c　食料価格の極端な変動に歯止めをかけるため、食料市場およびデリバティブ市場の適正な機能を確保するための措置を講じ、食料備蓄などの市場情報への適時のアクセスを容易にする。	**2.c.1**　食料価格の変動指数（IFPA）

目標３　あらゆる年齢のすべての人々の健康的な生活を確保し、福祉を促進する

ターゲット	指標（仮訳）
3.1　2030年までに、世界の妊産婦の死亡率を出生10万人当たり70人未満に削減する。	**3.1.1**　妊産婦死亡率
	3.1.2　専門技能者の立ち会いの下での出産の割合
3.2　すべての国が新生児死亡率を少なくとも出生1,000件中12件以下まで減らし、５歳以下死亡率を少なくとも出生1,000件中25件以下まで減らすことを目指し、2030年までに、新生児および５歳未満児の予防可能な死亡を根絶する。	**3.2.1**　５歳未満児死亡率
	3.2.2　新生児死亡率
3.3　2030年までに、エイズ、結核、マラリアおよび顧みられない熱帯病といった伝染病を根絶するとともに肝炎、水系感染症およびその他の感染症に対処する。	**3.3.1**　非感染者1,000人当たりの新規HIV感染者数（性別、年齢および主要層別）
	3.3.2　10万人当たりの結核感染者数
	3.3.3　1,000人当たりのマラリア感染者数
	3.3.4　10万人当たりのB型肝炎感染者数
	3.3.5　「顧みられない熱帯病」（NTDs）に対して介入を必要としている人々の数
3.4　2030年までに、非感染性疾患による若年死亡率を、予防や治療を通じて３分の１減少させ、精神保健および福祉を促進する。	**3.4.1**　心血管疾患、癌、糖尿病、または慢性の呼吸器系疾患の死亡率
	3.4.2　自殺率
3.5　薬物乱用やアルコールの有害な摂取を含む、物質乱用の防止・治療を強化する。	**3.5.1**　物質使用障害に対する治療介入（薬理学的、心理社会的、リハビリおよびアフターケア・サービス）の適用範囲
	3.5.2　１年間（暦年）の純アルコール量における、（15歳以上の）１人当たりのアルコール消費量（ℓ）
3.6　2020年までに、世界の道路交通事故による死傷者を半減させる。	**3.6.1**　道路交通事故による死亡率
3.7　2030年までに、家族計画、情報・教育および性と生殖に関する健康の国家戦略・計画への組み入れを含む、性と生殖に関する保健サービスをすべての人々が利用できるようにする。	**3.7.1**　近代的手法によって、家族計画についての自らの要望が満たされている出産可能年齢（15～49歳）にある女性の割合
	3.7.2　女性1,000人当たりの青年期（10～14歳；15～19歳）の出生率

3.8　すべての人々に対する財政リスクからの保護、質の高い基礎的な保健サービスへのアクセスおよび安全で効果的かつ質が高く安価な必須医薬品とワクチンへのアクセスを含む、ユニバーサル・ヘルス・カバレッジ（UHC）を達成する。	**3.8.1**　必要不可欠な保健サービスの範囲
	3.8.2　家計の支出または所得に占める健康関連支出が大きい人口の割合
3.9　2030年までに、有害化学物質、並びに大気、水質および土壌の汚染による死亡および疾病の件数を大幅に減少させる。	**3.9.1**　家庭内および外部の大気汚染による死亡率
	3.9.2　安全ではない水、安全ではない公衆衛生および衛生知識不足（安全ではないWASH（基本的な水と衛生）にさらされていること）による死亡率
	3.9.3　意図的ではない汚染による死亡率
3.a　すべての国々において、たばこの規制に関する世界保健機関枠組条約の実施を適宜強化する。	**3.a.1**　15歳以上の現在の喫煙率（年齢調整されたもの）
3.b　主に開発途上国に影響を及ぼす感染性および非感染性疾患のワクチンおよび医薬品の研究開発を支援する。また、知的所有権の貿易関連の側面に関する協定（TRIPS協定）および公衆の健康に関するドーハ宣言に従い、安価な必須医薬品およびワクチンへのアクセスを提供する。同宣言は公衆衛生保護および、特にすべての人々への医薬品のアクセス提供にかかわる「知的所有権の貿易関連の側面に関する協定（TRIPS協定）」の柔軟性に関する規定を最大限に行使する開発途上国の権利を確約したものである。	**3.b.1**　各国の国家計画に含まれるすべてのワクチンによってカバーされている対象人口の割合
	3.b.2　薬学研究や基礎的保健部門への純ODAの合計値
	3.b.3　持続可能な水準で、関連必須医薬品コアセットが入手可能かつその価格が手頃である保健施設の割合
3.c　開発途上国、特に後発開発途上国および小島嶼開発途上国において保健財政および保健人材の採用、能力開発・訓練および定着を大幅に拡大させる。	**3.c.1**　医療従事者の密度と分布
3.d　すべての国々、特に開発途上国の国家・世界規模な健康危険因子の早期警告、危険因子緩和および危険因子管理のための能力を強化する。	**3.d.1**　国際保健規則（IHR）キャパシティと健康危機への備え
	3.d.2　抗菌剤に抵抗性を持つ指定の生物に由来する血流感染の割合

付録

目標４　すべての人に包摂的かつ公正な質の高い教育を確保し、生涯学習の機会を促進する

ターゲット	指標（仮訳）
4.1　2030年までに、すべての子供が男女の区別なく、適切かつ効果的な学習成果をもたらす、無償かつ公正で質の高い初等教育および中等教育を修了できるようにする。	**4.1.1**　(i)読解力、(ii)算数について、最低限の習熟度に達している次の子供や若者の割合（性別ごと） (a)２～３学年時、(b)小学校修了時、(c)中学校修了時
	4.1.2　初等教育、中等教育、高等教育の修了率
4.2　2030年までに、すべての子供が男女の区別なく、質の高い乳幼児の発達・ケアおよび就学前教育にアクセスすることにより、初等教育を受ける準備が整うようにする。	**4.2.1**　（小学校に入学する年齢より１年前の時点で）体系的な学習に参加している者の割合（性別ごと）
	4.2.2　（小学校に入学する年齢より１年前の時点で）体系的な学習に参加している者の割合（性別ごと）
4.3　2030年までに、すべての人々が男女の区別なく、手の届く質の高い技術教育・職業教育および大学を含む高等教育への平等なアクセスを得られるようにする。	**4.3.1**　過去12か月に学校教育や学校教育以外の教育に参加している若者または成人の割合（性別）
4.4　2030年までに、技術的・職業的スキルなど、雇用、働きがいのある人間らしい仕事および起業に必要な技能を備えた若者と成人の割合を大幅に増加させる。	**4.4.1**　ICTスキルを有する若者や成人の割合（スキルのタイプ別）
4.5　2030年までに、教育におけるジェンダー格差をなくし、障害者、先住民および脆弱な立場にある子供など、脆弱層があらゆるレベルの教育や職業訓練に平等にアクセスできるようにする。	**4.5.1**　詳細集計可能な、本リストに記載されたすべての教育指数のための、パリティ指数（女性/男性、地方/都市、富の五分位数の底/トップ、またその他に、障害状況、先住民、紛争の影響を受けた者などの利用可能なデータ）
4.6　2030年までに、すべての若者および大多数（男女ともに）の成人が、読み書き能力および基本的計算能力を身に付けられるようにする。	**4.6.1**　実用的な(a)読み書き能力、(b)基本的計算能力において、少なくとも決まったレベルを達成した所定の年齢層の人口割合（性別ごと）

4.7　2030年までに、持続可能な開発のための教育および持続可能なライフスタイル、人権、男女の平等、平和および非暴力的文化の推進、グローバル・シチズンシップ、文化多様性と文化の持続可能な開発への貢献の理解の教育を通して、すべての学習者が、持続可能な開発を促進するために必要な知識および技能を習得できるようにする。	**4.7.1**　(i)地球市民教育、および(ii)持続可能な開発のための教育が、(a)各国の教育政策、(b)カリキュラム、(c)教師の教育、および(d)児童・生徒・学生の達成度評価に関して、主流化されているレベル（12.8.1、13.3.1と同一指標）
4.a　子供、障害およびジェンダーに配慮した教育施設を構築・改良し、すべての人々に安全で非暴力的、包摂的、効果的な学習環境を提供できるようにする。	**4.a.1**　基本的なサービスを提供している学校の割合（サービスの種類別）
4.b　2020年までに、開発途上国、特に後発開発途上国および小島嶼開発途上国、並びにアフリカ諸国を対象とした、職業訓練、情報通信技術（ICT）、技術・工学・科学プログラムなど、先進国およびその他の開発途上国における高等教育の奨学金の件数を全世界で大幅に増加させる。	**4.b.1**　奨学金のためのODAフローの量（部門と研究タイプ別）
4.c　2030年までに、開発途上国、特に後発開発途上国および小島嶼開発途上国における教員研修のための国際協力などを通じて、質の高い教員の数を大幅に増加させる。	**4.c.1**　基礎教育の資格を持つ教師の割合（教育レベル別）

目標5　ジェンダー平等を達成し、すべての女性および女児の能力強化を行う

ターゲット	指標（仮訳）
5.1　あらゆる場所におけるすべての女性および女児に対するあらゆる形態の差別を撤廃する。	**5.1.1**　性別に基づく平等と差別撤廃を促進、実施およびモニターするための法律の枠組みが制定されているかどうか
5.2　人身売買や性的、その他の種類の搾取など、すべての女性および女児に対する、公共・私的空間におけるあらゆる形態の暴力を排除する。	**5.2.1**　これまでにパートナーを得た15歳以上の女性や少女のうち、過去12か月以内に、現在、または以前の親密なパートナーから身体的、性的、精神的暴力を受けた者の割合（暴力の形態、年齢別）
	5.2.2　過去12か月以内に、親密なパートナー以外の人から性的暴力を受けた15歳以上の女性や少女の割合（年齢、発生場所別）
5.3　未成年者の結婚、早期結婚、強制結婚および女性器切除など、あらゆる有害な慣行を撤廃する。	**5.3.1**　15歳未満、18歳未満で結婚またはパートナーを得た20～24歳の女性の割合
	5.3.2　女性性器切除を受けた15歳～49歳の少女や女性の割合（年齢別）
5.4　公共のサービス、インフラおよび社会保障政策の提供、並びに各国の状況に応じた世帯・家族内における責任分担を通じて、無報酬の育児・介護や家事労働を認識・評価する。	**5.4.1**　無償の家事・ケア労働に費やす時間の割合（性別、年齢、場所別）
5.5　政治、経済、公共分野でのあらゆるレベルの意思決定において、完全かつ効果的な女性の参画および平等なリーダーシップの機会を確保する。	**5.5.1**　国会および地方議会において女性が占める議席の割合
	5.5.2　管理職に占める女性の割合
5.6　国際人口・開発会議（ICPD）の行動計画および北京行動綱領、並びにこれらの検証会議の成果文書に従い、性と生殖に関する健康および権利への普遍的アクセスを確保する。	**5.6.1**　性的関係、避妊、リプロダクティブ・ヘルスケアについて、自分で意思決定を行うことのできる15歳～49歳の女性の割合
	5.6.2　15歳以上の女性および男性に対し、セクシュアル/リプロダクティブ・ヘルスケア、情報、教育を保障する法律や規定を有する国の数

5.a　女性に対し、経済的資源に対する同等の権利、並びに各国法に従い、オーナーシップおよび土地その他の財産、金融サービス、相続財産、天然資源に対するアクセスを与えるための改革に着手する。	**5.a.1**　ⓐ農地への所有権または保障された権利を有する総農業人口の割合（性別ごと）ⓑ農地所有者または権利者における女性の割合（所有条件別）
	5.a.2　法的枠組み（慣習法を含む）が土地の所有および/または管理に対する女性の平等な権利を保証している国の割合
5.b　女性の能力強化促進のため、ICTをはじめとする実現技術の活用を強化する。	**5.b.1**　携帯電話を所有する個人の割合（性別ごと）
5.c　ジェンダー平等の促進、並びにすべての女性および女子のあらゆるレベルでの能力強化のための適正な政策および拘束力のある法規を導入・強化する。	**5.c.1**　ジェンダー平等および女性のエンパワーメントのための公的資金を監視、配分するシステムを有する国の割合

目標6　すべての人々の水と衛生の利用可能性と持続可能な管理を確保する

ターゲット	指標（仮訳）
6.1　2030年までに、すべての人々の、安全で安価な飲料水の普遍的かつ衡平なアクセスを達成する。	**6.1.1**　安全に管理された飲料水サービスを利用する人口の割合
6.2　2030年までに、すべての人々の、適切かつ平等な下水施設・衛生施設へのアクセスを達成し、野外での排泄をなくす。女性および女児、並びに脆弱な立場にある人々のニーズに特に注意を払う。	**6.2.1**　(a)安全に管理された公衆衛生サービスを利用する人口の割合、(b)石けんや水のある手洗い場を利用する人口の割合
6.3　2030年までに、汚染の減少、投棄の廃絶と有害な化学物・物質の放出の最小化、未処理の排水の割合半減および再生利用と安全な再利用の世界的規模で大幅に増加させることにより、水質を改善する。	**6.3.1**　安全に処理される家庭・産業界からの排水量の割合
	6.3.2　良好な水質を持つ水域の割合
6.4　2030年までに、全セクターにおいて水利用の効率を大幅に改善し、淡水の持続可能な採取および供給を確保し水不足に対処するとともに、水不足に悩む人々の数を大幅に減少させる。	**6.4.1**　水の利用効率の経時変化
	6.4.2　水ストレスレベル：淡水資源量に占める淡水採取量の割合
6.5　2030年までに、国境を越えた適切な協力を含む、あらゆるレベルでの統合水資源管理を実施する。	**6.5.1**　統合水資源管理（IWRM）の度合い
	6.5.2　水資源協力のための運営協定がある越境流域の割合
6.6　2020年までに、山地、森林、湿地、河川、帯水層、湖沼を含む水に関連する生態系の保護・回復を行う。	**6.6.1**　水関連生態系範囲の経時変化
6.a　2030年までに、集水、海水淡水化、水の効率的利用、排水処理、リサイクル・再利用技術を含む開発途上国における水と衛生分野での活動と計画を対象とした国際協力と能力構築支援を拡大する。	**6.a.1**　政府調整支出計画の一部である上下水道関連のODAの総量
6.b　水と衛生に関わる分野の管理向上における地域コミュニティの参加を支援・強化する。	**6.b.1**　上下水道管理への地方コミュニティの参加のために制定し、運営されている政策および手続のある地方公共団体の割合

目標7　すべての人々の、安価かつ信頼できる持続可能な近代的エネルギーへのアクセスを確保する

ターゲット	指標（仮訳）
7.1　2030年までに、安価かつ信頼できる現代的エネルギーサービスへの普遍的アクセスを確保する。	**7.1.1**　電気を受電可能な人口比率
	7.1.2　家屋の空気を汚さない燃料や技術に依存している人口比率
7.2　2030年までに、世界のエネルギーミックスにおける再生可能エネルギーの割合を大幅に拡大させる。	**7.2.1**　最終エネルギー消費量に占める再生可能エネルギー比率
7.3　2030年までに、世界全体のエネルギー効率の改善率を倍増させる。	**7.3.1**　エネルギー強度（GDP当たりの一次エネルギー）
7.a　2030年までに、再生可能エネルギー、エネルギー効率および先進的かつ環境負荷の低い化石燃料技術などのクリーンエネルギーの研究および技術へのアクセスを促進するための国際協力を強化し、エネルギー関連インフラとクリーンエネルギー技術への投資を促進する。	**7.a.1**　クリーンなエネルギー研究および開発と、ハイブリッドシステムに含まれる再生可能エネルギー生成への支援に関する発展途上国に対する国際金融フロー
7.b　2030年までに、各々の支援プログラムに沿って開発途上国、特に後発開発途上国および小島嶼開発途上国、内陸開発途上国のすべての人々に現代的で持続可能なエネルギーサービスを供給できるよう、インフラ拡大と技術向上を行う。	**7.b.1**　開発途上国における再生可能エネルギーの発電容量の導入量（一人当たりワット）

付録

目標８　包摂的かつ持続可能な経済成長およびすべての人々の完全かつ生産的な雇用と働きがいのある人間らしい雇用（ディーセント・ワーク）を促進する

ターゲット	指標（仮訳）
8.1　各国の状況に応じて、一人当たり経済成長率を持続させる。特に後発開発途上国は少なくとも年率７％の成長率を保つ。	**8.1.1**　一人当たりの実質GDPの年間成長率
8.2　高付加価値セクターや労働集約型セクターに重点を置くことなどにより、多様化、技術向上およびイノベーションを通じた高いレベルの経済生産性を達成する。	**8.2.1**　就業者一人当たりの実質GDPの年間成長率
8.3　生産活動や適切な雇用創出、起業、創造性およびイノベーションを支援する開発重視型の政策を促進するとともに、金融サービスへのアクセス改善などを通じて中小零細企業の設立や成長を奨励する。	**8.3.1**　雇用総数に占める非正規雇用の割合（セクター別、性別）
8.4　2030年までに、世界の消費と生産における資源効率を漸進的に改善させ、先進国主導の下、持続可能な消費と生産に関する10年計画枠組みに従い、経済成長と環境悪化の分断を図る。	**8.4.1**　マテリアルフットプリント（MF）、一人当たりMFおよびGDP当たりのMF
	8.4.2　天然資源等消費量（DMC）、一人当たりのDMCおよびGDP当たりのDMC
8.5　2030年までに、若者や障害者を含むすべての男性および女性の、完全かつ生産的な雇用および働きがいのある人間らしい仕事、並びに同一労働同一賃金を達成する。	**8.5.1**　労働者の平均時給（性、年齢、職業、障害者別）
	8.5.2　失業率（性別、年齢、障害者別）
8.6　2020年までに、就労、就学および職業訓練のいずれも行っていない若者の割合を大幅に減らす。	**8.6.1**　就労、就学および職業訓練のいずれも行っていない15～24歳の若者の割合
8.7　強制労働を根絶し、現代の奴隷制、人身売買を終らせるための緊急かつ効果的な措置の実施、最悪な形態の児童労働の禁止および撲滅を確保する。2025年までに児童兵士の募集と使用を含むあらゆる形態の児童労働を撲滅する。	**8.7.1**　児童労働者（５～17歳）の割合と数（性別、年齢別）

8.8　移住労働者、特に女性の移住労働者や不安定な雇用状態にある労働者など、すべての労働者の権利を保護し、安全・安心な労働環境を促進する。	**8.8.1**　致命的および非致命的な労働災害の10万人当たり発生数（性別、移住状況別）
	8.8.2　国際労働機関（ILO）原文ソースおよび国内の法律に基づく、労働権利（結社および団体交渉の自由）における国内コンプライアンスのレベル（性別、移住状況別）
8.9　2030年までに、雇用創出、地方の文化振興・産品販促につながる持続可能な観光業を促進するための政策を立案し実施する。	**8.9.1**　全GDPおよびGDP成長率に占める割合としての観光業の直接GDP
8.10　国内の金融機関の能力を強化し、すべての人々の銀行取引、保険および金融サービスへのアクセスを促進・拡大する。	**8.10.1**　成人10万人当たりの商業銀行の支店数およびATM数
	8.10.2　銀行や他の金融機関に口座を持つ、またはモバイルマネーサービスを利用する成人（15歳以上）の割合
8.a　後発開発途上国への貿易関連技術支援のための拡大統合フレームワーク（EIF）などを通じた支援を含む、開発途上国、特に後発開発途上国に対する貿易のための援助を拡大する。	**8.a.1**　貿易のための援助に対するコミットメントや支出
8.b　2020年までに、若年雇用のための世界的戦略および国際労働機関（ILO）の仕事に関する世界協定の実施を展開・運用化する。	**8.b.1**　国家雇用戦略とは別途あるいはその一部として開発され運用されている若年雇用のための国家戦略の有無

目標9　強靭（レジリエント）なインフラ構築、包摂的かつ持続可能な産業化の促進およびイノベーションの推進を図る

ターゲット	指標（仮訳）
9.1　すべての人々に安価で公平なアクセスに重点を置いた経済発展と人間の福祉を支援するために、地域・越境インフラを含む質の高い、信頼でき、持続可能かつ強靭（レジリエント）なインフラを開発する。	**9.1.1**　全季節利用可能な道路の2km圏内に住んでいる地方の人口の割合
	9.1.2　旅客と貨物量（交通手段別）
9.2　包摂的かつ持続可能な産業化を促進し、2030年までに各国の状況に応じて雇用およびGDPに占める産業セクターの割合を大幅に増加させる。後発開発途上国については同割合を倍増させる。	**9.2.1**　GDPに占める製造業付加価値の割合および一人当たり製造業付加価値
	9.2.2　全産業就業者数に占める製造業就業者数の割合
9.3　特に開発途上国における小規模の製造業その他の企業の、安価な資金貸付などの金融サービスやバリューチェーンおよび市場への統合へのアクセスを拡大する。	**9.3.1**　産業の合計付加価値のうち小規模産業の占める割合
	9.3.2　ローンまたは与信枠が設定された小規模製造業の割合
9.4　2030年までに、資源利用効率の向上とクリーン技術および環境に配慮した技術・産業プロセスの導入拡大を通じたインフラ改良や産業改善により、持続可能性を向上させる。すべての国々は各国の能力に応じた取り組みを行う。	**9.4.1**　付加価値の単位当たりのCO_2排出量
9.5　2030年までにイノベーションを促進させることや100万人当たりの研究開発従事者数を大幅に増加させ、また官民研究開発の支出を拡大させるなど、開発途上国をはじめとするすべての国々の産業セクターにおける科学研究を促進し、技術能力を向上させる。	**9.5.1**　GDPに占める研究開発への支出
	9.5.2　100万人当たりの研究者（フルタイム相当）
9.a　アフリカ諸国、後発開発途上国、内陸開発途上国および小島嶼開発途上国への金融・テクノロジー・技術の支援強化を通じて、開発途上国における持続可能かつ強靭（レジリエント）なインフラ開発を促進する。	**9.a.1**　インフラへの公的国際支援の総額（ODAその他公的フロー）

9.b　産業の多様化や商品への付加価値創造などに資する政策環境の確保などを通じて、開発途上国の国内における技術開発、研究およびイノベーションを支援する。	**9.b.1**　全付加価値における中位並びに先端テクノロジー産業の付加価値の割合
9.c　後発開発途上国において情報通信技術へのアクセスを大幅に向上させ、2020年までに普遍的かつ安価なインターネットアクセスを提供できるよう図る。	**9.c.1**　モバイルネットワークにアクセス可能な人口の割合（技術別）

目標10　各国内および各国間の不平等を是正する

ターゲット	指標（仮訳）
10.1　2030年までに、各国の所得下位40%の所得成長率について、国内平均を上回る数値を漸進的に達成し、持続させる。	**10.1.1**　1人当たりの家計支出または所得の成長率（人口の下位40%のもの、総人口のもの）
10.2　2030年までに、年齢、性別、障害、人種、民族、出自、宗教、あるいは経済的地位その他の状況に関わりなく、すべての人々の能力強化および社会的、経済的および政治的な包含を促進する。	**10.2.1**　中位所得の半分未満で生活する人口の割合（年齢、性別、障害者別）
10.3　差別的な法律、政策および慣行の撤廃、並びに適切な関連法規、政策、行動の促進などを通じて、機会均等を確保し、成果の不平等を是正する。	**10.3.1**　国際人権法の下で禁止されている差別の理由において、過去12か月の間に差別または嫌がらせを個人的に感じたと報告した人口の割合
10.4　税制、賃金、社会保障政策をはじめとする政策を導入し、平等の拡大を漸進的に達成する。	**10.4.1**　GDP労働分配率
	10.4.2　財政政策における再分配のインパクト
10.5　世界金融市場と金融機関に対する規制とモニタリングを改善し、こうした規制の実施を強化する。	**10.5.1**　金融健全性指標
10.6　地球規模の国際経済・金融制度の意思決定における開発途上国の参加や発言力を拡大させることにより、より効果的で信用力があり、説明責任のある正当な制度を実現する。	**10.6.1**　国際機関における開発途上国のメンバー数および投票権の割合
10.7　計画に基づき良く管理された移民政策の実施などを通じて、秩序のとれた、安全で規則的かつ責任ある移住や流動性を促進する。	**10.7.1**　従業者が移住先の国で稼いだ月収に占める、その従業者が移住先の国で仕事を探すに当たって（自ら）負担した費用の割合
	10.7.2　秩序のとれた、安全で規則的かつ責任ある移住や流動性を促進する移住政策を持つ国の数
	10.7.3　国際的な目的地への移住の過程で死亡または失踪した人の数
	10.7.4　避難民の割合（出身国別）

10.a　世界貿易機関（WTO）協定に従い、開発途上国、特に後発開発途上国に対する特別かつ異なる待遇の原則を実施する。	**10.a.1**　後発開発途上国や開発途上国からの輸入品に適用されるゼロ関税の関税分類品目（タリフライン）の割合
10.b　各国の国家計画やプログラムに従って、後発開発途上国、アフリカ諸国、小島嶼開発途上国および内陸開発途上国を始めとする、ニーズが最も大きい国々への、政府開発援助（ODA）および海外直接投資を含む資金の流入を促進する。	**10.b.1**　開発のためのリソースフローの総額（受援国および援助国、フローの流れ（例：ODA、外国直接投資、その他）別）
10.c　2030年までに、移住労働者による送金コストを3%未満に引き下げ、コストが5%を越える送金経路を撤廃する。	**10.c.1**　総送金額の割合に占める送金コスト

目標11　包摂的で安全かつ強靱（レジリエント）で持続可能な都市および人間居住を実現する

ターゲット	指標（仮訳）
11.1　2030年までに、すべての人々の、適切、安全かつ安価な住宅および基本的サービスへのアクセスを確保し、スラムを改善する。	**11.1.1**　スラム、インフォーマルな居住地および不適切な住宅に居住する都市人口の割合
11.2　2030年までに、脆弱な立場にある人々、女性、子供、障害者および高齢者のニーズに特に配慮し、公共交通機関の拡大などを通じた交通の安全性改善により、すべての人々に、安全かつ安価で容易に利用できる、持続可能な輸送システムへのアクセスを提供する。	**11.2.1**　公共交通機関へ容易にアクセスできる人口の割合（性別、年齢、障害者別）
11.3　2030年までに、包摂的かつ持続可能な都市化を促進し、すべての国々の参加型、包摂的かつ持続可能な人間居住計画・管理の能力を強化する。	**11.3.1**　人口増加率と土地利用率の比率
	11.3.2　定期的かつ民主的に運営されている都市計画および管理に、市民社会が直接参加する仕組みがある都市の割合
11.4　世界の文化遺産および自然遺産の保護・保全の努力を強化する。	**11.4.1**　すべての文化遺産および自然遺産の保存、保護および保全に費やされた一人当たりの支出総額（資金源別（公的、民間）、遺産の種類別（文化遺産、自然遺産）および政府レベル別（国、地域、地方／市））
11.5　2030年までに、貧困層および脆弱な立場にある人々の保護に焦点をあてながら、水関連災害などの災害による死者や被災者数を大幅に削減し、世界の国内総生産比で直接的経済損失を大幅に減らす。	**11.5.1**　10万人当たりの災害による死者数、行方不明者数、直接的負傷者数
	11.5.2　災害によって起こった、グローバルなGDPに関連した直接経済損失、重要インフラへの被害および基本サービスの途絶件数
11.6　2030年までに、大気の質および一般並びにその他の廃棄物の管理に特別な注意を払うことによるものを含め、都市の一人当たりの環境上の悪影響を軽減する。	**11.6.1**　自治体の廃棄物総発生量のうち、管理施設で収集・管理される固形廃棄物の割合（都市別）
	11.6.2　都市部における微粒子物質（例：PM2.5やPM10）の年平均レベル（人口で加重平均したもの）

11.7　2030年までに、女性、子供、高齢者および障害者を含め、人々に安全で包摂的かつ利用が容易な緑地や公共スペースへの普遍的アクセスを提供する。	**11.7.1**　各都市部の建物密集区域における公共スペースの割合の平均（性別、年齢、障害者別） **11.7.2**　過去12か月における身体的または性的ハラスメントの犠牲者の割合（性別、年齢、障害状況、発生場所別）
11.a　各国・地域規模の開発計画の強化を通じて、経済、社会、環境面における都市部、都市周辺部および農村部間の良好なつながりを支援する。	**11.a.1**　(a)人口動態を反映した国家都市政策や地域開発計画を有する国の数 (b)地域発展の均衡の取れた国家都市政策や地域開発計画を有する国の数 (c)地方向けの財政支出を増加させた国家都市政策や地域開発計画を有する国の数
11.b　2020年までに、包含、資源効率、気候変動の緩和と適応、災害に対する強靱さ（レジリエンス）を目指す総合的政策および計画を導入・実施した都市および人間居住地の件数を大幅に増加させ、仙台防災枠組2015-2030に沿って、あらゆるレベルでの総合的な災害リスク管理の策定と実施を行う。	**11.b.1**　仙台防災枠組み2015-2030に沿った国家レベルの防災戦略を採択し実行している国の数 **11.b.2**　国家防災戦略に沿った地方レベルの防災戦略を採択し実行している地方政府の割合
11.c　財政的および技術的な支援などを通じて、後発開発途上国における現地の資材を用いた、持続可能かつ強靱（レジリエント）な建造物の整備を支援する。	

付
録

目標12　持続可能な生産消費形態を確保する

ターゲット	指標（仮訳）
12.1　開発途上国の開発状況や能力を勘案しつつ、持続可能な消費と生産に関する10年計画枠組み（10YFP）を実施し、先進国主導の下、すべての国々が対策を講じる。	**12.1.1**　持続可能な消費と生産（SCP）への移行を支援するための政策手段を立案、採用、もしくは実施している国の数
12.2　2030年までに天然資源の持続可能な管理および効率的な利用を達成する。	**12.2.1**　マテリアルフットプリント（MF）、一人当たりMFおよびGDP当たりのMF
	12.2.2　天然資源等消費量（DMC）、一人当たりのDMCおよびGDP当たりのDMC
12.3　2030年までに小売・消費レベルにおける世界全体の一人当たりの食料の廃棄を半減させ、収穫後損失などの生産・サプライチェーンにおける食品ロスを減少させる。	**12.3.1**　a）食料損耗指数、およびb）食料廃棄指数
12.4　2020年までに、合意された国際的な枠組みに従い、製品ライフサイクルを通じ、環境上適正な化学物質やすべての廃棄物の管理を実現し、人の健康や環境への悪影響を最小化するため、化学物質や廃棄物の大気、水、土壌への放出を大幅に削減する。	**12.4.1**　有害廃棄物や他の化学物質に関する国際多国間環境協定で求められる情報の提供（報告）の義務を果たしている締約国の数
	12.4.2　ⓐ有害廃棄物の1人当たり発生量、およびⓑ処理された有害廃棄物の割合（処理方法別）
12.5　2030年までに、廃棄物の発生防止、削減、再生利用および再利用により、廃棄物の発生を大幅に削減する。	**12.5.1**　各国の再生利用率、リサイクルされた物質のトン数
12.6　特に大企業や多国籍企業などの企業に対し、持続可能な取り組みを導入し、持続可能性に関する情報を定期報告に盛り込むよう奨励する。	**12.6.1**　持続可能性に関する報告書を発行する企業の数
12.7　国内の政策や優先事項に従って持続可能な公共調達の慣行を促進する。	**12.7.1**　持続可能な公共調達方針および行動計画の実施の度合い
12.8　2030年までに、人々があらゆる場所において、持続可能な開発および自然と調和したライフスタイルに関する情報と意識を持つようにする。	**12.8.1**　(i)地球市民教育、および(ii)持続可能な開発のための教育が、ⓐ各国の教育政策、ⓑカリキュラム、ⓒ教師の教育、およびⓓ児童・生徒・学生の達成度評価に関して、主流化されているレベル（4.7.1、13.3.1と同一指標）

12.a　開発途上国に対し、より持続可能な消費・生産形態の促進のための科学的・技術的能力の強化を支援する。	**12.a.1**　開発途上国における再生可能エネルギーの発電容量の導入量（一人当たりワット）（7.b.1と同一指標）
12.b　雇用創出、地方の文化振興・産品販促につながる持続可能な観光業に対して持続可能な開発がもたらす影響を測定する手法を開発・導入する。	**12.b.1**　観光の持続可能性に関する経済・環境側面を監視するための標準会計ツールの導入
12.c　開発途上国の特別なニーズや状況を十分考慮し、貧困層やコミュニティを保護する形で開発に関する悪影響を最小限に留めつつ、税制改正や、有害な補助金が存在する場合はその環境への影響を考慮してその段階的廃止などを通じ、各国の状況に応じて、市場のひずみを除去することで、浪費的な消費を奨励する、化石燃料に対する非効率な補助金を合理化する。	**12.c.1**　GDP（生産と消費）の単位あたりの化石燃料補助金額

目標13　気候変動およびその影響を軽減するための緊急対策を講じる

ターゲット	指標（仮訳）
13.1　すべての国々において、気候関連災害や自然災害に対する強靱性（レジリエンス）および適応の能力を強化する。	**13.1.1**　10万人当たりの災害による死者数、行方不明者数、直接的負傷者数
	13.1.2　仙台防災枠組み2015-2030に沿った国家レベルの防災戦略を採択し実行している国の数
	13.1.3　国家防災戦略に沿った地方レベルの防災戦略を採択し実行している地方政府の割合
13.2　気候変動対策を国別の政策、戦略および計画に盛り込む。	**13.2.1**　NDC（国が決定する貢献）、長期戦略、国家適応計画適応報告書や国別報告書に記載されている戦略を有する国の数
	13.2.2　一年当たりの温室効果ガスの総排出量
13.3　気候変動の緩和、適応、影響軽減および早期警戒に関する教育、啓発、人的能力および制度機能を改善する。	**13.3.1**　(i)地球市民教育、および(ii)持続可能な開発のための教育が、(a)各国の教育政策、(b)カリキュラム、(c)教師の教育、および(d)児童・生徒・学生の達成度評価に関して、主流化されているレベル（4.7.1、12.8.1と同一指標）
13.a　重要な緩和行動の実施とその実施における透明性確保に関する開発途上国のニーズに対応するため、2020年までにあらゆる供給源から年間1,000億ドルを共同で動員するという、UNFCCCの先進締約国によるコミットメントを実施するとともに、可能な限り速やかに資本を投入して緑の気候基金を本格始動させる。	**13.a.1**　2025年までに合計1000億USドルを動員するという継続中の現行の約束のなかで、供与・動員された金額（一年当たりUSドル）
13.b　後発開発途上国および小島嶼開発途上国において、女性や青年、地方および社会的に疎外されたコミュニティに焦点を当てることを含め、気候変動関連の効果的な計画策定と管理のための能力を向上するメカニズムを推進する。	**13.b.1**　NDC（国が決定する貢献）、長期戦略、国家適応計画を有する後発開発途上国と島嶼国の数、適応報告書や国別報告書に記載されている戦略の数（13.2.1の若干の修正）

目標14　持続可能な開発のために海洋・海洋資源を保全し、持続可能な形で利用する

ターゲット	指標（仮訳）
14.1　2025年までに、海洋ごみや富栄養化を含む、特に陸上活動による汚染など、あらゆる種類の海洋汚染を防止し、大幅に削減する。	**14.1.1**　(a)沿岸富栄養化指数（ICEP）、および(b)浮遊プラスチックごみの密度
14.2　2020年までに、海洋および沿岸の生態系に関する重大な悪影響を回避するため、強靭性（レジリエンス）の強化などによる持続的な管理と保護を行い、健全で生産的な海洋を実現するため、海洋および沿岸の生態系の回復のための取り組みを行う。	**14.2.1**　海域管理において生態系を基盤とするアプローチを採用している国の数
14.3　あらゆるレベルでの科学的協力の促進などを通じて、海洋酸性化の影響を最小限化し、対処する。	**14.3.1**　承認された代表標本抽出地点で測定された海洋酸性度（pH）の平均値
14.4　水産資源を、実現可能な最短期間で少なくとも各資源の生物学的特性によって定められる最大持続生産量のレベルまで回復させるため、2020年までに、漁獲を効果的に規制し、過剰漁業や違法・無報告・無規制（IUU）漁業および破壊的な漁業慣行を終了し、科学的な管理計画を実施する。	**14.4.1**　生物学的に持続可能なレベルの水産資源の割合
14.5　2020年までに、国内法および国際法に則り、最大限入手可能な科学情報に基づいて、少なくとも沿岸域および海域の10パーセントを保全する。	**14.5.1**　海域に関する保護領域の範囲
14.6　開発途上国および後発開発途上国に対する適切かつ効果的な、特別かつ異なる待遇が、世界貿易機関（WTO）漁業補助金交渉の不可分の要素であるべきことを認識した上で、2020年までに、過剰漁獲能力や過剰漁獲につながる漁業補助金を禁止し、違法・無報告・無規制（IUU）漁業につながる補助金を撤廃し、同様の新たな補助金の導入を抑制する。	**14.6.1**　IUU漁業（Illegal（違法）･Unreported（無報告）・Unregulated（無規制））と対峙することを目的としている国際的な手段の実施状況

14.7　2030年までに、漁業、水産養殖および観光の持続可能な管理などを通じ、小島嶼開発途上国および後発開発途上国の海洋資源の持続的な利用による経済的便益を増大させる。	**14.7.1**　小島嶼開発途上国、後発開発途上国およびすべての国々のGDPに占める持続可能な漁業の割合
14.a　海洋の健全性の改善と、開発途上国、特に小島嶼開発途上国および後発開発途上国の開発における海洋生物多様性の寄与向上のために、海洋技術の移転に関するユネスコ政府間海洋学委員会の基準・ガイドラインを勘案しつつ、科学的知識の増進、研究能力の向上、および海洋技術の移転を行う。	**14.a.1**　総研究予算額に占める、海洋技術分野に割り当てられた研究予算の割合
14.b　小規模・沿岸零細漁業者に対し、海洋資源および市場へのアクセスを提供する。	**14.b.1**　小規模・零細漁業のためのアクセス権を認識し保護する法令/規制/政策/制度枠組みの導入状況
14.c　「我々の求める未来」のパラ158において想起されるとおり、海洋および海洋資源の保全および持続可能な利用のための法的枠組みを規定する海洋法に関する国際連合条約（UNCLOS）に反映されている国際法を実施することにより、海洋および海洋資源の保全および持続可能な利用を強化する。	**14.c.1**　海洋および海洋資源の保全と持続可能な利用のために「海洋法に関する国際連合条約（UNCLOS）」に反映されているとおり、国際法を実施する海洋関係の手段を、法、政策、機関的枠組みを通して、批准、導入、実施を推進している国の数

15 陸の豊かさも守ろう

目標15　陸域生態系の保護、回復、持続可能な利用の推進、持続可能な森林の経営、砂漠化への対処、並びに土地の劣化の阻止・回復および生物多様性の損失を阻止する

ターゲット	指標（仮訳）
15.1　2020年までに、国際協定の下での義務に則って、森林、湿地、山地および乾燥地をはじめとする陸域生態系と内陸淡水生態系およびそれらのサービスの保全、回復および持続可能な利用を確保する。	**15.1.1**　土地全体に対する森林の割合 **15.1.2**　陸生および淡水性の生物多様性に重要な場所のうち保護区で網羅されている割合（保護地域、生態系のタイプ別）
15.2　2020年までに、あらゆる種類の森林の持続可能な経営の実施を促進し、森林減少を阻止し、劣化した森林を回復し、世界全体で新規植林および再植林を大幅に増加させる。	**15.2.1**　持続可能な森林経営における進捗
15.3　2030年までに、砂漠化に対処し、砂漠化、干ばつおよび洪水の影響を受けた土地などの劣化した土地と土壌を回復し、土地劣化に荷担しない世界の達成に尽力する。	**15.3.1**　土地全体のうち劣化した土地の割合
15.4　2030年までに持続可能な開発に不可欠な便益をもたらす山地生態系の能力を強化するため、生物多様性を含む山地生態系の保全を確実に行う。	**15.4.1**　山地生物多様性のための重要な場所に占める保全された地域の範囲 **15.4.2**　山地グリーンカバー指数
15.5　自然生息地の劣化を抑制し、生物多様性の損失を阻止し、2020年までに絶滅危惧種を保護し、また絶滅防止するための緊急かつ意味のある対策を講じる。	**15.5.1**　レッドリスト指数
15.6　国際合意に基づき、遺伝資源の利用から生ずる利益の公正かつ衡平な配分を推進するとともに、遺伝資源への適切なアクセスを推進する。	**15.6.1**　利益の公正かつ衡平な配分を確保するための立法上、行政上および政策上の枠組みを持つ国の数
15.7　保護の対象となっている動植物種の密猟および違法取引を撲滅するための緊急対策を講じるとともに、違法な野生生物製品の需要と供給の両面に対処する。	**15.7.1**　密猟された野生生物または違法に取引された野生生物の取引の割合
15.8　2020年までに、外来種の侵入を防止するとともに、これらの種による陸域・海洋生態系への影響を大幅に減少させるための対策を導入し、さらに優先種の駆除または根絶を行う。	**15.8.1**　外来種に関する国内法を採択しており、侵略的外来種の防除や制御に必要な資金などを確保している国の割合

15.9　2020年までに、生態系と生物多様性の価値を、国や地方の計画策定、開発プロセスおよび貧困削減のための戦略および会計に組み込む。	**15.9.1**　(a)生物多様性2011-2020戦略計画における愛知目標の目標2に合わせて、もしくはそれに準じて、国家生物多様性戦略および行動計画のなかに国家目標を設定した国の数とそれらの目標の進捗報告、(b)環境経済勘定制度の導入として定義される、生物多様性の国家会計や報告制度への統合
15.a　生物多様性と生態系の保全と持続的な利用のために、あらゆる資金源からの資金の動員および大幅な増額を行う。	**15.a.1**　(a)生物多様性の保全と持続可能な利用のためのODAと(b)生物多様性関連の経済的手法から動員された資金と支出（指標15.b.1と同一指標）
15.b　保全や再植林を含む持続可能な森林経営を推進するため、あらゆるレベルのあらゆる供給源から、持続可能な森林経営のための資金の調達と開発途上国への十分なインセンティブ付与のための相当量の資源を動員する。	**15.b.1**　(a)生物多様性の保全と持続可能な利用のためのODAと(b)生物多様性関連の経済的手法から動員された資金と支出（指標15.a.1と同一指標）
15.c　持続的な生計機会を追求するために地域コミュニティの能力向上を図るなど、保護種の密猟および違法な取引に対処するための努力に対する世界的な支援を強化する。	**15.c.1**　密猟された野生生物または違法に取引された野生生物の取引の割合

目標16　持続可能な開発のための平和で包摂的な社会を促進し、すべての人々に司法へのアクセスを提供し、あらゆるレベルにおいて効果的で説明責任のある包摂的な制度を構築する

ターゲット	指標（仮訳）
16.1　あらゆる場所において、すべての形態の暴力および暴力に関連する死亡率を大幅に減少させる。	**16.1.1**　10万人当たりの意図的な殺人行為による犠牲者の数（性別、年齢別）
	16.1.2　10万人当たりの紛争関連の死者の数（性別、年齢、原因別）
	16.1.3　過去12か月において　(a)身体的暴力、(b)精神的暴力、(c)性的暴力を受けた人口の割合
	16.1.4　自身の居住区地域を一人で歩いても安全と感じる人口の割合
16.2　子供に対する虐待、搾取、取引およびあらゆる形態の暴力および拷問を撲滅する。	**16.2.1**　過去1か月における保護者などからの身体的な暴力および/または心理的な攻撃を受けた1歳～17歳の子供の割合
	16.2.2　10万人当たりの人身取引の犠牲者の数（性別、年齢、搾取形態別）
	16.2.3　18歳までに性的暴力を受けた18歳～29歳の若年女性および男性の割合
16.3　国家および国際的なレベルでの法の支配を促進し、すべての人々に司法への平等なアクセスを提供する。	**16.3.1**　過去12か月間に暴力を受け、所管官庁またはその他の公的に承認された紛争解決機構に対して、被害を届け出た者の割合
	16.3.2　刑務所の総収容者数に占める判決を受けていない勾留者の割合
	16.3.3　過去二年間に紛争を経験した、もしくは公式・非公式な紛争解決メカニズムにアクセスした人口の割合（メカニズム別）
16.4　2030年までに、違法な資金および武器の取引を大幅に減少させ、奪われた財産の回復および返還を強化し、あらゆる形態の組織犯罪を根絶する。	**16.4.1**　内外の違法な資金フローの合計額（USドル）
	16.4.2　国際的な要件に従い、所管当局によって、発見/押収された武器で、その違法な起源または流れが追跡/立証されているものの割合

付
録

16.5　あらゆる形態の汚職や贈賄を大幅に減少させる。	**16.5.1**　過去12か月間に公務員に賄賂を支払ったまたは公務員より賄賂を要求されたことが少なくとも1回はあった人の割合
	16.5.2　過去12か月間に公務員に賄賂を支払ったまたは公務員より賄賂を要求されたことが少なくとも1回はあった企業の割合
16.6　あらゆるレベルにおいて、有効で説明責任のある透明性の高い公共機関を発展させる。	**16.6.1**　当初承認された予算に占める第一次政府支出（部門別、（予算別または類似の分類別））
	16.6.2　最後に利用した公共サービスに満足した人の割合
16.7　あらゆるレベルにおいて、対応的、包摂的、参加型および代表的な意思決定を確保する。	**16.7.1**　国全体における分布と比較した、国・地方の公的機関（⒜議会、⒝公共サービスおよび⒞司法を含む。）における性別、年齢別、障害者別、人口グループ別の役職の割合
	16.7.2　国の政策決定過程が包摂的であり、かつ応答性を持つと考える人の割合（性別、年齢別、障害者および人口グループ別）
16.8　グローバル・ガバナンス機関への開発途上国の参加を拡大・強化する。	**16.8.1**　国際機関における開発途上国のメンバー数および投票権の割合
16.9　2030年までに、すべての人々に出生登録を含む法的な身分証明を提供する。	**16.9.1**　5歳以下の子供で、行政機関に出生登録されたものの割合（年齢別）
16.10　国内法規および国際協定に従い、情報への公共アクセスを確保し、基本的自由を保障する。	**16.10.1**　過去12か月間にジャーナリスト、メディア関係者、労働組合員および人権活動家の殺害、誘拐、強制失踪、恣意的拘留および拷問について立証された事例の数
	16.10.2　情報へのパブリックアクセスを保障した憲法、法令、政策の実施を採択している国の数
16.a　特に開発途上国において、暴力の防止とテロリズム・犯罪の撲滅に関するあらゆるレベルでの能力構築のため、国際協力などを通じて関連国家機関を強化する。	**16.a.1**　パリ原則に準拠した独立した国内人権機関の存在の有無
16.b　持続可能な開発のための非差別的な法規および政策を推進し、実施する。	**16.b.1**　国際人権法の下で禁止されている差別の理由において、過去12か月の間に差別または嫌がらせを個人的に感じたと報告した人口の割合

17 パートナーシップで目標を達成しよう

目標17　持続可能な開発のための実施手段を強化し、グローバル・パートナーシップを活性化する

ターゲット	指標（仮訳）
資金 **17.1**　課税および徴税能力の向上のため、開発途上国への国際的な支援なども通じて、国内資源の動員を強化する。	**17.1.1**　GDPに占める政府収入合計の割合（収入源別）
	17.1.2　国内予算における、自国内の税収が資金源となっている割合
17.2　先進国は、開発途上国に対するODAをGNI比0.7%に、後発開発途上国に対するODAをGNI比0.15～0.20%にするという目標を達成するとの多くの国によるコミットメントを含むODAに係るコミットメントを完全に実施する。ODA供与国が、少なくともGNI比0.20%のODAを後発開発途上国に供与するという目標の設定を検討することを奨励する。	**17.2.1**　OECD/DACによる寄与のGNIに占める純ODA総額および後発開発途上国を対象にした額
17.3　複数の財源から、開発途上国のための追加的資金源を動員する。	**17.3.1**　国民総所得（GNI）に占める海外直接投資、ODAと南南協力の割合
	17.3.2　GDP総額に占める送金額（USドル）
17.4　必要に応じた負債による資金調達、債務救済および債務再編の促進を目的とした協調的な政策により、開発途上国の長期的な債務の持続可能性の実現を支援し、重債務貧困国（HIPC）の対外債務への対応により債務リスクを軽減する。	**17.4.1**　財およびサービスの輸出額に対する債務の割合
17.5　後発開発途上国のための投資促進枠組みを導入および実施する。	**17.5.1**　後発開発途上国を含む開発途上国への投資推進体制を導入および実施する国の数
技術 **17.6**　科学技術イノベーション（STI）およびこれらへのアクセスに関する南北協力、南南協力および地域的・国際的な三角協力を向上させる。また、国連レベルをはじめとする既存のメカニズム間の調整改善や、全世界的な技術促進メカニズムなどを通じて、相互に合意した条件において知識共有を進める。	**17.6.1**　100人当たりの固定インターネットブロードバンド契約数（回線速度別）

17.7　開発途上国に対し、譲許的・特恵的条件などの相互に合意した有利な条件の下で、環境に配慮した技術の開発、移転、普及および拡散を促進する。	**17.7.1**　環境に配慮した技術の開発、移転、普及および拡散の促進を目的とした開発途上国のための資金総額
17.8　2017年までに、後発開発途上国のための技術バンクおよび科学技術イノベーション能力構築メカニズムを完全運用させ、情報通信技術（ICT）をはじめとする実現技術の利用を強化する。	**17.8.1**　インターネットを使用している個人の割合
能力構築 **17.9**　すべての持続可能な開発目標を実施するための国家計画を支援するべく、南北協力、南南協力および三角協力などを通じて、開発途上国における効果的かつ的をしぼった能力構築の実施に対する国際的な支援を強化する。	**17.9.1**　開発途上国にコミットした財政支援額および技術支援額（南北、南南および三角協力を含む）（ドル）
貿易 **17.10**　ドーハ・ラウンド（DDA）交渉の受諾を含むWTOの下での普遍的でルールに基づいた、差別的でない、公平な多角的貿易体制を促進する。	**17.10.1**　世界中で加重された関税額の平均
17.11　開発途上国による輸出を大幅に増加させ、特に2020年までに世界の輸出に占める後発開発途上国のシェアを倍増させる。	**17.11.1**　世界の輸出額シェアに占める開発途上国と後発開発途上国の割合
17.12　後発開発途上国からの輸入に対する特恵的な原産地規則が透明で簡略的かつ市場アクセスの円滑化に寄与するものとなるようにすることを含む世界貿易機関（WTO）の決定に矛盾しない形で、すべての後発開発途上国に対し、永続的な無税・無枠の市場アクセスを適時実施する。	**17.12.1**　開発途上国、後発開発途上国および小島嶼開発途上国が直面している関税の加重平均
体制面 **政策・制度的整合性** **17.13**　政策協調や政策の首尾一貫性などを通じて、世界的なマクロ経済の安定を促進する。	**17.13.1**　マクロ経済ダッシュボード
17.14　持続可能な開発のための政策の一貫性を強化する。	**17.14.1**　持続可能な開発の政策の一貫性を強化するためのメカニズムがある国の数
17.15　貧困撲滅と持続可能な開発のための政策の確立・実施にあたっては、各国の政策空間およびリーダーシップを尊重する。	**17.15,1**　開発協力提供者ごとの、その国の持つ結果枠組みおよび計画ツールの利用範囲

マルチステークホルダー・パートナーシップ **17.16**　すべての国々、特に開発途上国での持続可能な開発目標の達成を支援すべく、知識、専門的知見、技術および資金源を動員、共有するマルチステークホルダー・パートナーシップによって補完しつつ、持続可能な開発のためのグローバル・パートナーシップを強化する。	**17.16.1**　持続可能な開発目標の達成を支援するマルチステークホルダー開発有効性モニタリング枠組みにおいて進捗を報告する国の数
17.17　様々なパートナーシップの経験や資源戦略を基にした、効果的な公的、官民、市民社会のパートナーシップを奨励・推進する。	**17.17.1**　インフラ整備のための官民パートナーシップに投じられた額（USドル）
データ、モニタリング、説明責任 **17.18**　2020年までに、後発開発途上国および小島嶼開発途上国を含む開発途上国に対する能力構築支援を強化し、所得、性別、年齢、人種、民族、居住資格、障害、地理的位置およびその他各国事情に関連する特性別の質が高く、タイムリーかつ信頼性のある非集計型データの入手可能性を向上させる。	**17.18.1**　SDGsをモニタリングするための統計的能力の指標
	17.18.2　公的統計の基本原則に準じた国家統計法のある国の数
	17.18.3　十分な資金提供とともに実施されている国家統計計画を持つ国の数（資金源別）
17.19　2030年までに、持続可能な開発の進捗状況を測るGDP以外の尺度を開発する既存の取組を更に前進させ、開発途上国における統計に関する能力構築を支援する。	**17.19.1**　開発途上国における統計能力の強化のために利用可能となった資源のドル額
	17.19.2　a）少なくとも過去10年に人口・住宅センサスを実施した国の割合 b）出生届が100%登録され、死亡届が80%登録された国の割合

索引
INDEX

あ行

アウトサイド・イン………66,98,100
圧縮空気システム………………214
ありたい姿………………80,137
意識………………68
イン・フォーカス………………72
インサイド・アウト………………66
ウォーターフットプリント………106
エコアクション21………………165
エコアクション21認証・登録制度…127
エコビジョン2050………………181
エコロジカルフットプリント………106
えるぼし認定制度………………126
エンゲージメント………………93
エンゲージメント手法………………93
エンゲージメントのレベル………93
エンパワーメント………………18
温室効果ガス………………10,49
温暖化対策………………186

か行

カーボンフットプリント………106
カーボンプライシング………………42
カーボンマイナス………………181
海洋プラスチック問題………………174
花王株式会社………………172
格差………………12
価値協創ガイダンス………………159
川田製作所（有限会社川田製作所）…176
環境アセスメント………………52
環境コスト………………41
環境デジタルプラットフォーム……182
環境報告ガイドライン2018年版…164
環境面ビジョン2030………………197
環境問題………………10
関連付け………………83
企業活動………………62
企業行動憲章　実行の手引き（第7版）・75
企業理念………………118
気候変動関連財務情報開示タスクフォース
………………81
気候変動問題………………209
基準値………………98
逆算………………100,180
逆算思考………………180
共通スタンダード………………150
クリーン・オーシャン・マテリアル・
アライアンス………47,133,175
くるみん認定制度………………126
グローバル・コンパクト・ネットワーク・
ジャパン………48,73,134
グローバルリスク………………10
経営トップ………………118
健康経営優良法人認定制度………127
項目別スタンダード………151,152
ゴールとターゲットの分析………72
国際統合報告フレームワーク………157
国内総生産………………22
国連グローバル・コンパクト……48,64
国連経済社会局………………170
国連指導原則報告フレームワーク
………………163,164
国連女性機関………………167
国連ハイレベル政治フォーラム報告書・29

コニカミノルタ株式会社 ············ 180
コンプライアンス ·················· 60

さ行

サーキュラーエコノミー ············· 76
サステナブル調達 ·················· 199
サプライチェーン ··················· 46
サプライチェーン・パートナーシップ 133
参画型 ···························· 19
ジェンダー平等 ···················· 166
滋賀SDGs×イノベーションハブ ···· 134
システム思考 ······················ 67
自然資本 ·························· 22
持続可能な開発 ···················· 16
持続可能な開発のための世界経済人会議
························ 70,134
持続可能な開発のためのハイレベル
政治フォーラム ············ 27,170
持続可能な開発目標（SDGs）活用
ガイド ······················ 74
持続可能な社会 ···················· 32
持続可能なパーム油のための
円卓会議 ···················· 133
持続可能なまちづくり ·············· 187
シナリオ分析 ················ 81,162
自発的自治体レビュー ·············· 28
自発的国家レビュー ················ 170
社会的責任投資 ···················· 53
ジャパンSDGsアワード ············ 50
従業員 ···························· 64
重要課題 ···················· 36,55
重要業績評価指標 ·················· 97
重要目標達成指標 ·················· 97
循環経済 ·························· 76
女性ドライバー ···················· 194
女性のエンパワーメント原則 ········ 167
新型コロナウイルス感染症 ············ 9
人工資本 ·························· 22
新国富指標 ························ 22
人的資本 ·························· 22
スコープ1 ························ 89
スコープ2 ························ 89
スコープ3 ························ 89
ステークホルダー ·················· 136
成長の限界 ························ 14
制度 ······························ 64
世界経済人会議 ···················· 48
世界経済フォーラム ················ 10
赤道原則 ·························· 53
責任ある企業同盟 ·················· 131
責任銀行原則 ················ 44,139
戦略 ······························ 64
ソーシャルLCA ············ 105,108
組織運営 ·························· 61
組織体制 ·························· 120
損益分岐ゴール ············ 101,103

た行

ダイキン工業 ······················ 99
体制 ······························ 64
ダイバーシティ経営 ·········· 61,126
太陽住建（株式会社太陽住建）··· 99,184
男性の育児休業（育休）············ 190
地域課題の解決 ···················· 184
地域社会への貢献 ·················· 179
地域循環共生圏 ···················· 49
地域の課題解決 ···················· 190
地球環境戦略研究機構 ·············· 73
地球の限界 ························ 20
長期的な視点 ······················ 20
長期ビジョン ······················ 80
低炭素社会 ························ 205

索引

途上国の開発……15

な行

なでしこ銘柄……127
日本-インド 技術マッチメイキング・プラットフォーム……212
日本気候リーダーズ・パートナーシップ……131,208
日本青年会議所……47
日本生命保険相互会社……188
年金積立金管理運用独立行政法人……44

は行

パートナーシップ……133
ハートフルタクシー（株式会社ハートフルタクシー）……192
パーム油……21
バイオ燃料事業……202
バックキャスティング……66,100,180
パリ協定……11
バリューチェーン……83
バリューチェーンマッピング……85
フォローアップ・レビュー……27
不二製油グループ本社株式会社……196
フットプリント（足跡）……106
プラネタリー・バウンダリー……20
フューチャー・フィット……100
米国サステナビリティ会計基準審議会……159
ベースライン……98
変革……23
報告……64
報告枠組み……145
ポジティブな取り組み……101,104
ホワイトウォッシュ……69

ま行

マッピング……83
マテリアリティ……36,55
マテリアルフットプリント……106
丸井グループ……82
ミレニアム開発目標……15
ミレニアル世代……50
メソドロジー・ガイド……102
目標7……26
問題構造……68

や行

ユーグレナ……200
ユーグレナ（株式会社ユーグレナ）……200
ユーグレナGENKIプログラム……201
ユースエール認定制度……127
ユニリーバ……82

ら行

ライフサイクルアセスメント……88,105,110
リーダーシップ……64
理念……64
レジ袋……54
レピュテーションリスク……38

数字

1次的効果……84
2次的効果……84
4つのC……144
4つの視点……60
5つのP……19
6つの要素……65
17の目標……24,26
169のターゲット……24
231の指標……25

2030アジェンダ……………… 8,9,12

アルファベット

CEOガイド……………………… 76
CLOMA…………………47,133,175
Connected Industries……………… 49
EP100……………………… 132
ESG……………………… 43,148
ESG金融……………………… 43,155
ESG経営……………………… 196
ESG戦略……………………… 172
ESG投資……………………… 43
ESG融資……………………… 43
EV100……………………… 48,132
Future-Fit……………………… 100,112
Future-Fitビジネス・ベンチマーク
……………73,79,100,113,115
GCNJ………………………48,73,134
GDP……………………… 22
GHG……………………… 49
GHGプロトコル……………………… 89
GPIF……………………… 44
GRI……………………… 70,149
GRIスタンダード……………… 149,153
HLPF……………………… 27,170
IGES……………………… 73
JCLP……………………… 132,208
JICA……………………… 52
JITMAP……………………… 212
KGI……………………… 97
Kirei Lifestyle Plan……………… 172
KPI……………………… 97,118
KPIツール……………………… 79,100
LCA……………………… 88,105
MDGs……………………… 15,18
PRB………………………44,45,139
RBA……………………… 131
RE100……………………… 48,132
Royal DSM……………………… 204
RSPO……………………… 133
SASB……………………… 97,159
SASBスタンダード……………… 97
SASBマテリアリティマップ……… 86,160
SDG Compass……………… 34,66,70
SDG Industry Matrix
（産業別SDG手引き）……………… 75
SDGs……………………… 8,14
SDGsアクションプラン……………… 134
SDGsウォッシュ……………… 69,137
SDGsウォッシュ企業……………… 60
SDGs経営……………………… 64
SDGs経営ガイド……………………… 74
SDGsコミュニケーションガイド…… 69
SDGs推進企業登録制度……………… 134
SDGs推進宣言……………………… 47
SDGs推進におけるタイアップ宣言… 47
SDGsに関するビジネス・レポーティング
……………………… 71
SDGsを企業報告に統合するための
実践ガイド……………………… 72
Society 5.0……………………… 49
SRI……………………… 53
TCFD……………………… 81
The Natural Step……………… 112
UNDESA……………………… 170
UNGC………………………48,64
UNWomen……………………… 167
VLR……………………… 28
VLRラボ……………………… 28
VNR……………………… 29,170
VNRハンドブック……………… 170
WBCSD……………… 48,70,76,134

WEPs…………………………167
WEPsジェンダーギャップ分析ツール 167
WEPsツール …………………167
WEPs問診票 ……………167,168
Z世代…………………………50

著者紹介

天沼 伸恵（編著者　1章、2章、3章〈システム思考〉、4章、5章、7章の執筆担当）

地球環境戦略研究機関（IGES）持続可能性ガバナンスセンター主任研究員。
2013年から2017年にかけて国連アジア太平洋経済社会委員会に勤務し、SDGsの策定、実施、フォローアップ・レビューにかかるプロセスに従事。SDGsに関する国内外の動向を調査している他、持続可能な社会構築に向けて政府、企業、市民社会などの様々な主体がいかに連携していけるか研究している。

小野田 真二（編著者　2章〈ESG金融〉、3章、5章、6章、7章の執筆担当）

IGES持続可能性ガバナンスセンター研究員。
2012年のリオ＋20以降、SDGs国際交渉、ハイレベル政治フォーラム（HLPF）等にNGO、研究員、政府代表として参加。環境省環境産業市場規模検討会委員、グローバル・コンパクト・ネットワーク・ジャパンのSDGsタスクフォースメンバー、神奈川工科大学非常勤講師等も務める。主な著書に、『SDGsの基礎』（共著、2018）など。

赤星 香（著者　2章〈環境アセスメント〉の執筆担当）

IGES持続可能性ガバナンスセンター研究員。
開発プロジェクト実施に係る環境社会配慮、気候変動と開発課題のコベネフィットなどに関する研究・プロジェクトに従事する。

片岡 八束（著者　7章の執筆担当）

IGES都市タスクフォース・ジョイントプログラムディレクター。
アジア地域の持続可能な都市に関する政策研究事業などに従事するとともに、ここ数年は、北海道下川町の自発的自治体レビュー（VLR）レポートや（株）太陽住建のSDGsレポートなどの企画・制作に携わるなど、ローカルレベルのSDGsの実施やレポーティングなどに関する研究・事業を中心に活動している。

小出 瑠（著者　4章〈ライフサイクルアセスメント〉の執筆担当）

IGESフェロー／国立環境研究所 資源循環・廃棄物研究センター研究員。
専門は環境・資源工学および政策・統計分析。経済社会におけるモノの流れや環境負荷を把握するマテリアルフロー分析やライフサイクルアセスメントを活用し、脱炭素で循環型の社会へ向けた消費行動や政策分析を含む研究を行っている。

高井 悦二郎（著者　7章の執筆担当）

IGES持続可能性ガバナンスセンター研究員。
JITMAP（日本・インド技術マッチメイキングプラットフォーム）の運営や環境インフラ海外展開調査のような日本の環境技術の輸出に関する業務に従事した。また気候変動と大気汚染等の開発課題のコベネフィットに関するプロジェクトにおいても研究を行っている。

図解入門ビジネス
最新SDGsの手法とツールが
よ～くわかる本

発行日 2020年 9月 5日 第1版第1刷

編 著 天沼 伸恵／小野田 真二

発行者 斉藤 和邦
発行所 株式会社 秀和システム
〒135-0016
東京都江東区東陽2-4-2 新宮ビル2F
Tel 03-6264-3105（販売）Fax 03-6264-3094
印刷所 三松堂印刷株式会社 Printed in Japan

ISBN978-4-7980-5914-3 C0036